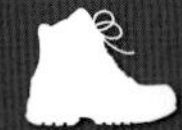

Uwe Stanke

WANDERFÜHRER STRAUBING-BOGEN

Die schönsten Touren zwischen Straubing und Sankt Englmar

SüdOst Verlag

Vorwort

Mein Name ist Uwe Stanke und gemeinsam mit meiner Freundin Elke bin ich seit vielen Jahren auf den schönsten Wanderwegen in Ostbayern und auch den europäischen Fernwanderwegen unterwegs. Für uns hat die Zeit in der Natur und das Wandern etwas ganz Besonderes. Wir genießen unsere Touren und finden dabei immer wieder neue und schöne Plätze. Oft muss man dazu gar nicht weit fahren, um eine richtig tolle Wanderung zu unternehmen und besondere Momente zu erleben. Auch beruflich hat mich das Wandern voll in Besitz genommen. Nach 27 Jahren als Mitarbeiter und Filialdirektor einer Bank habe ich 2017 meinen Beruf gewechselt und bin jetzt als Wegemanager für den Goldsteig-Wanderweg unterwegs. Ich habe sozusagen mein Hobby zum Beruf gemacht. Dafür bin ich sehr dankbar. Gemeinsam mit unseren vielen Partnern kümmern wir uns um die Qualität des Fernwanderwegesystems in Ostbayern.

Aber jetzt zum Buch. Im Mai 2019 ist der Battenberg Gietl Verlag auf mich zugekommen und hat mich gefragt, ob ich einen Wanderführer für den Landkreis Straubing-Bogen schreiben möchte. Als gebürtiger Oberpfälzer, der bereits seit vielen Jahren in Straubing lebt und mit meinem beruflichen Background bietet sich das ja geradezu an. Da habe ich natürlich nicht lange überlegt und sofort zugesagt. Erst im Nachhinein wurde mir klar, was da eigentlich alles an Arbeit drin steckt. Welche Touren wähle ich? Welche Bilder sollen im Buch abgebildet werden? Wie funktioniert das mit den Lizenzen für Landkarten? Wie soll ich die Texte schreiben? Nachdem ich mir einige Tage darüber Gedanken gemacht hatte, ging es dann aber auch schon los mit dem Zusammenstellen der Touren. Das war gar nicht so einfach, denn es gibt so viele schöne Regionen, Städte und Gemeinden, die zum Wandern einladen. Wer sich einmal mit allen Wanderwegen des Landkreises Straubing-Bogen beschäftigt hat, wird feststellen, dass es ein riesiges Wanderwegenetz mit vielen Hunderten von Kilometern gibt. Also musste ich eine Entscheidung treffen. So sind es dann diese 20 abwechslungsreichen Touren geworden, die zwischen Straubing und Sankt Englmar liegen und bei denen ich mich ganz bewusst auf markierte Rundwanderwege konzentriert habe. Alle vorgestellten Touren haben wir natürlich im Vorfeld persönlich getestet. Dabei stellten wir immer wieder fest, wie schön es doch bei uns „dahoam“ ist. Sanfte Hügel mit

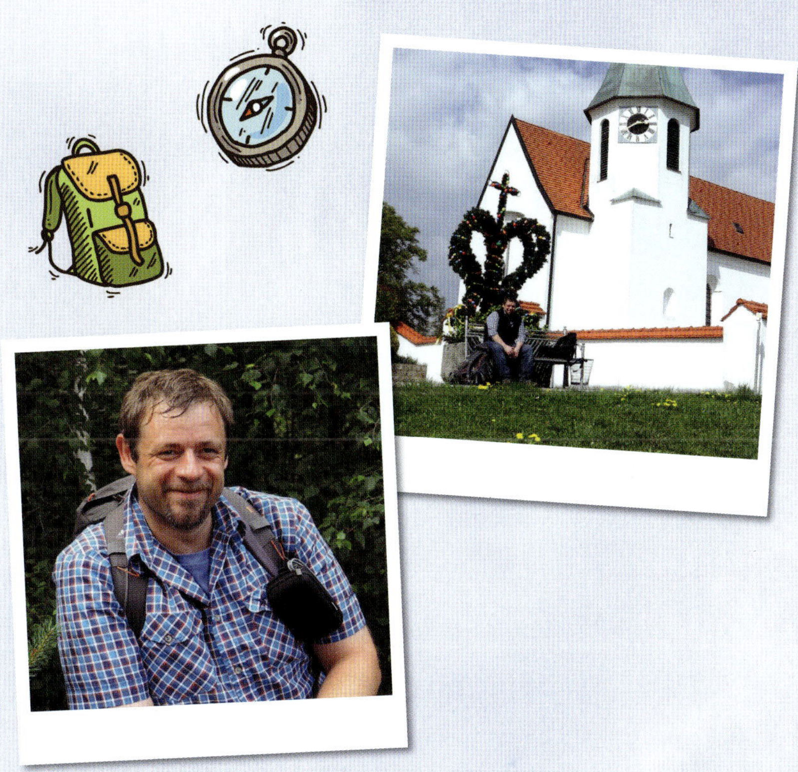

Aussichtspunkten, von denen man auf die Gipfel des Bayerischen Waldes oder auch in den Gäuboden hinein blickt und bei schönem Wetter sogar bis zu den Alpen sehen kann. Da macht das Wandern richtig Spaß. Darüber hinaus stelle ich euch hilfreiche Tipps vor, wie man sich richtig auf eine Wanderung vorbereitet und diese sorgfältig plant. Denn wir treffen auf unseren unzähligen Wanderungen oft auf Wanderer, die mit schlechtem Schuhwerk, ohne Karte oder teilweise sogar in der größten Hitze ohne Wasser unterwegs sind. Der kleine Ratgeber ist sicher für den einen oder anderen eine interessante Hilfe und wer das schon alles gewusst hat ... Perfekt! Alles richtig gemacht.

Ich wünsche euch einzigartige Momente und Erlebnisse sowie tolle Ausblicke von den Gipfeln und Aussichtspunkten mit den im Buch vorgestellten Wanderungen.

Egal, welche Wanderung ihr unternehmt, habt ganz viel Spaß dabei!

Uwe Stanke

Inhaltsverzeichnis

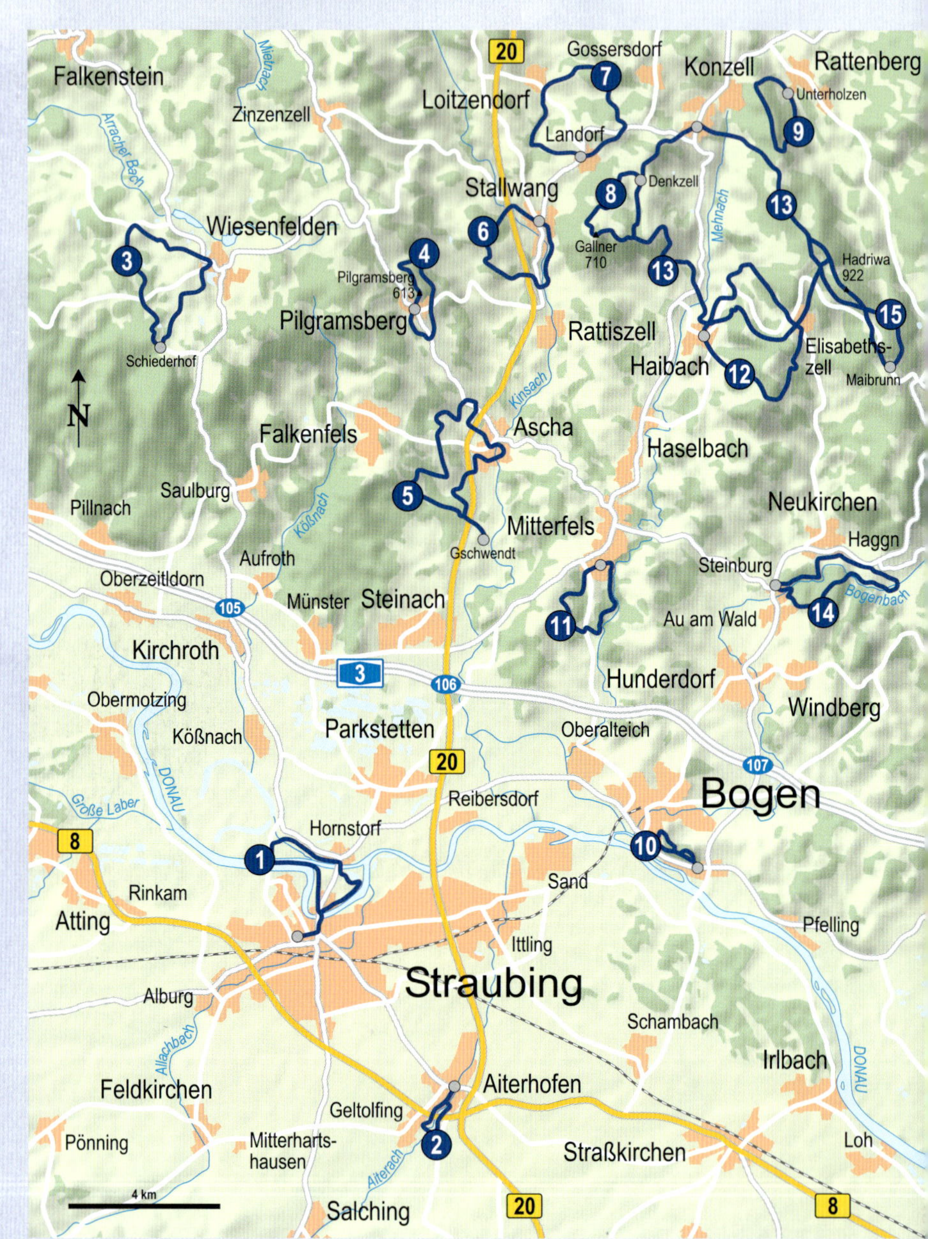
Falkenstein
Zinzenzell
Mietnach
Arracher Bach
20
Gossersdorf
Loitzendorf
Konzell
Rattenberg
Unterholzen
Landorf
Stallwang
Denkzell
Wiesenfelden
Gallner
710
Mehnach
Pilgramsberg
613
Pilgramsberg
Hadriwa
922
Rattiszell
Haibach
Elisabethszell
Maibrunn
Schiederhof
N
Kinsach
Ascha
Falkenfels
Haselbach
Saulburg
Pillnach
Kößnach
Neukirchen
Mitterfels
Gschwendt
Haggn
Aufroth
Steinburg
Oberzeitldorn
Münster
Steinach
Bogenbach
Au am Wald
105
Kirchroth
3
106
Hunderdorf
Obermotzing
Windberg
Kößnach
Parkstetten
Oberalteich
DONAU
20
107
Große Laber
Reibersdorf
Bogen
8
Hornstorf
Sand
Rinkam
Atting
Pfelling
Ittling
Straubing
Alburg
Schambach
Allachbach
Irlbach
DONAU
Aiterhofen
Feldkirchen
Geltolfing
Pönning
Mitterharts-
hausen
Aiterach
Straßkirchen
Loh
4 km
Salching
20
8
1
2
3
4
5
6
7
8
9
10
11
12
13
13
14
15

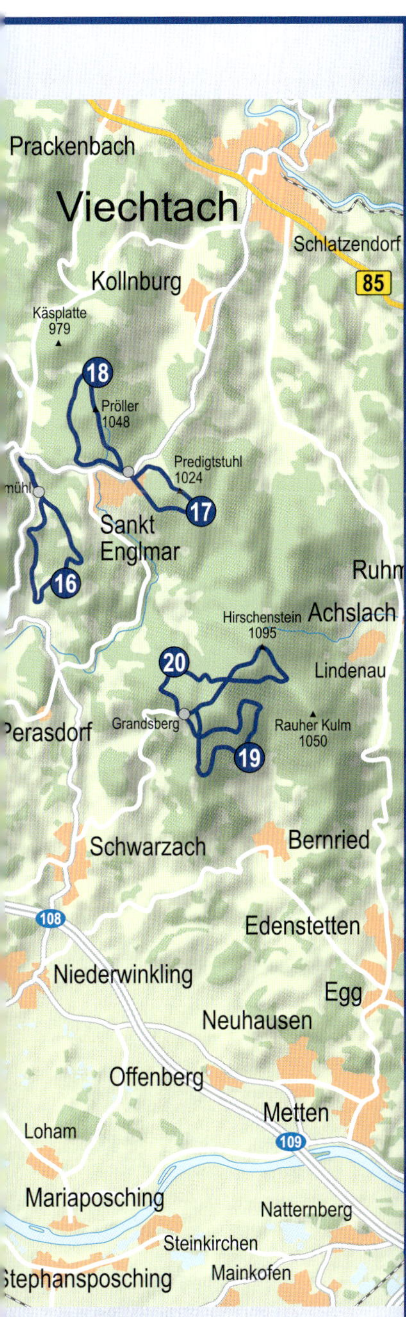
Prackenbach
Viechtach
Schlatzendorf
85
Kollnburg
Käsplatte
979
18
Pröller
1048
Predigtstuhl
1024
17
Sankt
Englmar
16
Ruhm
Hirschenstein
1095
Achslach
20
Lindenau
Grandsberg
Rauher Kulm
1050
Perasdorf
19
Schwarzach
Bernried
108
Edenstetten
Niederwinkling
Egg
Neuhausen
Offenberg
Metten
Loham
109
Mariaposching
Natternberg
Steinkirchen
Stephansposching
Mainkofen

Respektvoll auf dem Weg & mit der Natur

In den letzten Monaten sind immer mehr Menschen „Outdoor“ unterwegs. Ob zu Fuß, mit dem Bike oder einfach nur, um die Natur zu genießen. Sie ist für uns alle ein wertvolles Gut und daher müssen wir sie jetzt und auch für die Zukunft schützen. Bitte verhaltet euch umsichtig, seid respektvoll zueinander und schützt die Umwelt. „Seid's freundlich zueinander!“

12 Tipps für Respektvoll auf dem Weg & mit der Natur:

1. Informieren Sie sich vor der Abfahrt über ihr Ziel, die Anreise und mögliche Parkplätze.
2. Respektieren Sie Schutzzonen (z. B. im Nationalpark oder Auerhahnschutzgebiete)
3. Bleiben Sie auf Pfaden und Wegen. Respektieren Sie das Eigentum der Grundstücksbesitzer.
4. Schonen Sie Flora und Fauna.
5. Abfall gehört in den Rucksack.
6. Vermeiden Sie das Befahren und Begehen von Wald und Wiesen zur Dämmerung oder nachts. Tiere brauchen nachts ihre Ruhe.
7. Machen Sie kein offenes Feuer in der Natur.
8. Parken Sie nur auf offiziellen, ausgewiesenen Parkplätzen.
9. Nehmen Sie Ihren Hund in der freien Wildbahn bitte immer an die Leine und lassen Sie die Hinterlassenschaften nicht liegen.
10. Mountainbiken und Radfahren bitte nur auf ausgewiesenen Radwegen.
11. Betreiben Sie Wassersport oder Baden nur auf den dafür vorgesehenen Plätzen.
12. Berücksichtigen Sie stets Ihre eigene Fitness und was Sie sich zutrauen können.

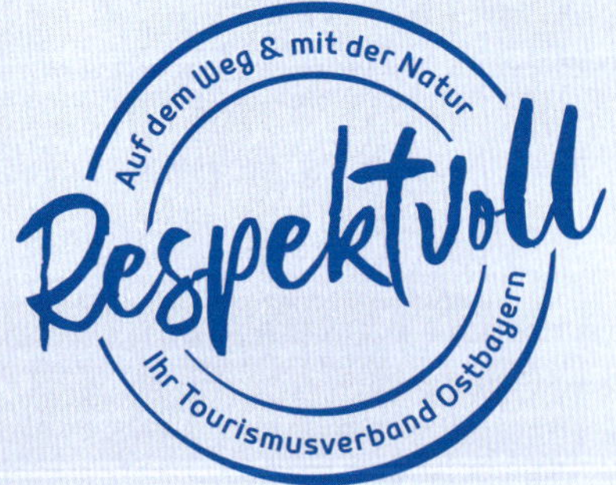

(Quelle: Tourismusverband Ostbayern e.V.)

Der Goldsteig im Landkreis Straubing-Bogen

Der Qualitätswanderweg „Goldsteig" ist 660 km lang und führt von Marktredwitz über eine Nord- und Südroute nach Passau. Dabei durchquert er 100 Gemeinden, 5 Naturparke und den Nationalpark. Er führt durch den Oberpfälzer Wald und den Bayerischen Wald und ist der vielseitigste Qualitätsweg in Deutschland. Seit 2018 gibt es eine Parallele auf tschechischer Seite, die auf 289 Kilometern von Chodová Planá bis zum Grenzübergang Marchhäuser führt. 13 neu eingerichtete „Grenzübergänge" sorgen für einen grenzenlosen Wanderspaß. Mit allen Zuwegen, Alternativen und Rundwegen hat das Goldsteig-Wanderwegenetz eine Länge von über 2.000 Kilometern und ist damit eines der größten Wanderwegenetze in Europa.

Der Goldsteig verläuft auf 53 Kilometern auch durch den Landkreis Straubing-Bogen. Von Wiesenfelden über Stallwang und Konzell führt er nach Sankt Englmar, wo er kurz darauf den Landkreis wieder verlässt. Viele Zuwege, wie bei Falkenfels, Neukirchen, Maibrunn oder Grandsberg sowie die Goldsteigrunde um Elisabethszell laden zum Wandern ein. Ebenfalls gibt es ab dem Pröller eine Verbindung über Viechtach zur Nordroute des Goldsteigs und der bekannten „Acht-Tausender-Tour".

Ein zertifizierter Qualitätswanderweg muss viele Gütekriterien hinsichtlich der Wegebeschaffenheit, der Naturattraktivität und der kulturellen Sehenswürdigkeiten erfüllen. Des Weiteren sind eine durchgängige Markierung und ein perfektes Wegweisersystem unabdingbar. Seit 2007 wird der Goldsteig alle drei Jahre durch den Deutschen Wanderverband geprüft. 2019 wurde er das vierte Mal erfolgreich nachzertifiziert. Der Goldsteig ist national und international etabliert und lockt sehr viele Wanderer in unsere Region. Seit 2017 bin ich als Wegemanager für den Goldsteig unterwegs und bin somit ein kleiner Teil dieses riesigen Wanderwegenetzes. Das macht mir richtig Spaß.

Viele der in diesem Wanderführer vorgestellten Touren führen auch über den Goldsteig. Da es im Landkreis Straubing-Bogen aber auch viele örtliche Wanderwege gibt, habe ich aus dem Goldsteig-Wanderwegesystem und den örtlichen Wanderwegen schöne Rundwege zusammengestellt, die man mit Hilfe dieses Wanderführers nachwandern kann.

Mehr Infos zum Goldsteig findet ihr hier: *www.goldsteig-wandern.de*

Wie bereite ich mich auf eine Wanderung vor?

Im Vorfeld einer Tour sollte man, am besten bereits am Vortag, das Wetter prüfen. Unzählige Anbieter findet man dazu im Internet, wo man sehr detailliert den Ort der Wanderung auswählen kann und eine gute Prognose für das Wetter am Wandertag bekommt. Brauche ich eine Regenjacke oder muss ich Sonnencreme und eine Kopfbedeckung mitnehmen? Oder wird es richtig kalt, dann gehört eine dicke Jacke zur Ausrüstung (Zwiebel-Look). Meldet der Wetterbericht vielleicht Gewitter, dann sollte man die Tour einfach auf einen anderen Tag verschieben. Seid umsichtig und gut vorbereitet auf das jeweilige Wetter, dann macht das Wandern umso mehr Spaß und man wird nicht unangenehm überrascht. Zusätzlich gibt es auch viele Webcams, die man ebenfalls nutzen kann, um zu recherchieren, wie das Wetter gerade in eurer Wanderzielregion ist.

Rucksack richtig packen

In den Rucksack gehört immer ein kleines Erste Hilfe Set mit Pflastern, Verbandsmaterial, Schere, Trillerpfeife, Rettungsdecke, Blasenpflaster und einer Schmerzsalbe. Im Sommer die Kopfbedeckung und Sonnencreme nicht vergessen. Im Winter gehören eine zusätzliche Jacke, Mütze und Handschuhe zur Ausrüstung, auch als Ersatz falls die getragene Kleidung nass geschwitzt wurde und man diese wechseln möchte. Da es nicht auf jeder Wanderung eine Einkehr gibt, sollte man immer genügend Wasser mitnehmen und auch eine Wanderbrotzeit. Leider treffen wir immer wieder sehr viele Wanderer, die ohne Wasser in der größten Hitze unterwegs sind. Das kann richtig gefährlich werden (Dehydrierung). Achtet aber auch darauf, dass euer Rucksack nicht zu schwer ist. Gut vorbereitet macht das Wandern noch viel mehr Spaß.

Gutes Schuhwerk ist das A und O

Zum Wandern gehört gutes Schuhwerk. Feste Schuhe sind auf den Wegen im Bayerischen Wald ein Muss. Denkt daran, eure Wanderschuhe oder -stiefel im Vorfeld einzulaufen. Ebenfalls kann ich euch zu guten Wandersocken raten, die helfen, die Füße zu schützen. Mit dem richtigen Schuhwerk wird das Wandern zum Ge(h)nuss und nicht zur Qual.

Genügend Proviant und vor allem Wasser mitnehmen

Bitte nehmt genügend Wasser mit auf eure Touren. Nicht überall gibt es Einkehrmöglichkeiten bzw. haben diese evtl. genau am Tag eurer Wanderung geschlossen. Lieber ei-

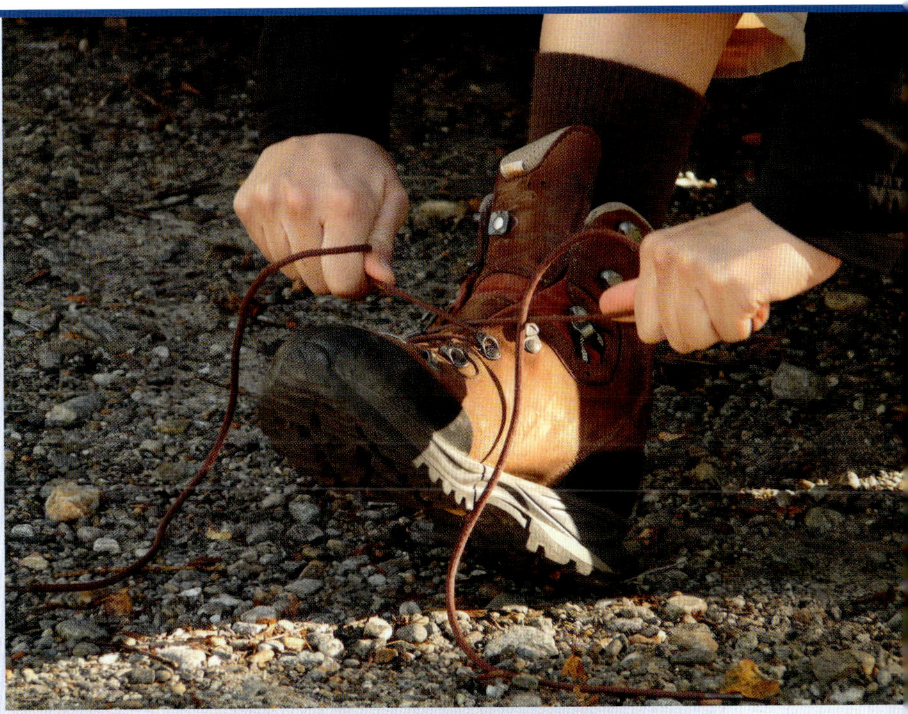

Gutes Schuhwerk ist das A und O

nen halben Liter mehr einpacken, das schadet nie. Auch Proviant, und wenn es nur eine Banane oder ein Müsliriegel ist, gehört in den Rucksack und dient als kleiner „Turbo" bei einer längeren Wanderung.

Landkarte mitnehmen

Die Wege im Landkreis Straubing-Bogen sind sehr gut markiert. Trotzdem kann es immer wieder vorkommen, dass eine Markierung fehlt oder man einen Abzweig übersieht. Für diesen Fall sollte man immer eine Karte mitnehmen. Dies dient zu eurer Sicherheit und man kann dabei ganz gut das Landkartenlesen trainieren. Außerdem schadet es nie, immer wieder mal auf die Karte zu schauen, um sich zu vergewissern, ob man noch am richtigen Weg ist und wo man sich gerade befindet.

Outdoor-Apps im Vorfeld testen

Laut einer aktuellen Studie haben über 80 % aller Smartphonebesitzer eine Outdoor-App auf ihrem Gerät, aber nicht alle wissen damit umzugehen. Testet eure App bereits im Vorfeld auf einem euch bekannten Weg und lernt die verschiedenen Funktionen kennen. Es kann immer wieder vorkommen, dass

Markierungen fehlen oder man mit der Karte nicht zurechtkommt. Dann ist eine Outdoor-App richtig hilfreich.

Wanderstöcke sind eine gute Hilfe

Wer schon einmal mehrere Tage am Stück gegangen ist, wird nie wieder ohne sie gehen. Es gibt, vor allem bergab, nichts Schöneres als mit den Wanderstöcken die Knie zu entlasten. Auch bergauf helfen sie ungemein und man trainiert noch zusätzlich seine Oberarme und seinen Rücken.

Bei Bedarf Infos bei den örtlichen Tourist Infos einholen

Oft gibt es Widrigkeiten (Schneebruch, Sturm oder anderes) und man ist sich nicht sicher, ob man die Tour wagen soll. Hier kann ich euch nur den Tipp geben, euch im Vorfeld bei der örtlichen Tourist Information zu vergewissern. Dann seid ihr auf jedem Fall auf dem richtigen Weg und steht nicht vor einer Wanderwegesperrung, somit geht ihr auch kein Risiko ein. Ihr findet bei jeder Tour die Kontaktdaten der örtlichen Tourist Information.

Die Mittelgebirge nicht unterschätzen

Dieser Punkt ist mir sehr wichtig. Wir befinden uns auf den Wanderwegen im Bayerischen Wald in den Lagen der Mittelgebirge. Immer wieder treffe ich Wanderer, die die Wege, das Wetter, die Anstiege, die steinigen Pfade u.v.m. unterschätzen. Viele glauben, es handelt sich hier um einen Vergnügungspark. Nein! Auch im Mittelgebirge sollte man mit Bedacht in die Natur gehen. Befolgt die Ratschläge und dann macht das Wandern richtig Spaß und wird zu einem Traum und nicht zu einem Albtraum.

Sich selbst nicht überschätzen

Wandern ist ja total trendy. Wenn die Tour noch so verlockend ist, beginnt mit kurzen leichteren Touren und steigert euch immer weiter. Dann wird auch die erste richtig anstrengende Gipfeltour ein Genuss und ihr werden die Liebe zum Wandern und zur Natur entdecken.

Rücksicht auf Natur/Tiere und Wege nicht verlassen

Auch dieser Punkt ist mir sehr wichtig. Nehmt Rücksicht auf die Natur und die dort lebenden Tiere. Es gibt so viele schöne markierte Wege, die man nutzen kann. Dort sind es die Tiere auch gewohnt, dass Menschen unterwegs sind. Deshalb ist es gar nicht nötig, querfeldein durch den Wald zu laufen. Denn die Wanderwege sind so angelegt, dass man an den schönsten Plätzen in der Natur vorbeikommt. Vor allem zur Winterzeit brauchen die Tiere des Waldes unseren besonderen Schutz, deshalb seid besonders umsichtig. Vermeidet Lärm, hinterlasst keinen Müll und bleibt auf den markierten Wanderwegen.

Wandern mit GPS

Dieses Buch ist so aufgebaut, dass Sie die Wege mithilfe der Tourbeschreibungen und der abgebildeten Karte auch ohne moderne Technik finden können. Es kann aber sicher nicht schaden, wenn man im Zweifelsfall auf technische Hilfsmittel zurückgreifen kann; besonders nützlich ist die elektronische Unterstützung auf unmarkierten Streckenabschnitten. Deshalb bieten wir unseren Lesern auf der Webseite des Verlags die GPS-Daten zu diesem Wanderführer kostenlos zum Download an.

Die Adresse der Webseite lautet: **https://gps.battenberg-gietl.de/**. Geben Sie zuerst das Passwort **FGx79NWa** in das entsprechende Feld ein und klicken Sie dann bei der Tour Ihrer Wahl auf den Download-Button.

Die GPS-Daten wurden sorgfältig von der Autorin erstellt. Es kann aber vorkommen, dass Ihre Position aus technischen Gründen nicht exakt angezeigt werden kann. Mithilfe der Wegbeschreibungen und einer Wanderkarte sollten Sie sich aber stets orientieren können.

Die Touren sind im gängigen GPX-Format gespeichert. Sie können einzelne Touren direkt herunterladen oder gleich alle auf einmal; in dem Fall erhalten Sie eine ZIP-Datei, die Sie erst einmal „entpacken" müssen.

Um die GPS-Daten benutzen zu können, benötigen Sie ein Smartphone (iPhone oder Android) mit GPS-Empfänger und eine App, die GPX-Dateien darstellen kann (z.B. Komoot, Bergfex, Outdooractive o.ä.). Sie sollten nach Möglichkeit die Dateien so speichern, dass Sie sie offline nutzen können, da häufig Wälder und Berge beim Netzausbau nicht vorrangig behandelt werden und es im Online-Betrieb bei schlechtem Netz zu lästigen Verzögerungen kommen kann.

Navigationsaufgaben verursachen meist einen höheren Energieverbrauch auf dem Smartphone. Achten Sie daher besonders bei längeren Touren darauf, dass der Akku ausreichend aufgeladen ist.

HINWEISE

Angegebene Infos zu **Gaststätten, Wirtshäusern und Biergärten:** Es kann immer zu spontanen Änderungen von Öffnungszeiten oder auch zu generellen Schließungen kommen. Wir bitten Sie, dies bei Ihrer Tourplanung zu berücksichtigen und sich vorab selbst über die tagesaktuellen Öffnungszeiten der jeweiligen Gaststätte zu informieren – telefonisch oder auf der Website (falls vorhanden).

Straubing und die Donau

Mittel

10,4 km

↓↑ 21 m

3 Std.

Straubing-Stadtplatz – Herzogsschloss – Vogelau – Sossau – Bschlacht – Gstütt – Herzogsschloss – Straubing-Stadtplatz

Wundervolle Rundtour auf der Insel Gstütt mit der wilden Vogelau und über die Bschlacht durch die Donau. Zum Abschluss lädt der Stadtplatz in Straubing zu einer Brotzeit ein.

Markierung:
Stadtplatz bis zur Schlossbrücke: Donau-Panoramaweg; ab da folgen wir der Rundweg-Markierung „Rot 6" und zurück in die Stadt geht es wieder über den Donau-Panoramaweg.

Parken:
Großparkplatz am Hagen (Am Hagen, 94315 Straubing) oder Parkhaus im Theresien-Center (Oberer-Thor-Platz 3, 94315 Straubing)

Tourist-Information:
Fraunhoferstr. 27
94315 Straubing,
Tel. 09421/94469199

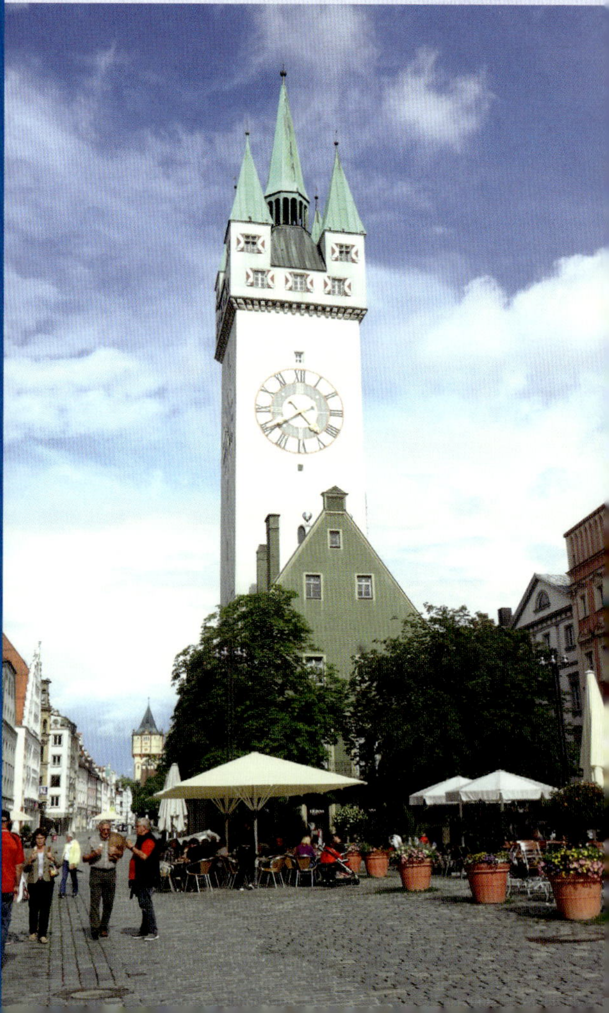

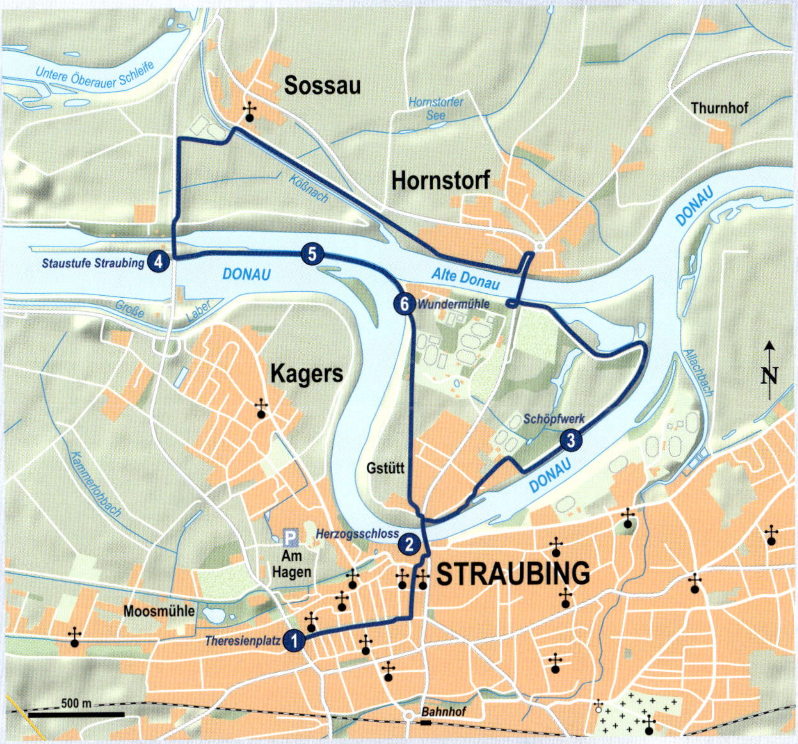

❶ Theresienplatz – Start/Ziel
❷ Herzogsschloss
❸ Vogelau
❹ Staustufe Straubing
❺ Bschlacht
❻ Wundermühle

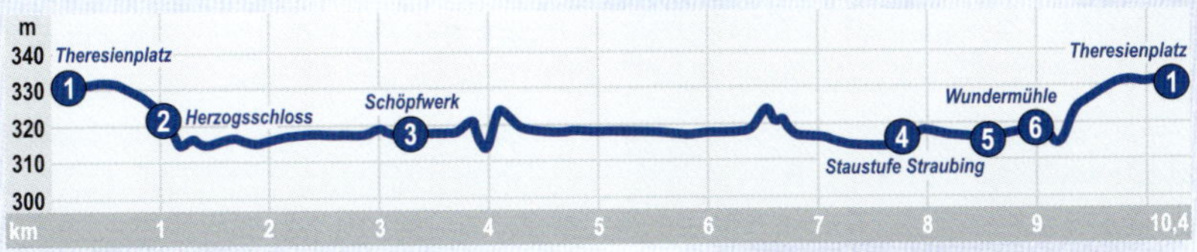

Der Rundweg „Straubing und die Donau“ beginnt am westlichen Teil des Theresienplatzes ❶. Von hier sehen wir auch schon das Wahrzeichen der Stadt – den Stadtturm. Ein 68 Meter hoher mittelalterlicher Wachturm und die große Liebe vieler Straubinger. Davor glänzt die Dreifaltigkeitssäule, 15 Meter hoch und 1709 erbaut. Wir wandern durch die Fußgängerzone und können das geschäftige Treiben der Menschen beobachten. Ein Teil kauft ein und andere wiederum genießen das schöne Wetter auf einer der vielen Sitzgelegenheiten vor den Lokalen am Theresienplatz. Links neben dem Stadtturm steht das Rathaus von Straubing, das leider im Jahr 2016 durch einen Brand schwer beschädigt wurde. Vom Theresienplatz kommen wir zum östlichen Teil der Fußgängerzone, dem Ludwigsplatz. Kurz vor dem Ludwigstor biegen wir nach links in die Burggasse ein. Vorbei am Karmelitenkloster und der Ursulinenkirche sehen

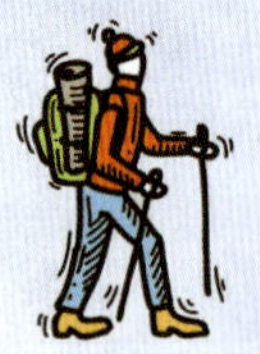

» Der Stadtplatz in Straubing hat ein ganz besonderes Flair. «

wir vor uns auch schon das Herzogsschloss ❷ von Straubing. 1356 erbaut war es für viele Jahre die Residenz der Herzöge von Bayern-Straubing. Hier finden auch die berühmten Agnes-Bernauer-Festspiele statt. Am Schloss halten wir uns rechts und folgen dem Kopfsteinpflaster hinab zur Schlossbrücke, die uns über die Donau bringt. Hier beginnt auch die Markierung unseres heutigen Rundweges mit der Markierung „Rot 6“. Wir biegen nach der Schlossbrücke rechts in einen kleinen Park ab. Von hier haben wir einen schönen Blick zur Brücke, zum Schloss und zur neuen Anlegestelle an der Donau, wo die Fahrgastschiffe viele Touristen in die Stadt bringen. Der Weg führt an der Donau entlang bis zum Alten Hafen von Straubing. Hier geht es nach links hinaus auf den Vogelauweg, wo wir uns rechts halten. Vorbei an einigen Häusern auf der Insel Gstütt erreichen wir den Sportplatz, wo wir rechts abbiegen und nun zum Damm hinaufgehen. Dort halten wir uns links und folgen der Dammkrone. Wir sind jetzt in der Vogelau ❸ unterwegs. Mit etwas Glück kann man hier Rehe, Hasen oder viele Wasservögel beob-

Vogelau

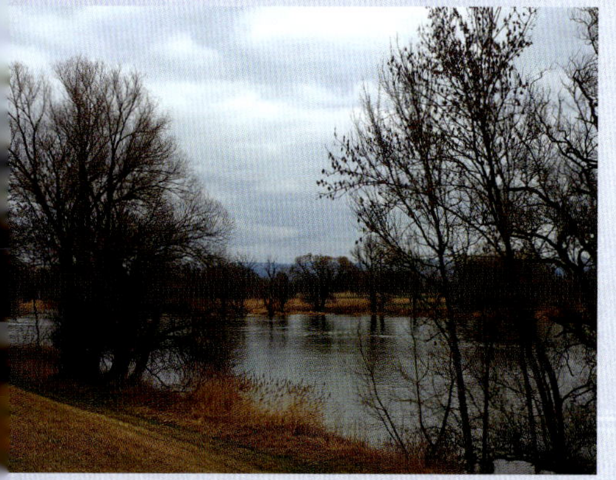

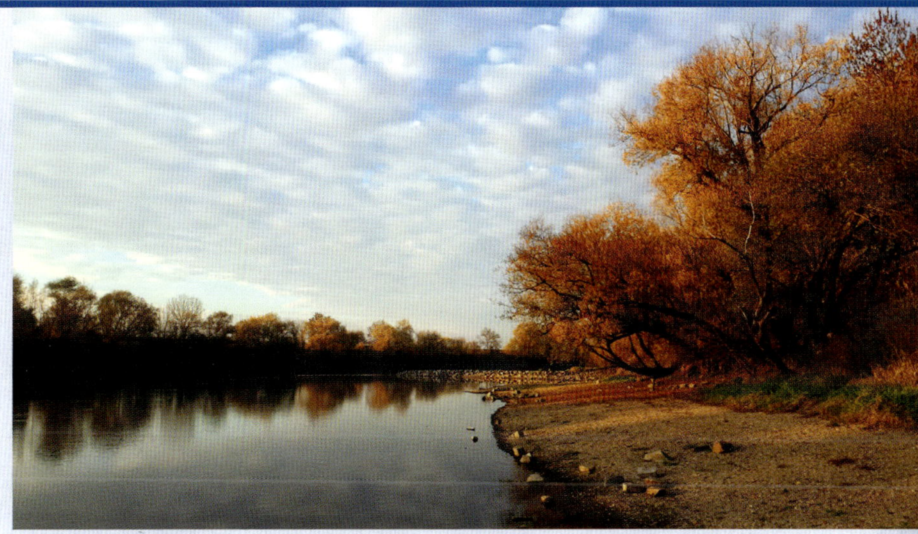

Donaustrand bei der Schlossbrücke

achten. Es geht an einem Schöpfwerk vorbei und auf der anderen Donauseite sieht man die alte und vor allem sehr imposante Kirche St. Peter mit ihrem mystischen Friedhof. In der nächsten Kurve halten wir uns links und sind nun direkt in einem Tierschutzgebiet. Das Altwasser der Donau gleicht einem Mangrovensumpf. Knorrige Bäume, umgefallene alte Weiden und die vielen Gräser erzeugen eine einzigartige Atmosphäre. Jetzt fehlt nur noch ein Krokodil, das aus dem Altwasser auftaucht. Auf dem Damm geht es an der Kleingartenanlage Schwedenschanze vorbei. Wir halten uns rechts und wandern unter der Agnes-Bernauer-Brücke hindurch. Gleich danach geht es links über eine Treppe auf die Brücke hinauf und hier biegen wir links ab und überqueren die Alte Donau. Vorm Kreisverkehr biegen wir wieder nach links ab und folgen nun dem Donaudamm

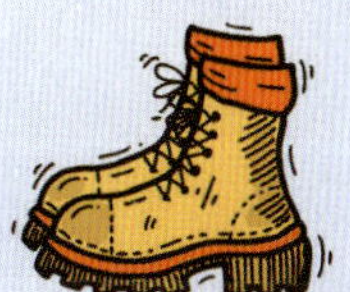

» An den Stränden der Donau gibt es vieles zu entdecken. «

flussaufwärts. Hier kann man immer wieder hinab zur Donau steigen und schöne Aussichten auf Straubing genießen. Über eine kleine Teerstraße, an der Kößnach entlang, streifen wir den Ort Sossau, biegen hier nach links ab und wandern am Sportplatz vorbei. Kurz vor der Staatsstraße weist uns die Markierung „Rot 6“ nach links und wir sehen schon die Staustufe Straubing ❹. Es ist

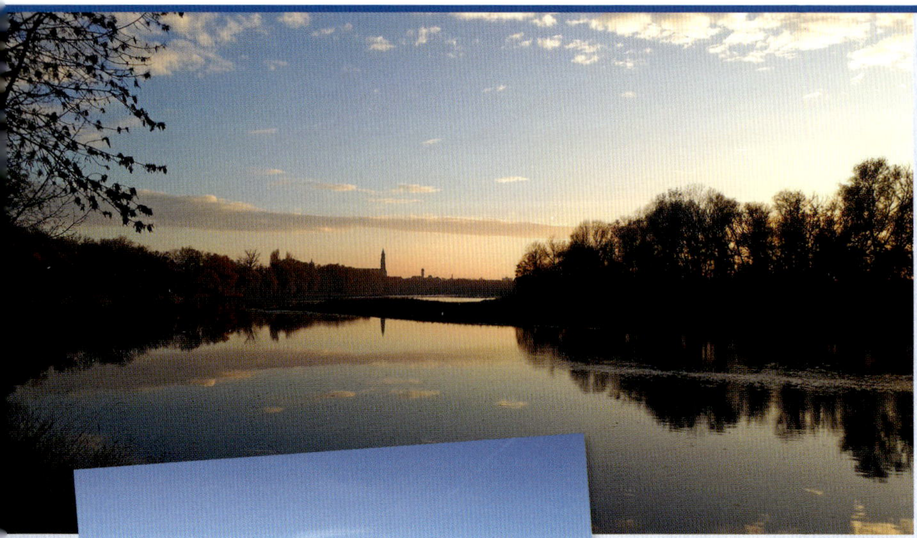

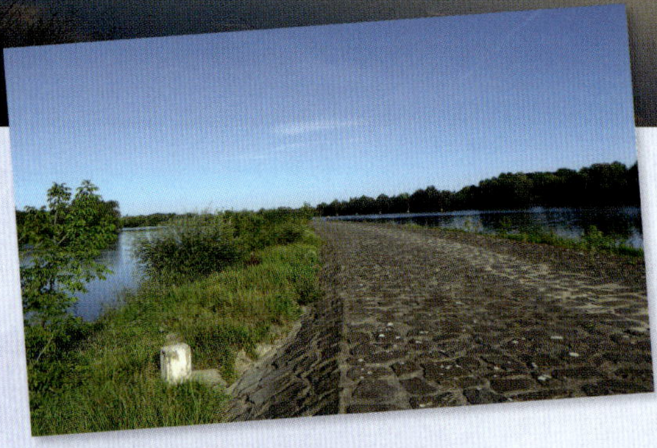

↑ Blick auf Straubing

← Bschlacht

schon beeindruckend, welch große Schiffe hier geschleust werden. Hier biegen wir nach links ab und können nach einigen Metern nochmals nach links einen Abstecher zum „Schleusenwarteplatz" machen. Vielleicht wartet dort gerade ein großes Schiff, das man hier bestaunen kann (Achtung: Bei Hochwasser ist die Bschlacht gesperrt, was aber kein Problem darstellt. Wir folgen dann einfach dem Radweg Richtung Straubing und erreichen so auch wieder den Theresienplatz). Wir gehen weiter auf einem kleinen steinigen Weg und sind jetzt auf der Bschlacht ❺ angekommen, welche die „neue" Donau und die Alte Donau trennt. Der Trenndamm ist richtig steinig und kann auch ein wenig rutschig sein. Hier ist es unglaublich schön und man hat fantastische

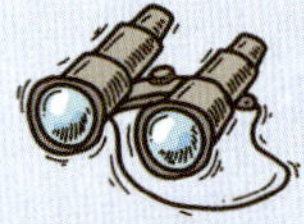

» Von der Bschlacht hat man eine wunderschöne Sicht auf die Türme Straubings. «

Blicke auf die Stadt Straubing und die Donau. Am Ende der Bschlacht erreichen wir den Ruderclub an der Wundermühle ❻, hier halten wir uns rechts und gehen durch ein kleines Waldstück. Wir haben nun wieder die Insel Gstütt erreicht. Nun geht es für ein paar Meter hinauf auf den Damm, bevor wir nach links in das nächste Waldstück abbiegen. Am Waldrand sehen wir vor uns schon eine lange Allee, den Pilgerweg. Wir folgen diesem und haben auch von hier wieder eine hervorragende Sicht auf die Türme Straubings. Nachdem wir die ersten Häuser erreicht haben, geht es noch einmal nach links und gleich wieder nach rechts, dann haben wir wieder die Schlossbrücke erreicht. Auf dem gleichen Weg, den wir anfangs gegangen sind, wandern wir wieder zurück zum Theresienplatz ❶. Hier bietet es sich an, eine Rast in einem der vielen Lokale zu machen und bei einem kühlen Getränk oder einem Eis im Schatten des Stadtturms die Tour Revue passieren zu lassen.

Essen/Einkehren:

Straubing Innenstadt
Am Theresienplatz und Ludwigsplatz gibt es eine Vielzahl von Gaststätten. Hotel Seethaler, Hotel Das Röhrl, Hotel Gäubodenhof, Straubinger Weißbierhaus, Cafe Krönner, Bayerischer Löwe und viele weitere Lokale.

Landgasthof Reisinger
(130 Meter vom Weg entfernt)
Sossauer Platz 1, 94315 Straubing
Tel. 09421 10658
https://www.landgasthofreisinger.de/
Öffnungszeiten:
Mittwoch bis Freitag ab 17 Uhr,
Samstag, Sonntag, Feiertag ab 11 Uhr

Pilgerweg auf der Insel Gstütt

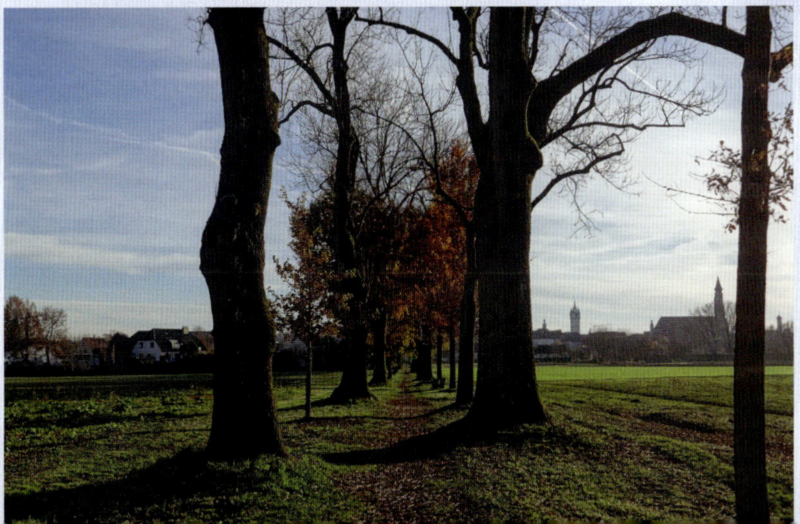

An der idyllischen Aitrach

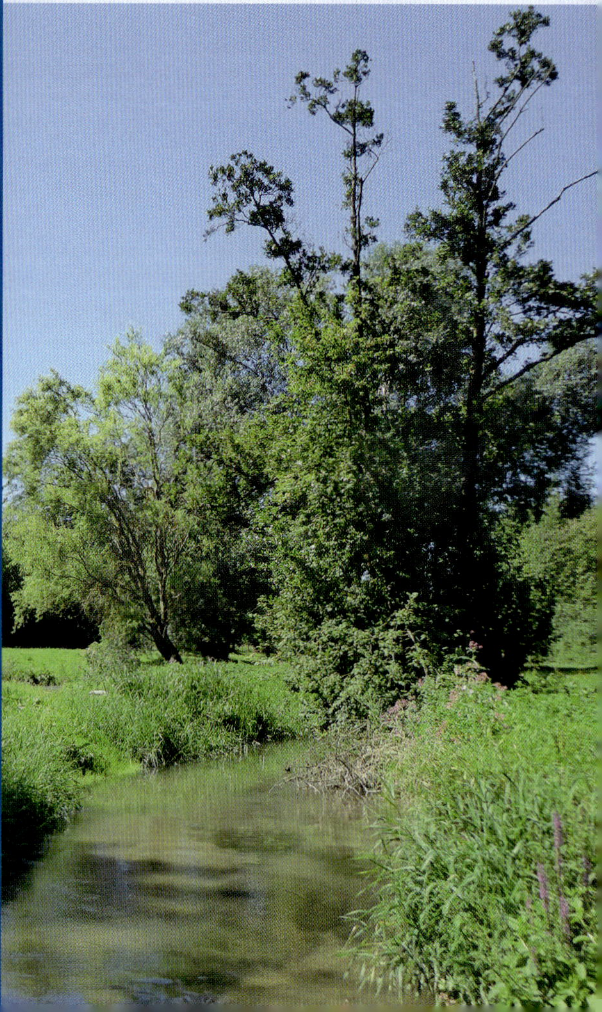

Leicht

3,5 km

↓↑ 10 m

1½ Std.

Aiterhofen/Bachstraße – Aitrach – Kreuzberg – Aitrach – Aiterhofen/Bachstraße

Abwechslungsreicher Rundweg an der Aitrach entlang und als Belohnung gibt es sogar ein Gipfelkreuz mit überraschendem Fernblick.

Markierung:
Der Weg ist als „Aitrach-Rundweg" markiert.

Parken:
In Aiterhofen befindet sich an der Kreuzung Passauer Straße/Bachstraße ein Wanderparkplatz (Navi: Bachstraße, 94330 Aiterhofen)

Tourist-Information/VG:
Straubinger Str. 4,
94330 Aiterhofen,
Tel. 0 94 21 / 99 69-0

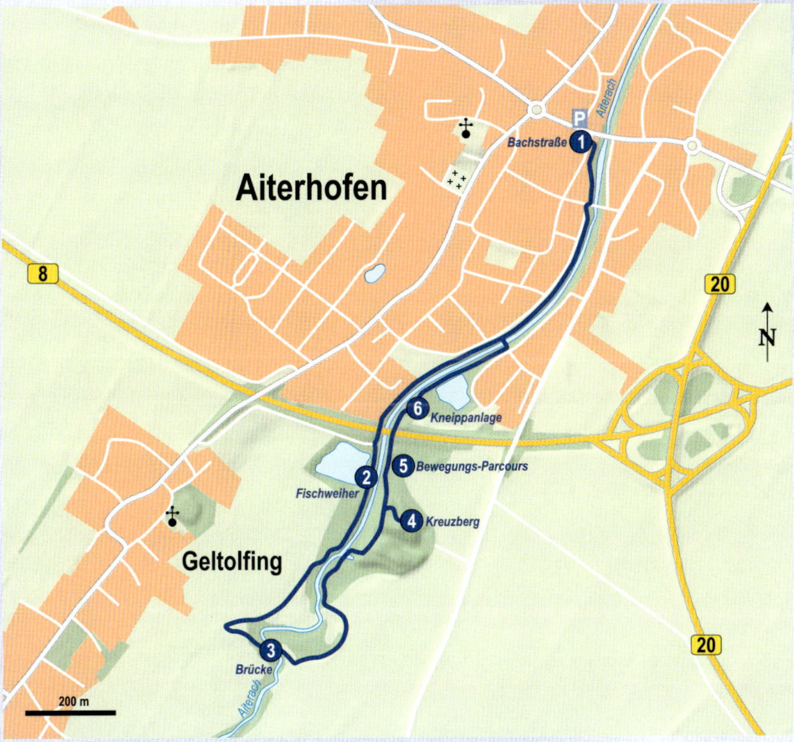

❶ Parkplatz in der Bachstraße – Start/Ziel

❷ Fischweiher nach der Unterführung B8

❸ Fußgängerbrücke über die Aitrach in Höhe Geltolfing

❹ Kreuzberg

❺ Bewegungsparcours

❻ Kneippbecken

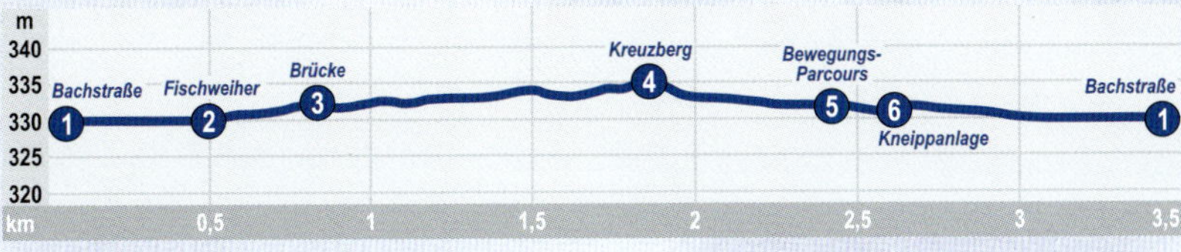

Der Startpunkt dieses kleinen Rundwanderweges liegt am Wanderparkplatz in der Bachstraße ❶ in Aiterhofen. Hier gibt es eine Infotafel mit sehr vielen nützlichen Details über die Aitrachaue. Daneben befindet sich eine Treppe, auf der wir nach unten gehen. Dort biegen wir nach rechts ab und bleiben die nächsten 1,5 Kilometer auf dieser Flussseite. Die Aitrach ist ein rechter Nebenfluss der Donau, beginnt in Dengkofen, mündet bei Ittling in die Donau und ist 28 km lang. Der Name bedeutet so viel wie „anschwellendes Wasser" und ist auch namensgebend für den Ort Aiterhofen. Wir folgen dem schönen Pfad und unterqueren eine Brücke – hier muss man den Kopf ein wenig einziehen. Immer wieder hat man schöne Blicke auf das Wasser, besonders wenn sich die Sonne darin spiegelt. Wir unterqueren die B8 und kommen rechterhand zu einem idyllischen Fischweiher ❷. Danach wandern wir auf einem schmalen Wiesenpfad geradeaus weiter und kommen an einer alten Streuobstwiese vorbei. Rechterhand sieht man das Dorf Geltolfing. Jetzt muss man aufpassen! Kurz nach der Streuobstwiese weist ein Wegweiser nach links in den Wald hinein. In diesem Naturwald, in dem die Natur sich selbst überlassen ist, erreichen wir kurze Zeit später eine kleine Fußgängerbrücke ❸, wo wir die Aitrach überqueren. Nun beginnt auch schon der Rückweg, aber es liegen noch einige interessante Abschnitte vor uns. Gleich nach der Brücke findet man die „Aitrach-Schlaufe", hier macht der kleine Fluss eine S-Kurve.

Die Aitrach in Aiterhofen

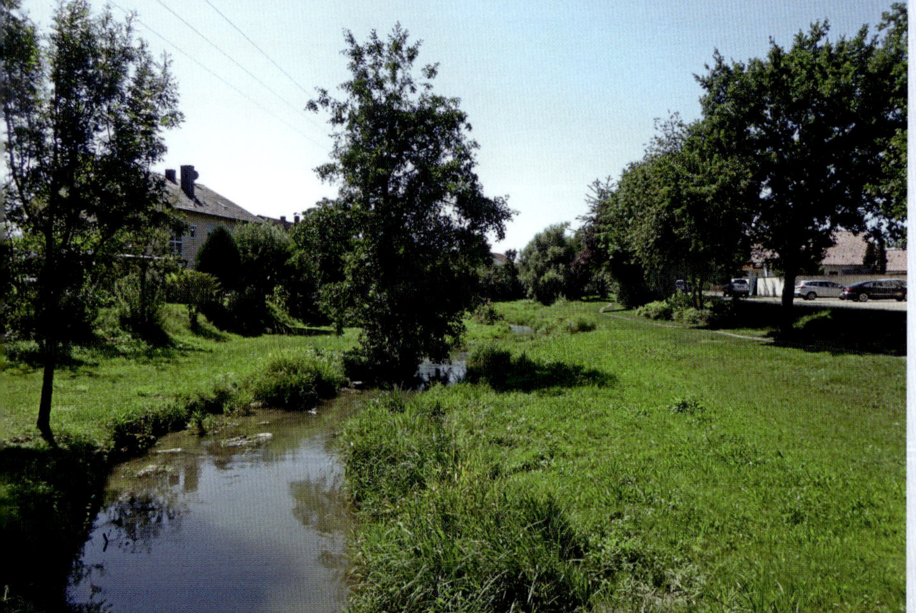

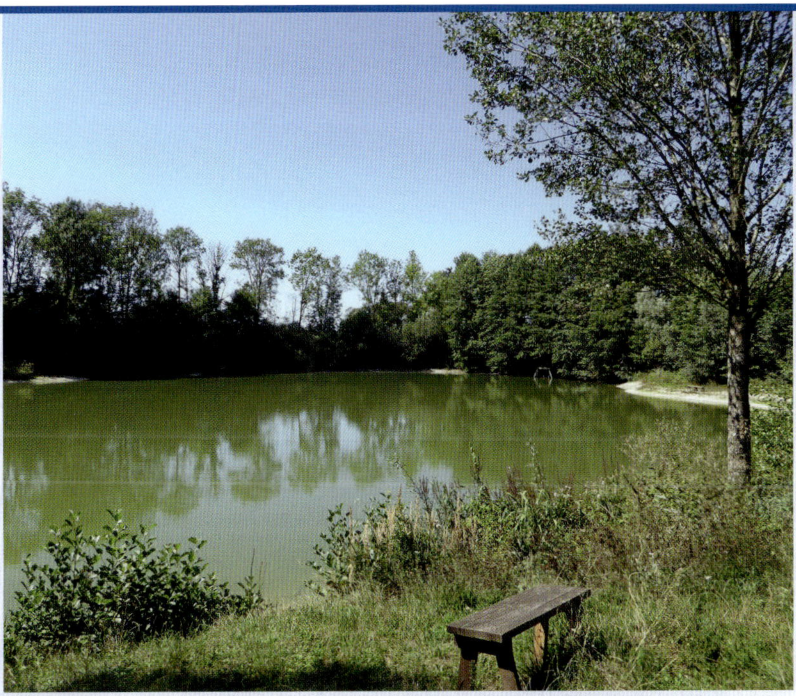

Idyllischer Fischweiher

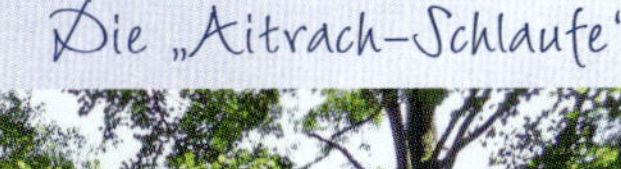

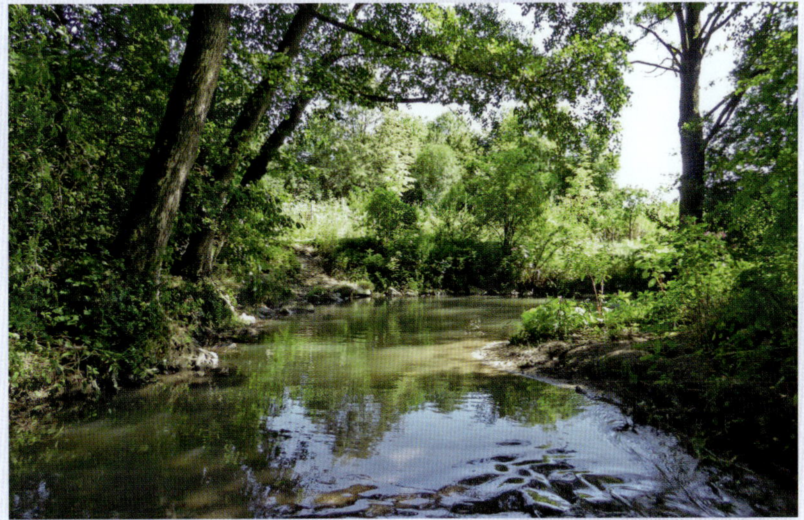

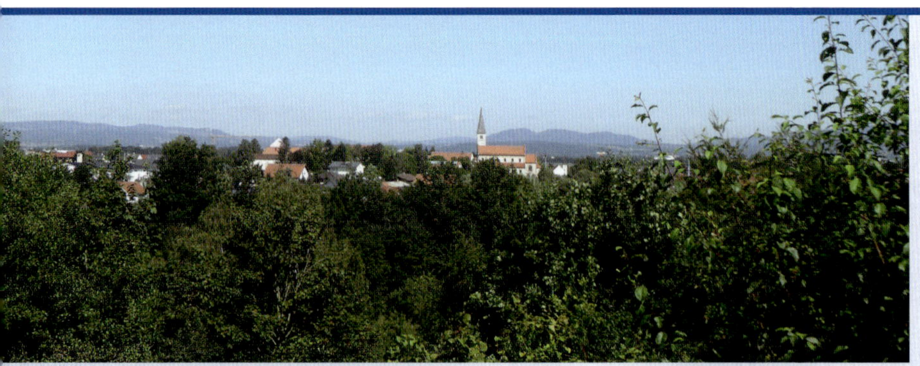

Imposante Sicht vom Kreuzberg

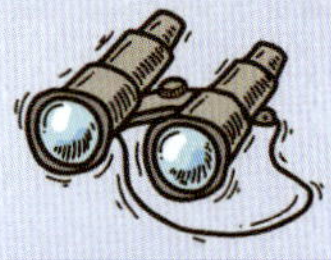

»Vom Kreuzberg hat man eine wunderschöne Sicht auf Straubing, den Bogenberg und die Gipfel des Bayerischen Waldes.«

Dieser Ort überrascht mit seiner Ursprünglichkeit. Danach biegen wir links ab und wandern am Feldrand entlang. Hier sind wir nun ein wenig abseits des Gewässers unterwegs und haben einen weiten Blick in den Gäuboden hinein. Einige Meter weiter sind wir wieder im Naturwald, wo nach rechts eine Pfad abzweigt. Über Stufen und einen schmalen Pfad am Hang entlang erreichen wir den Waldkindergarten. Hier wandern wir geradeaus weiter und sehen auf der rechten Seite bereits den Aussichtsberg Kreuzberg. Über wenige Stufen erreichen wir das Gipfelkreuz des Kreuzbergs mit 355 m NHN ❹. Hier bietet es sich an, eine kleine Rast einzulegen. Es gibt hier eine Rastbank und eine imposante Sicht auf Straubing, den Bogenberg und die Gipfel des Bayerischen Waldes. Danach steigen wir hinter dem Gipfelkreuz bergab und kommen zu einem Bewegungsparcours ❺ mit Fitnessgeräten aus Edelstahl. Nun geht es wieder unter der B8 hin-

Gipfelkreuz des Kreuzbergs

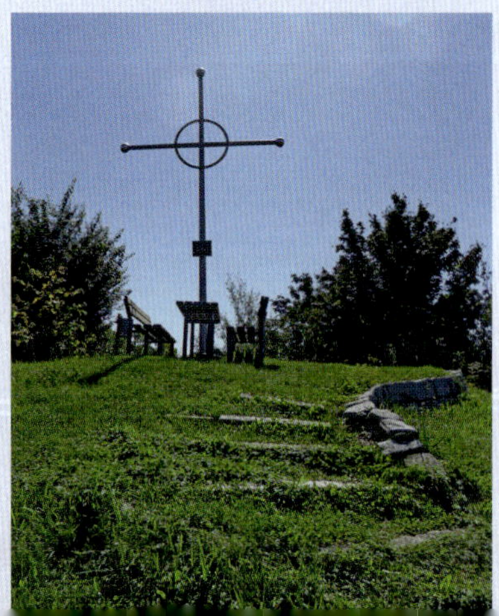

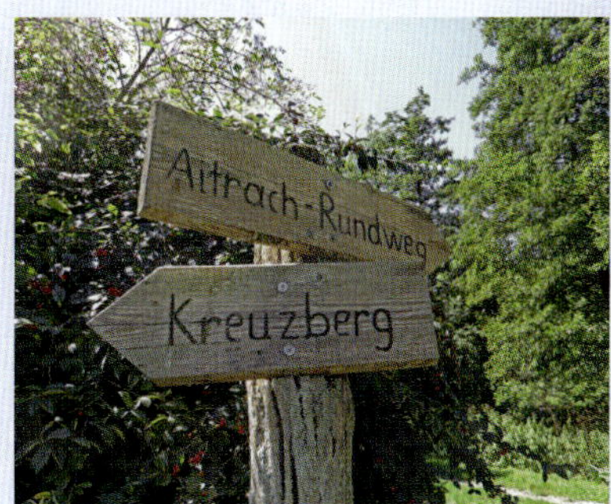

durch und wir kommen linkerhand an einem Kneippbecken ❻ vorbei. Vor allem an heißen Sommertagen ist dies eine willkommene Abkühlung. Anschließend geht es weiter zurück zu unserem Startpunkt. Nach einiger Zeit auf einem kleinen Weg erreichen wir wieder die Straßenbrücke über die Aitrach, wo wir beim Hinweg noch den Kopf einziehen mussten. Hier wechseln wir auf die andere Flussseite und gehen auf dem gleichen Weg wieder zurück zu unserem Parkplatz ❶. Wer jetzt noch eine Rast einlegen möchte, kann vom Wanderparkplatz ortseinwärts gehen und trifft nach einigen Metern auf zwei Landgasthöfe, in denen man seinen Hunger und seinen Durst nach dieser kleinen Tour stillen kann.

Essen/Einkehren:

Landgasthof Goldenes Rad
Passauer Str. 6, 94330 Aiterhofen
Tel. 09421 42926
https://landgasthof-goldenes-rad.de

Hotel und Landgasthof Murrer
Passauer Str. 1, 94330 Aiterhofen
Tel. 0 94 21 / 9 94 30
Öffnungszeiten:
Montag–Samstag: 11–21 Uhr,
Sonntag Ruhetag

Bewegungsparcours

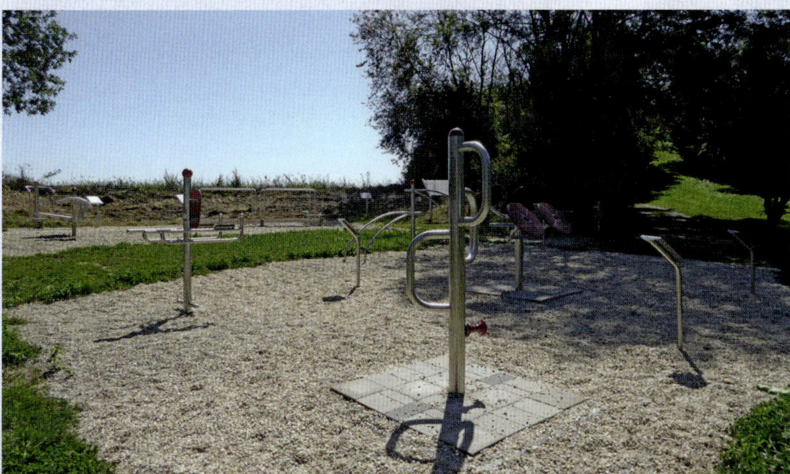

Mittel

10,1 km

↓↑ 117 m

3 Std.

Rund ums Brandmoos

Schiederhof – Höhenberg – Wiesenfelden – Sankt Rupert – Schiederhof

Lieblicher Rundweg um das sehenswerte Naturschutzgebiet Brandmoos und zum Beckenweiher mit Naturbeobachtungssteg in Wiesenfelden.

Markierung:
Der Rundweg ist durchgängig mit „Rot 5" markiert.

Parken:
Am Schiederhof befindet sich am Ortsende ein Wanderparkplatz (Navi: Schiederhof, 94344 Wiesenfelden).

Tourist-Information:
Georgsplatz 1
94344 Wiesenfelden
Tel. 0 99 66 / 94 00 16

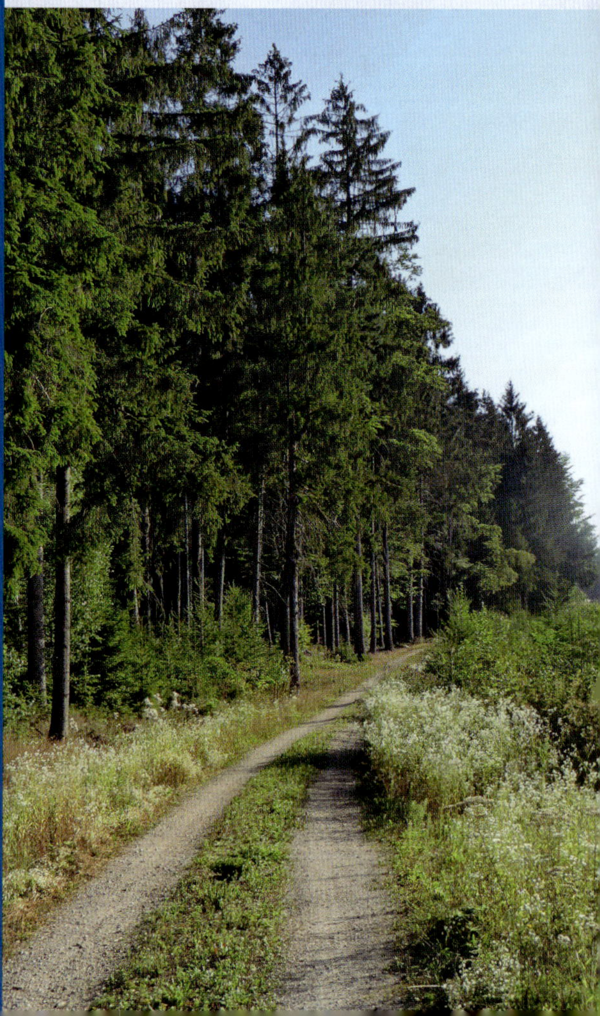

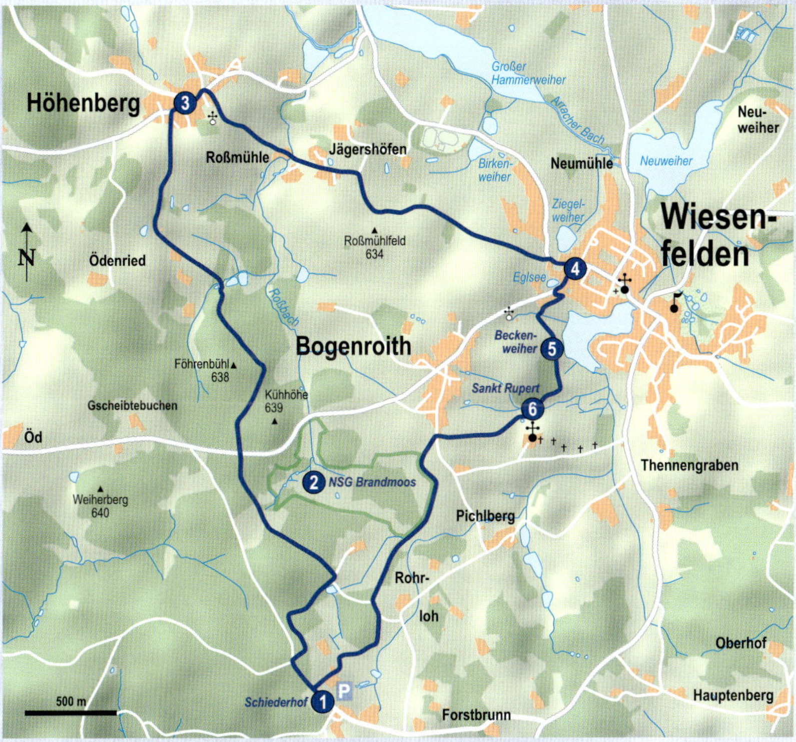

1. Schiederhof - Start/Ziel
2. Naturschutzgebiet Brandmoos
3. Höhenberg
4. Wiesenfelden
5. Wiesenfelder Weiherlandschaft - Beckenweiher
6. Kirche Sankt Rupert

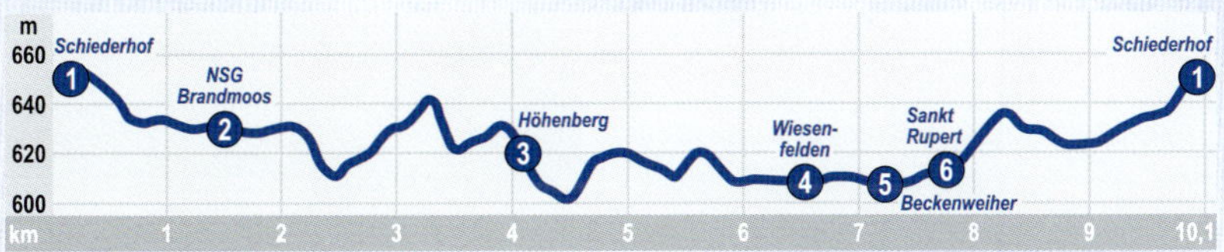

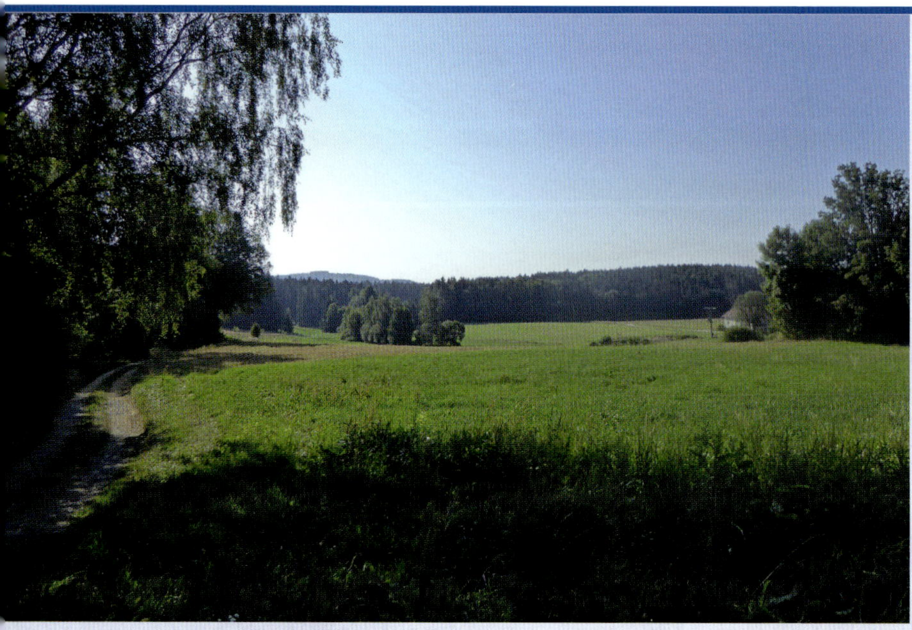

Das Naturschutzgebiet Brandmoos

Diese Tour führt rund um das Naturschutzgebiet „Brandmoos", ein Niedermoor, in dem man Wollgräser, den Sonnentau, den Fieberklee, den Siebenstern oder die Arnika entdecken kann.

Unser Startpunkt liegt am Wanderparkplatz in Schiederhof ❶. Der Rundweg ist durchgängig mit „Rot 5" markiert. Nachdem wir unser Auto in Schiederhof abgestellt haben, wandern wir nach links Richtung Wald und treffen an der ersten Kreuzung bereits auf unsere heutige Markierung, die „Rot 5". Es geht noch für einige Meter auf einer kleinen Straße geradeaus weiter, bevor wir an der nächsten Kreuzung nach rechts in den Wald einbiegen. Hier wurde ich schon des Öfteren von einigen Hasen und Rehen auf dem

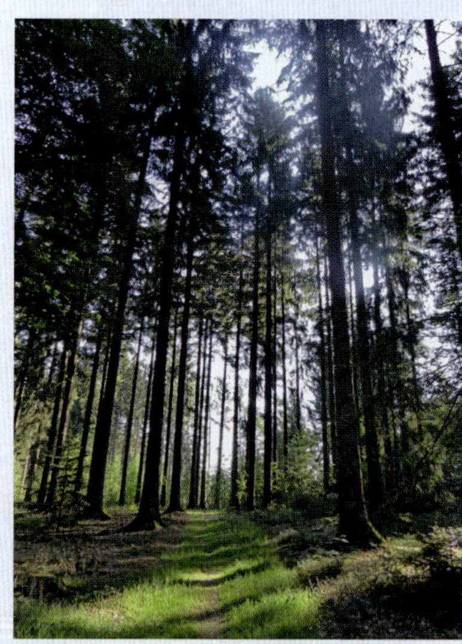

Waldpfad bei Schiederhof

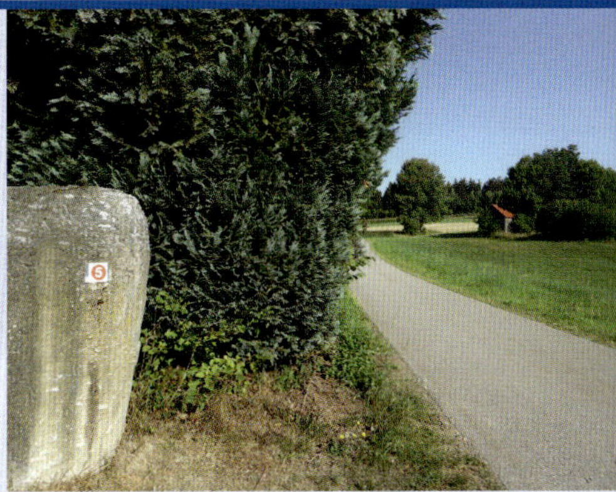

Auf dem Weg nach Höhenberg

Waldpfad begleitet. Nach kurzer Zeit biegen wir nach rechts auf einen Forstweg, dem wir weiter folgen. Am Waldrand treffen wir auf einige von Wildblumen umsäumte Weiher. Nun sind wir direkt am Rande des wunderschönen Naturschutzgebietes Brandmoos ❷. Im Anschluss erreichen wir eine Straße, die wir aber nach ein paar Metern sofort wieder nach links verlassen. Auf einem Waldweg wandern wir um den Hochbirket (657 m NHN) herum. Dieser Abschnitt ist richtig abwechslungsreich. Pfade, Wald- und Wiesenwege warten hier auf uns. Im Anschluss überqueren wir eine kleine Straße und auf Waldwegen geht es zwischen der Kuhhöhe (640 m NHN) und dem Föhrenbühl (638 m NHN) immer leicht bergab. Am Waldrand erreichen wir wieder einige sehr idyllische Weiher, hier können wir nochmals durchschnaufen, denn nun geht es den nächsten Kilometer nur bergauf. Über eine kleine Nebenstraße führt uns die Markierung hinauf nach Höhenberg. Wir können hier immer wieder imposante Blicke in die weite Landschaft genießen und natürlich auch auf das Naturschutzgebiet Brandmoos. Vor Höhenberg geht es dann wieder ein wenig bergab und wir treffen auf die Wörther Straße. Hier biegen wir nach rechts ab und folgen dieser für 200 Meter durch den Ort ❸. Beim Feuerwehrhaus biegen wir wieder nach rechts ab. Über einen Schotterweg wandern wir nun leicht bergauf und sehen auf der rechten

Blick auf Wiesenfelden

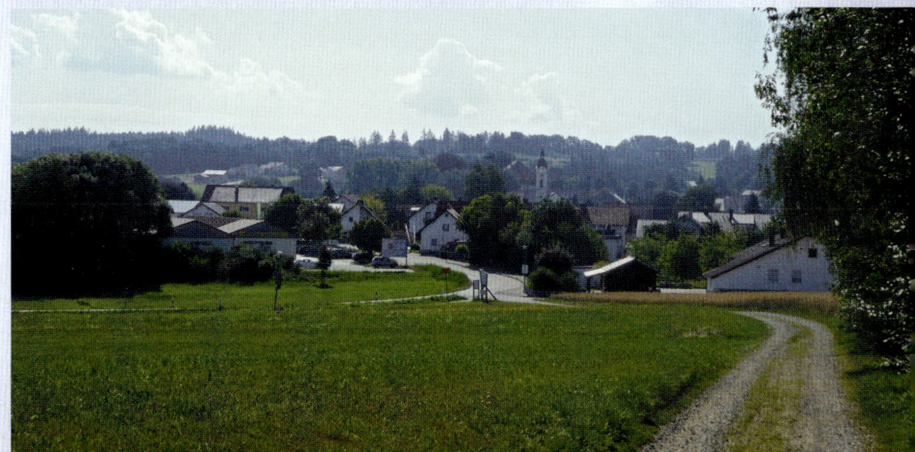

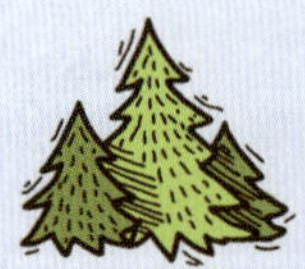

»Im Brandmoos findet man seltene und kostbare Pflanzen, wie Wollgräser und den Sonnentau.«

Seite die schöne Ortskapelle von Höhenberg. Durch eine Wiesenlandschaft geht es hinab zur Roßmühle, wo wir wieder auf eine kleine Straße treffen. Dieser folgen wir nun hinauf nach Jägerhöfen. An der Kreuzung biegen wir nach rechts ab und einige Meter weiter wieder nach links. Wir wandern jetzt auf einem Feldweg durch den Taleinschnitt „Kröpfelseige“. Von hier haben wir bereits einen ersten Blick auf Wiesenfelden. Es geht weiter über die Falkensteiner Straße in den Ort hinein. Auf Höhe des Supermarkts biegen wir nach rechts in die Bogenroither Straße ein. Nach gut 100 Metern kommen wir linkerhand an einem Bewegungsparcours vorbei und biegen dort nach links ab. Wir treffen hier auch auf den 660 km langen Qualitätswanderweg Goldsteig, der uns bis zum Schiederhof zurück begleiten wird. Hier lohnt sich auf jeden Fall ein Abstecher nach links, zum 110 Meter langen Naturbeobachtungssteg ❹. Hin und zurück sind es nur ein paar Meter. Unser Weg führt uns nun rechts um den Beckenweiher ❺ herum, wo uns

Am Beckenweiher

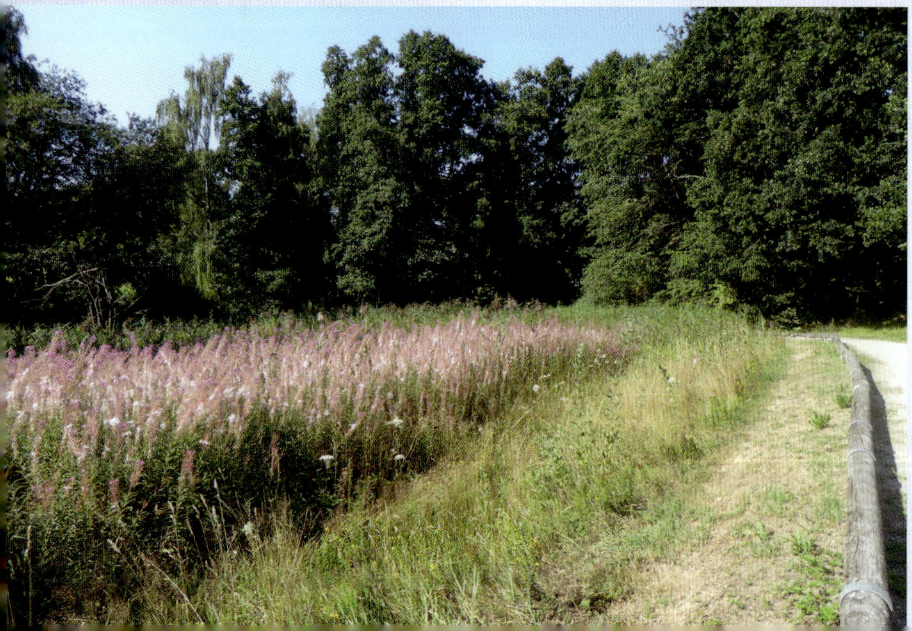

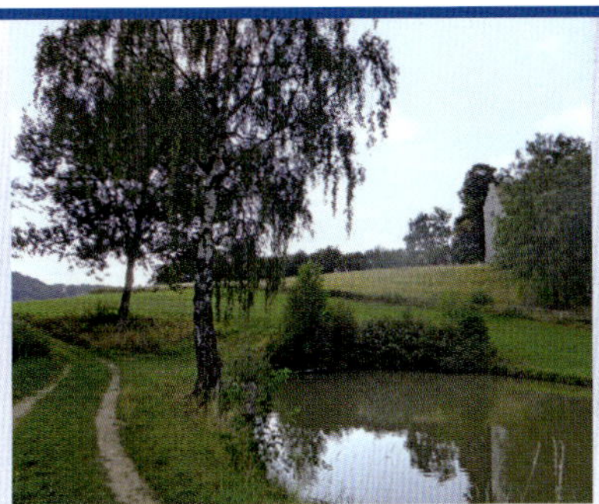

Weiher bei Kirche St. Rupert

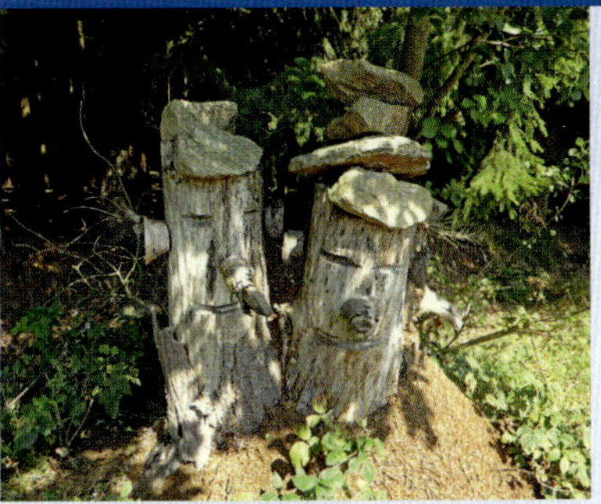

Hölzerne Begleiter im Endspurt nach Schiederhof

einige Tafeln über die Wiesenfeldener Weiherlandschaft informieren. Danach weist uns die Markierung nach rechts und wir folgen einem Pfad am Waldrand entlang. Wir überqueren eine hölzerne Brücke über einen Bach und biegen dann wieder nach rechts ab. Vor uns liegt das Kirchlein Sankt Rupert ❻ oberhalb eines kleinen Weihers. Ein Feldweg führt uns nun bergauf nach Bogenroith, rückblickend haben wir wieder eine gute Sicht auf Wiesenfelden. An der Straße angekommen geht es nach links und gleich wieder nach rechts weiter. Das Naturschutzgebiet Brandmoos ❷ liegt nun wieder unmittelbar vor uns. Über Feld- und Waldwege führt uns die Markierung „Rot 5“ auf eine kleine Straße, wo wir nach links und einige Meter später am Waldrand wieder nach rechts abbiegen. Nun geht es auf einem kleinen Pfad weiter, der uns um ein Waldstück herumführt. Danach queren wir eine große Wiese. Von dort sehen wir auch bereits einige Häuser, zu denen uns der Weg führt. Wir erreichen wieder eine kleine Straße und folgen dieser bis zur Kreuzung. Dort befindet sich auf der linken Seite der Wanderparkplatz Schiederhof ❶, der Startpunkt unserer Wanderung.

Essen/Einkehren:

Waldgasthof Schiederhof
Schiederhof 3, 93444 Wiesenfelden
Tel. 09966 282
Öffnungszeiten: Montag ab 17 Uhr,
Mittwoch – Freitag ab 17 Uhr,
Samstag und Sonntag ab 9.30 Uhr

Gasthof zur Post
Straubinger Str. 4, 93444 Wiesenfelden
Tel. 09966 285
Öffnungszeiten:
Dienstag – Sonntag ab 8 Uhr,
Mittwoch ab 14 Uhr geschlossen

Gasthaus Dirrigl
Wörther Str. 23
93444 Wiesenfelden/Höhenberg
Tel. 09966 225
Öffnungszeiten: Dienstag Ruhetag

Mystischer Pilgramsberg

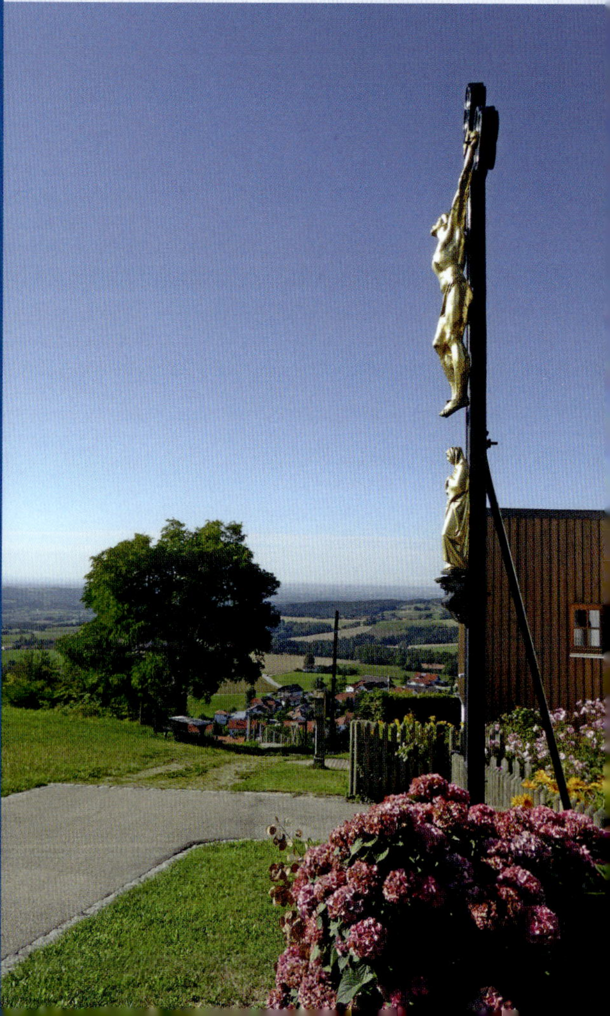

Leicht

5,8 km

↓↑ 130 m

2 Std.

Pilgramsberg – Eggerszell – Mutzendorf – Wallfahrtskirche St. Ursula – Pilgramsberg

Abwechslungsreicher Rundweg um den Pilgramsberg mit seiner geschichtsträchtigen Wallfahrtskirche St. Ursula.

Markierung:
Der Rundweg ist durchgängig mit „Rot 2" markiert.

Parken:
Kreuzung Dorfanger/Hauptstraße (Navi: Dorfanger, 94372 Rattiszell/ OT: Pilgramsberg).

Tourist-Information:
Straubinger Str. 18
94375 Stallwang
Tel. 0 99 64 / 64 02-25

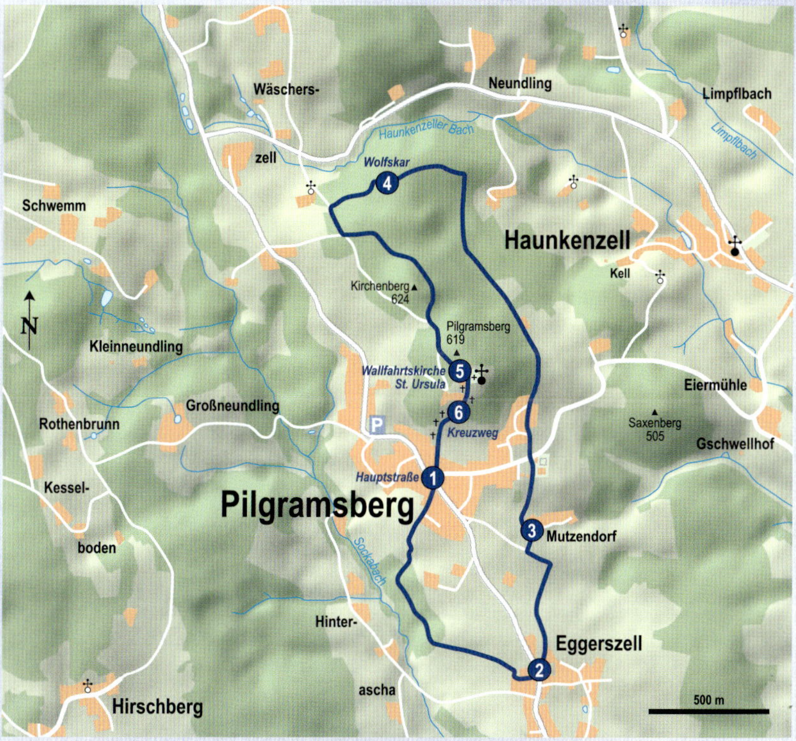

1 Pilgramsberg/Dorfanger – Start/Ziel

2 Eggerszell

3 Mutzendorf

4 Waldgebiet Wolfskar

5 Wallfahrtskirche St. Ursula

6 Kreuzweg

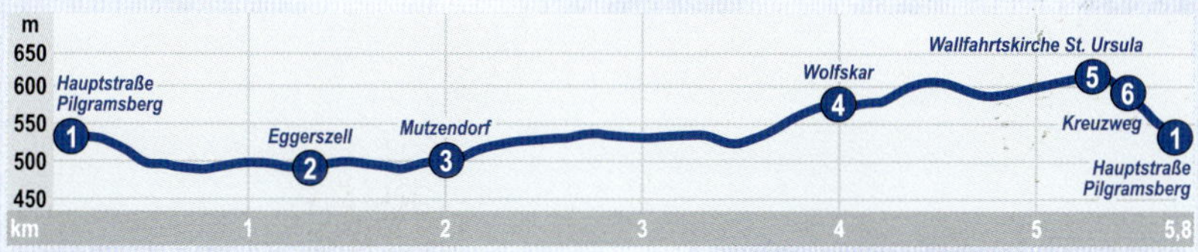

Diese Tour führt rund um den beeindruckenden Pilgramsberg und die gleichnamige Ortschaft. Das Highlight ist die Wallfahrtskirche St. Ursula mit der daneben stehenden mächtigen Linde. Ein Ort, von dem viel Kraft ausgeht und der seine sehr imposante Vergangenheit erahnen lässt. Wir starten unsere Tour an der Kreuzung Dorfanger/Hauptstraße ❶ und folgen durchgängig der Markierung „Rot 2". Über die gegenüberliegende kleine Straße „In der Aschaleiten" führt uns der Weg hinaus aus dem Ort. Zuerst ein Wiesenweg und dann ein idyllischer Waldweg führt uns hinab Richtung Sockabach. Im Waldstück halten wir uns zweimal links und erreichen eine Rastbank mit einer zum Verweilen einladenden Aussicht. Über einen Wiesenweg wandern wir weiter zur Ortschaft Eggerszell ❷. Dort halten wir uns links und überqueren die Bergstraße. Auf der anderen Seite führt uns der Weg geradeaus weiter. Hier begleitet uns ei-

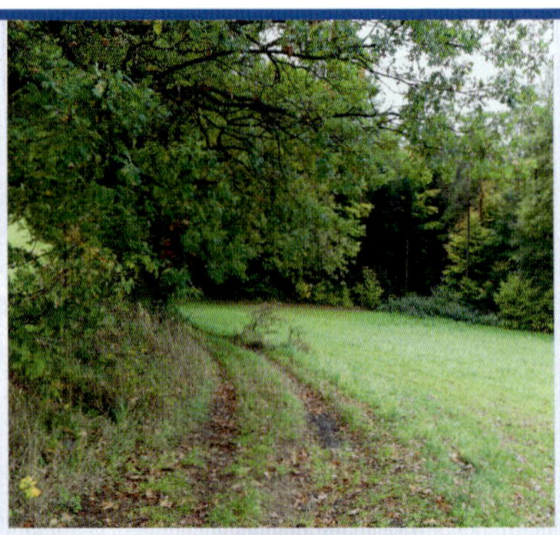

Weg nach Eggerszell

Rastbank mit Blick auf Pilgramsberg

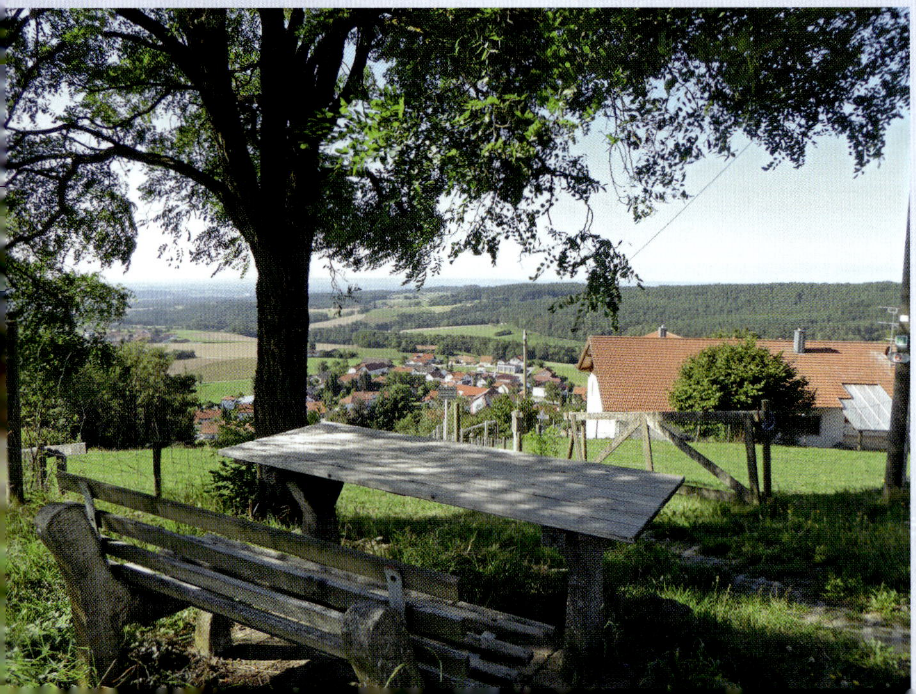

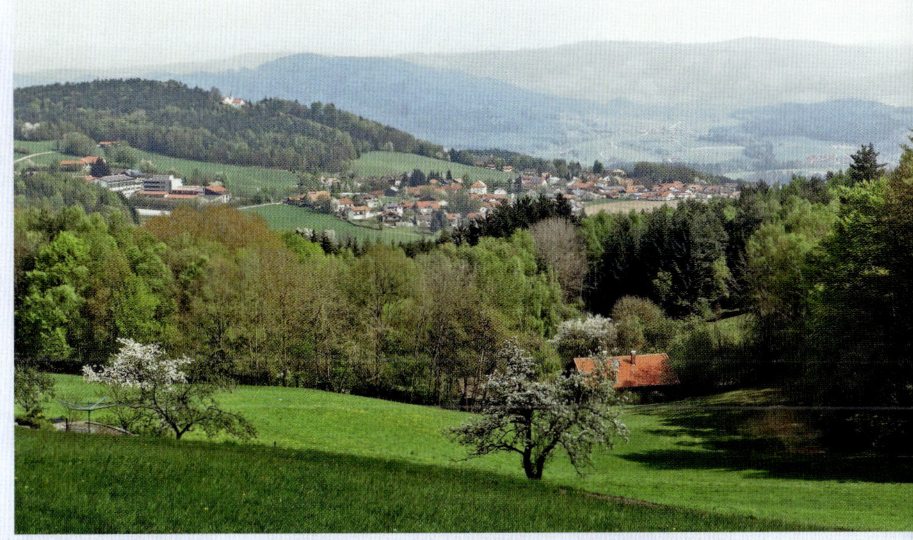

Blick auf Pilgramsberg

ne schöne Aussicht auf die Wallfahrtskirche St. Ursula, den Gallnerberg und sogar bis in den Gäuboden hinein. Am Schotterweg biegen wir links und dann gleich wieder rechts ab. Wir streifen die Ortschaft Mutzendorf ③. Nun beginnt ein 3,5 km langer Aufstieg und gute 100 Höhenmeter liegen vor uns. Über die kleine Nebenstraße erreichen wir den Ort Pilgramsberg, wandern am Sportplatz geradeaus über die nächste Kreuzung und folgen dem Neundlinger Weg. Einige Meter nach dem Ortsende queren wir einen Kreuzweg und den hier verlaufenden Wanderweg Goldsteig. Für uns geht es aber geradeaus weiter und wir erreichen einen düsteren Mischwald mit dem Namen Wolfskar ④. Die Markierung führt uns immer geradeaus weiter. Dann geht es nach links und für ein kurzes Stück wird es ein wenig steiler. Der Weg ist sehr gut markiert und wir folgen weiter der „Rot 2", bis wir auf eine kleine Nebenstraße treffen. Dort biegen wir links ab und nach ein paar Metern wieder nach links. Wir folgen dem schönen Waldweg, auf dem neben dem Goldsteig auch der Ostbayerische Jakobsweg verläuft. Der Weg führt uns nun um den Kirchenberg herum und im An-

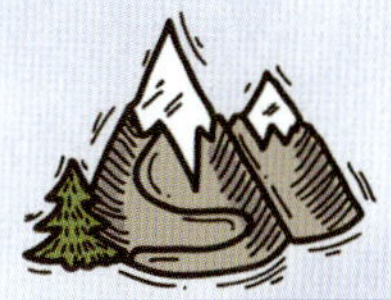

» Der Pilgramsberg ist ein mystischer Ort. «

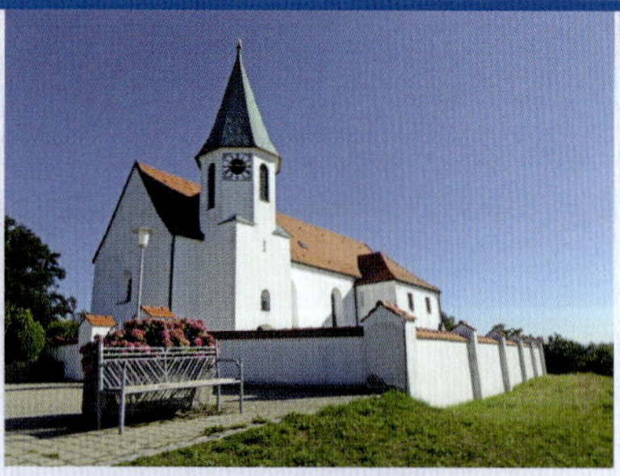

Die Wallfahrtskirche St. Ursula

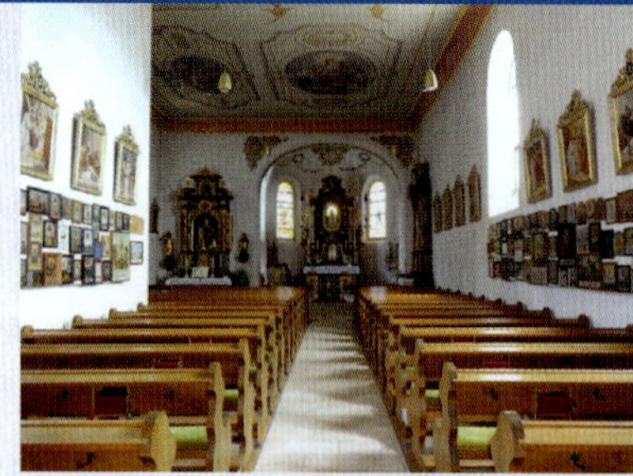

Im Inneren der Kirche

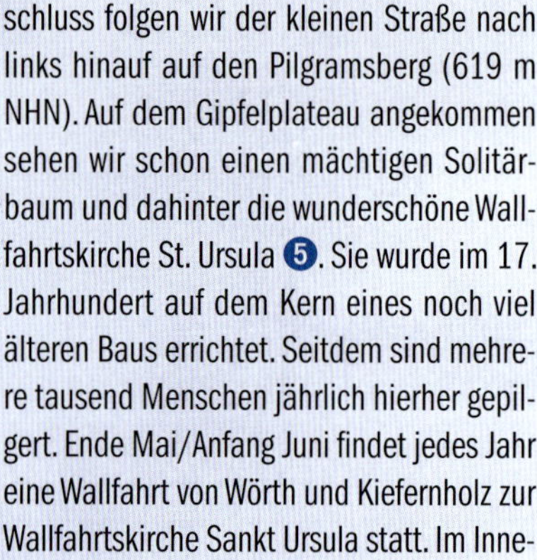

schluss folgen wir der kleinen Straße nach links hinauf auf den Pilgramsberg (619 m NHN). Auf dem Gipfelplateau angekommen sehen wir schon einen mächtigen Solitärbaum und dahinter die wunderschöne Wallfahrtskirche St. Ursula ❺. Sie wurde im 17. Jahrhundert auf dem Kern eines noch viel älteren Baus errichtet. Seitdem sind mehrere tausend Menschen jährlich hierher gepilgert. Ende Mai/Anfang Juni findet jedes Jahr eine Wallfahrt von Wörth und Kiefernholz zur Wallfahrtskirche Sankt Ursula statt. Im Inneren gibt es viele Votivbilder und auch spätgotische Holzfiguren. Der Rundumblick vor der Kirche ist beeindruckend, bei Föhnlagen kann man sogar die Alpen erblicken. Zum Pilgramsberg und zum Gallner, den man ebenfalls von hier aus sehen kann, gibt es auch noch eine Sage. Zwei Burgherren, die auf diesen beiden Gipfeln hausten, sollen sich gegenseitig einen Hammer hin und her geworfen haben, da sie nur diesen einen hatten. Dadurch entstand das Tal zwischen dem Pilgramsberg und dem Gallner. Hier

Lindenbaum bei der Wallfahrtskirche

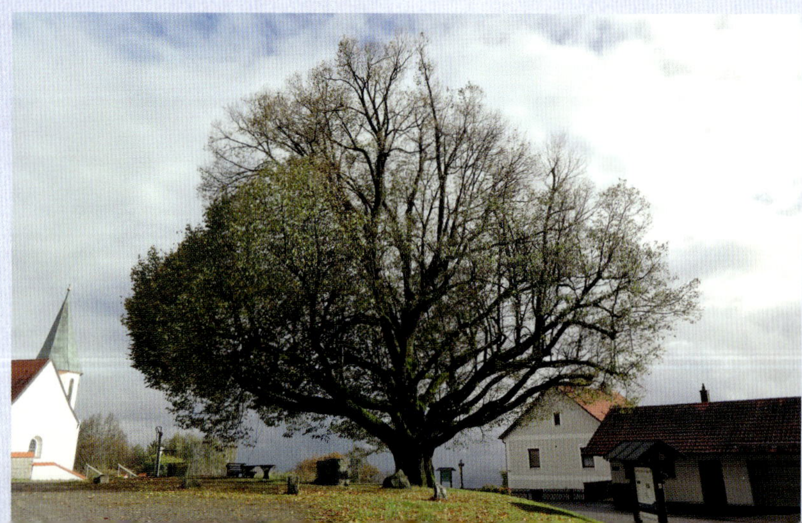

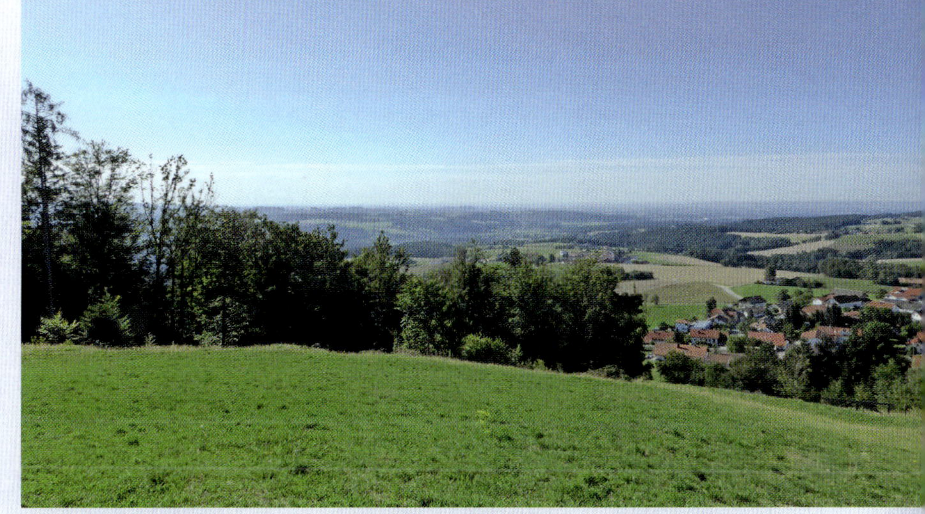

Blick vom Pilgramsberg in den Gäuboden

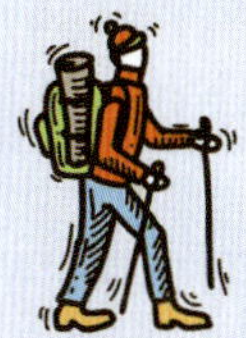

» Die Wallfahrtskirche Sankt Ursula ist seit Jahrhunderten das Ziel vieler Pilger. «

sollte man eine kleine Pause einlegen und die Atmosphäre sowie die Aussicht genießen. Im Anschluss verläuft der Weg steil bergab. Wir folgen dem Kreuzweg 6 hinab in den Ort Pilgramsberg. Über viele Stufen führt uns der Weg zum Gasthof „Zur schönen Aussicht", wo es sich lohnt eine längere Rast einzulegen. Vom Biergarten aus hat man eine fantastische Sicht in den Gäuboden hinein. Frisch gestärkt folgen wir weiter dem Kreuzweg hinab bis zu den ersten Häusern. Wir müssen nicht mehr abbiegen, denn der Pfad führt uns kerzengerade wieder zurück zum Startpunkt 1 unserer Tour.

Essen/Einkehren:

Gasthaus „Zur schönen Aussicht"
Kirchenberg 1
94372 Rattiszell/OT: Pilgramsberg
Tel. 09964 9642
Öffnungszeiten:
Freitag - Sonntag 17 - 20 Uhr
Samstag 11.30 - 13.30 Uhr
Sonntag 11 - 14 Uhr

Aschinger Kapellenwanderweg

Schwer

15,7 km

↓↑ 254 m

4½ Std.

Gschwendt – Hagnzell – Höfling – Ascha – Gschwendt

Themenrundwanderung von Gschwendt nach Ascha und zurück, vorbei an zwei imposanten Kirchen und acht Kapellen mit ihren eigenen und eindrucksvollen Geschichten.

Markierung:
Der Weg ist an den Kreuzungen mit grünen Wegweisern „Aschinger Kapellenwanderweg" markiert.

Parken:
Parkplatz neben dem Feuerwehrhaus in Gschwendt (Navi: Hagnzeller Str. 94347 Ascha/OT: Gschwendt)

Tourist-Information/VG:
Straubinger Str. 3
94347 Ascha
Tel. 0 96 61 / 70 13 88

Tipp:
Auf *www.ascha.de* findet man einen detaillierten Flyer mit vielen Infos zum „Kapellenwanderweg"

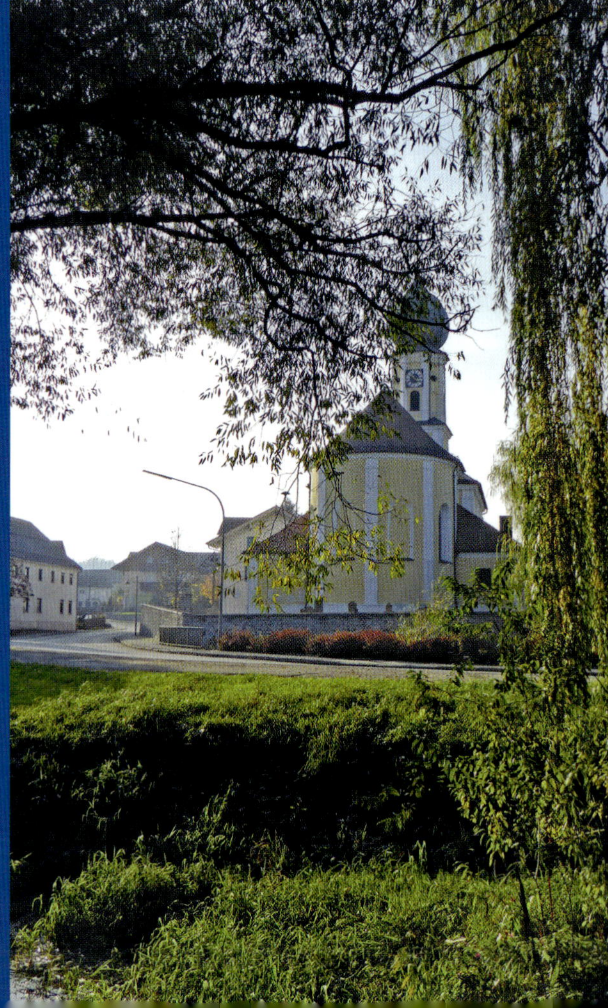

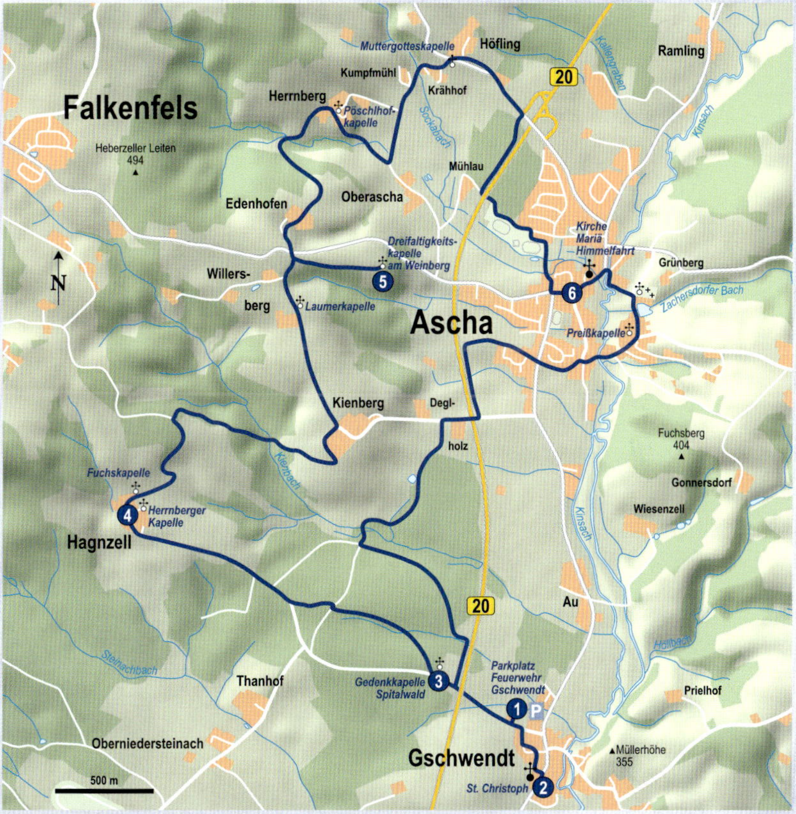

1 Parkplatz Feuerwehr Gschwendt – Start/Ziel

2 Kirche St. Christoph in Gschwendt

3 Gedenkkapelle Spitalwald

4 Kapellen in Hagnzell

5 Dreifaltigkeitskapelle am Weinberg

6 Kirche Mariä Himmelfahrt in Ascha

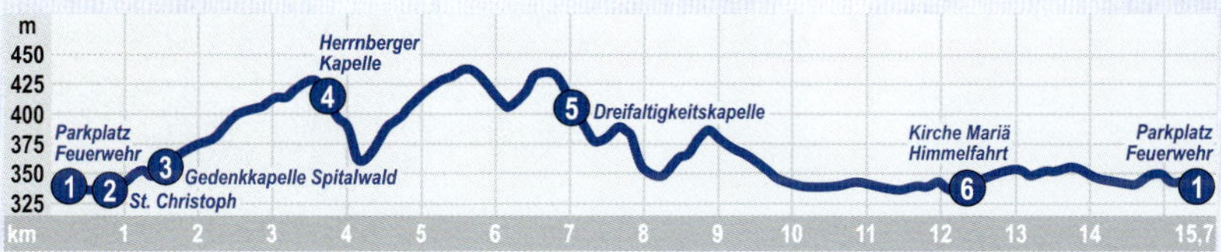

Die Themenwanderung „Aschinger Kapellenwanderweg“ führt uns an zwei imposanten Kirchen und acht Kapellen vorbei, von denen jede ihre eigene Geschichte erzählt. Auf der ganzen Tour gibt es immer wieder Aussichtspunkte mit Blick in den Gäuboden oder auf die Gipfel des Vorderen Bayerischen Waldes. Wir starten mit unserer Wanderung am Parkplatz bei der Feuerwehr in Gschwendt ❶. Der Weg ist durchgängig mit grünen Wegweisern „Aschinger Kapellenwanderweg“ markiert. Bitte gehen Sie die Tour im Uhrzeigersinn, da sie nur so ausgeschildert ist. Nachdem wir unser Auto geparkt haben, geht es erst einmal zurück nach Gschwendt zur malerischen Kirche St. Christoph ❷. Sie wurde 1675 er-

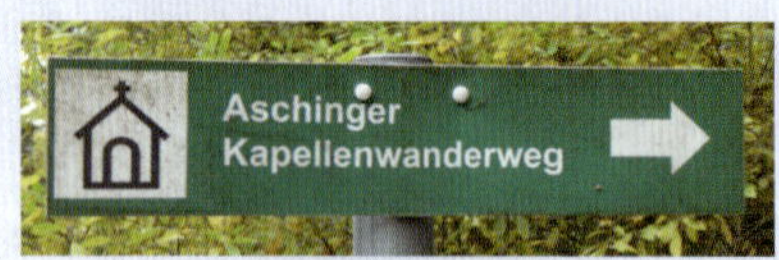

baut, hat die Form eines Kleeblatts und ein Schindeldach. Auf dem gleichen Weg wandern wir wieder zurück zum Startpunkt und folgen der kleinen Straße bis zur Unterführung der B20. Dort gehen wir geradeaus weiter und sehen bereits die erste Kapelle des Weges. Die Gedenkkapelle Spitalwald ❸ liegt direkt vor uns. An dieser Stelle war 1977 ein Standort für eine Mülldeponie geplant worden. Nach einem großen Kampf der Anwohner konnte dies verhindert werden und als Dank dafür wurde diese Kapelle errichtet. Über einen Waldweg und auf einer

Kirche St. Christoph in Gschwendt

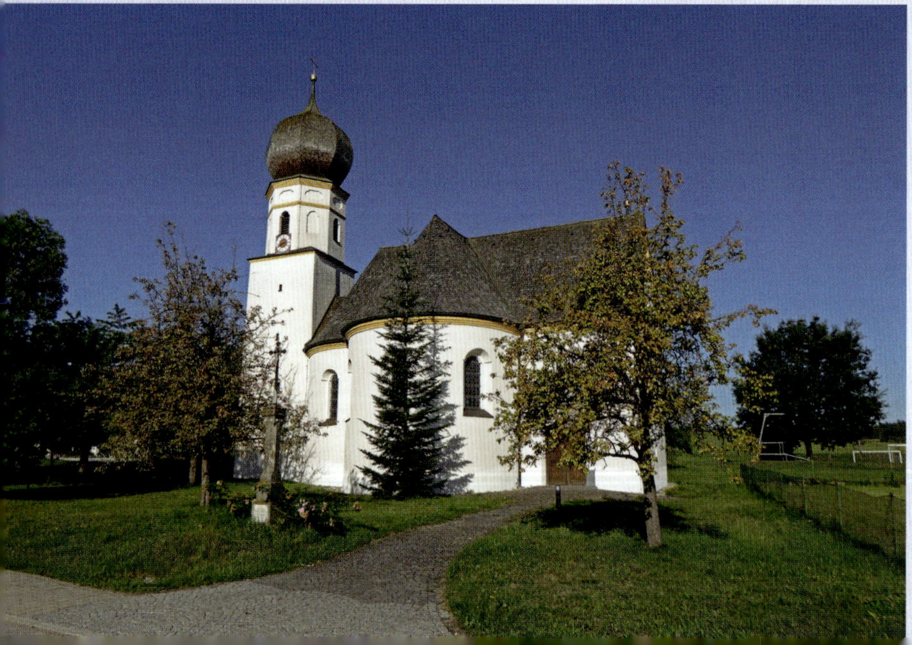

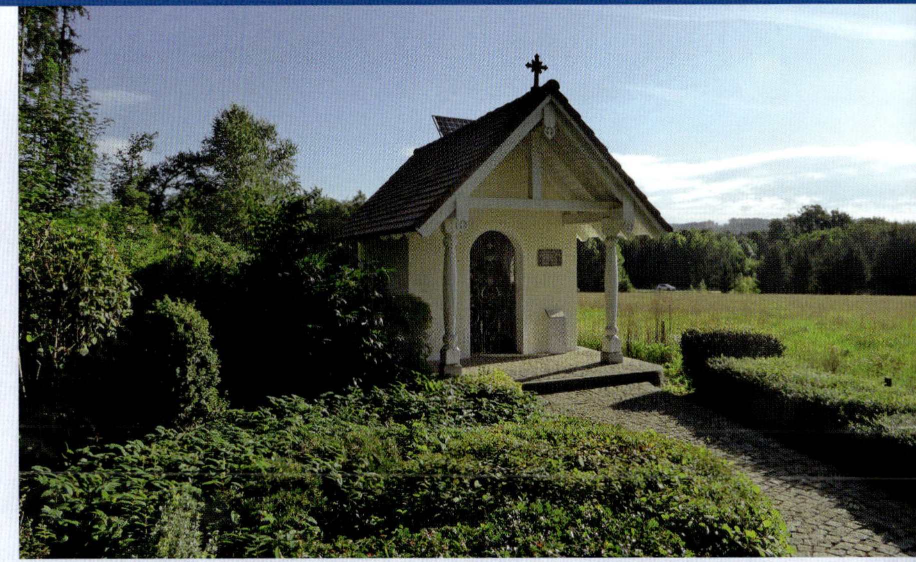

Gedenkkapelle Spitalwald

kleinen Teerstraße geht es nun nach Hagnzell ❹. Hier befinden sich gleich zwei Kapellen, die Herrnberger Kapelle (liegt rechts ein wenig abseits des Weges) und die Fuchskapelle. Über einen Feldweg verlassen wir Hagnzell und genießen die schönen Blicke in den Bayerischen Wald. Über eine S-Kurve geht es am Waldrand entlang, auch hier begleiten uns wieder herrliche Aussichten. Am Waldeingang biegen wir nach rechts ab und auf einem wurzeligen Waldweg geht es steil hinunter zum Kienbach. Nach dem kleinen Bach beginnt ein 2 km langer Aufstieg, der uns zuerst hinauf nach Kienberg führt. (Abkürzung: Kurz vor Kienberg führt ein Weg nach rechts hinunter ins Tal bis zu einem Weiher, wo man wieder auf den Aschinger Kapellenwanderweg trifft – dann ist der Rundweg nur ca. 7 km lang). Wir biegen hier aber nach links ab und folgen weiter den kleinen Wegweisern. Vorbei an Kienberg führt uns eine kleine Straße nach Willersberg, wo wir auf der rechten Seite bereits die nächste Kapelle sehen, die Laumerkapelle. Es geht immer weiter geradeaus und

Fuchskapelle in Hagnzell

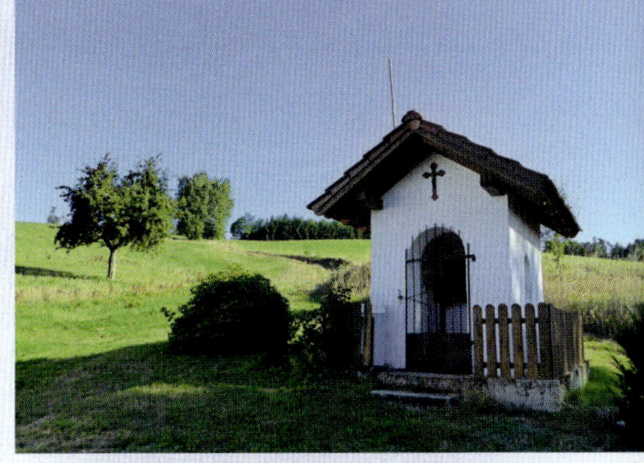

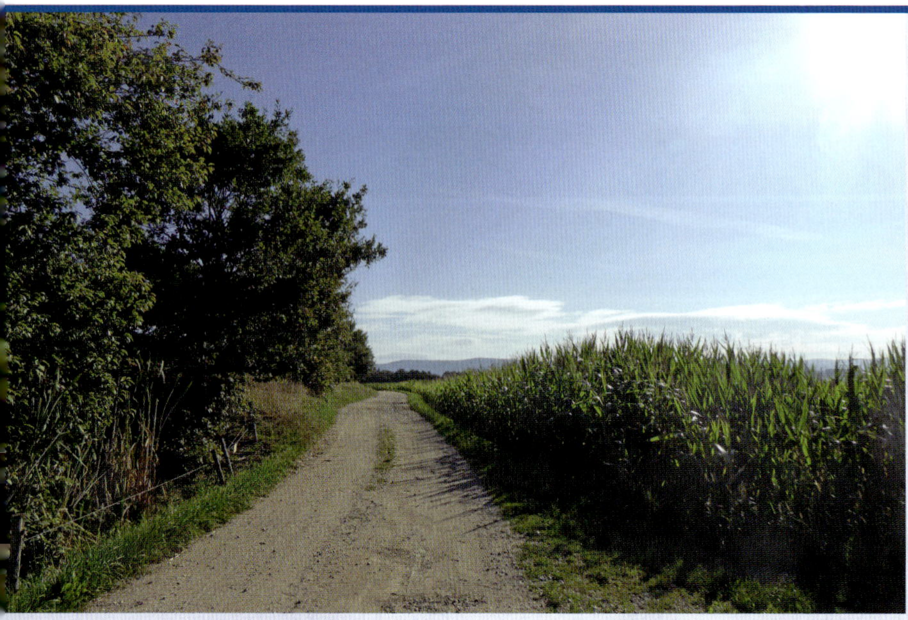

Schöne Aussichten von Hagnzell zum Kienbach

Laumerkapelle in Willersberg

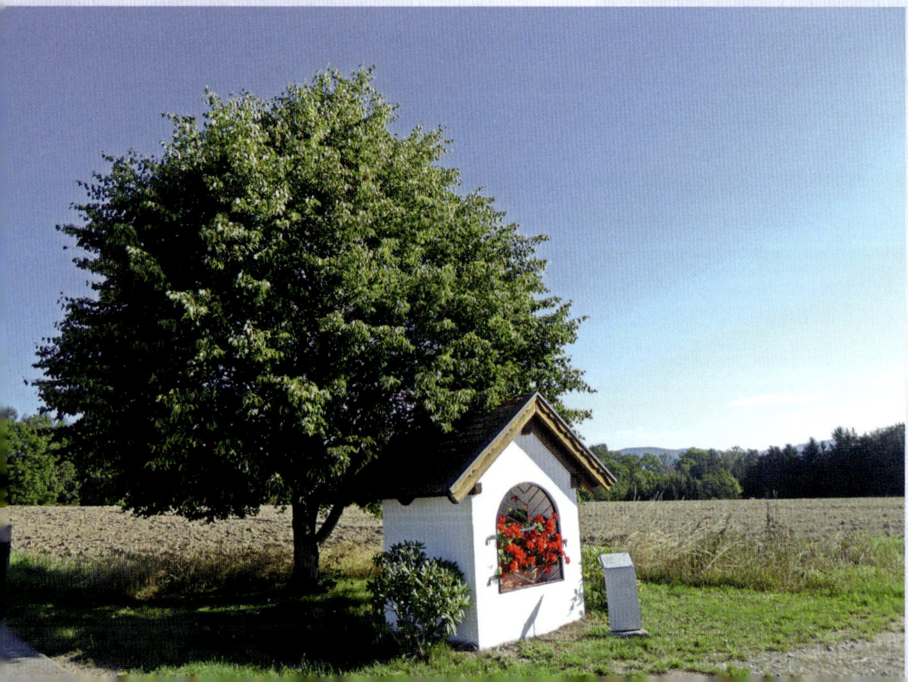

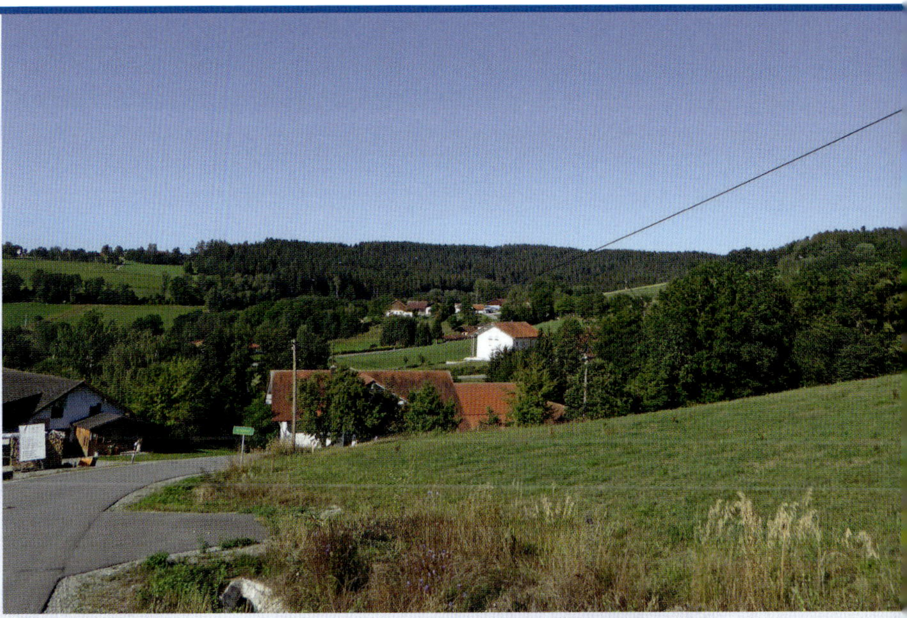

Blick auf Krähhof

nach 300 Metern biegen wir auf einen Stichweg nach rechts ab. Dieser führt uns zur sehr schönen Dreifaltigkeitskapelle am Weinberg 5. Auf dem gleichen Weg geht es wieder zurück und wir wandern weiter nach Edenhofen. Nach der Ortschaft folgen wir einem Waldweg und erreichen Herrenberg mit der Pöschlhofkapelle. Über einen kleinen Pfad geht es aus dem Ort hinaus und ein weiterer Pfad über eine Wiese führt uns zu einer Nebenstraße. Dort biegen wir nach links ab und wandern gemütlich nach Kumpfmühl und Krähhof. Hier befindet sich an der Straßenkreuzung die nächste Kapelle - die Muttergotteskapelle. Nun biegen wir nach rechts ab, vorbei an Höfling und wandern Richtung Ascha. Kurz vor der B20 führt

Muttergotteskapelle

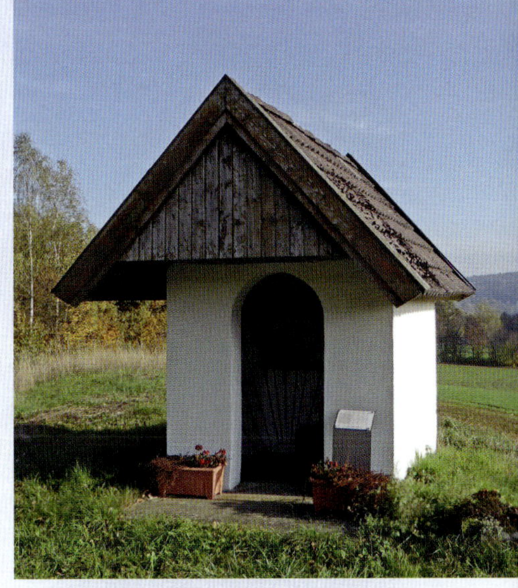

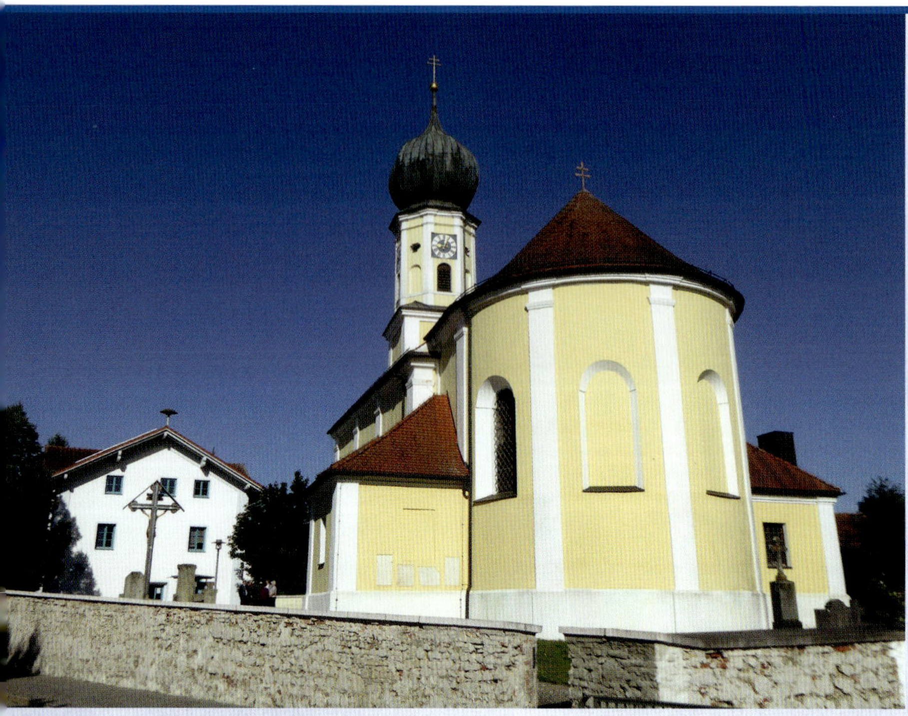

Kirche Mariä Himmelfahrt in Ascha

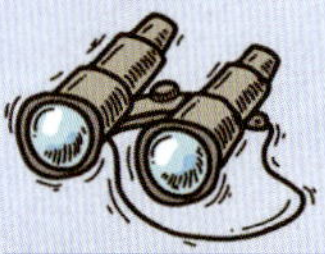

» Die acht Kapellen erzählen uns bewegte Geschichten aus der Vergangenheit. «

uns der Wanderweg nach rechts auf einen Feldweg. Nun kommen wir zur Unterführung, die uns unter der B20 hindurchführt. Von hier sehen wir auch schon das Sportheim des SV Ascha. Hinter dem Fußballplatz biegen wir nach rechts auf einen kleinen Pfad ab, der uns nach Ascha bringt. An der Straubinger Straße angekommen biegen wir nach links ab und sehen vor uns schon die Kirche Mariä Himmelfahrt ❻. Die Pfarrkirche wurde gegen 1720 erbaut und ein Besuch lohnt sich. Wir folgen wieder der Straße und nach der nächsten Kurve biegen wir rechts ab. Über eine kleine Brücke, die über die Kinsach führt, kommen wir über einen Wiesenweg zum Stockarner Weg, wo wir nach rechts abbiegen. Dort treffen wir auf die achte Kapelle des heutigen Tages, die Preißkapelle von Ascha. Danach folgen wir der Unteren Dorfstraße, überqueren wieder die Straubinger Straße und gehen nun ortsauswärts auf dem Hochmaiser Weg, Richtung B20. Auf einem Feldweg folgen wir dem Verlauf der Bundesstraße, biegen bei der nächsten Brücke nach rechts ab und ein paar Meter weiter bei Deglholz wieder nach links. Nun geht es auf einem Feldweg die nächsten Kilometer durch das Schwarzholz und den Spitalwald. Von hier sehen wir rechterhand wieder hinauf nach Kienberg, wo wir heute schon durchgewandert sind (hier treffen wir auch auf die genannte Abkürzung). Nach einer Linkskurve im Wald kommen wir an eine Kreuzung, wo wir nach links abbiegen müssen. Der Forstweg führt uns wieder hinab zur B20, an der wir nun in einiger Entfernung entlang wandern. Am Ende des Weges sehen wir auf der rechten Seite wieder die Gedenkkapelle Spitalwald ❸, wo wir heute schon mal waren. Nun biegen wir aber nach links ab und sehen nach der Unterführung auch schon wieder unseren Startpunkt in Gschwendt ❶.

Essen/Einkehren:

Pizzeria Roma
Straubinger Str. 20, 94347 Ascha
Tel. 09961 942229
Öffnungszeiten:
Mittwoch-Samstag 17-21.30 Uhr,
Sonntag 11-13.30 Uhr
und 17-21.30 Uhr

An der Kinsach in Ascha entlang

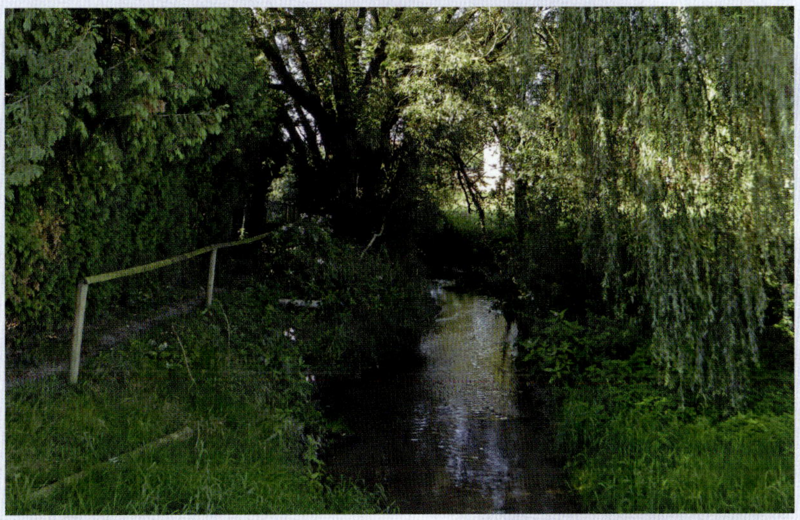

Kinsachtal und Gallnerblick

Leicht

7,4 km

↓↑ 310 m

2 Std.

Stallwang – Rißmühl – Pfahlhaus – Niederkinsach – Stallwang

Toller Rundweg mit leichten Auf- und Abstiegen rund um Stallwang. Idyllische Plätze am Limpflbach, der Kinsach oder am Neumühlweiher kurz nach Niederkinsach laden zu einer Rast ein.

Markierung:
Der Rundweg ist durchgängig mit der Markierung „Rot 6“ gekennzeichnet.

Parken:
Dorfplatz in Stallwang (Navi: Dorfplatz, 94375 Stallwang) oder alternativ in der Straubinger Straße am Sportplatz, dort weist uns ein Wegweiser zu den Wanderwegen.

Tourist-Information:
Straubinger Str. 18
94375 Stallwang
Tel. 0 99 64 / 64 02-25

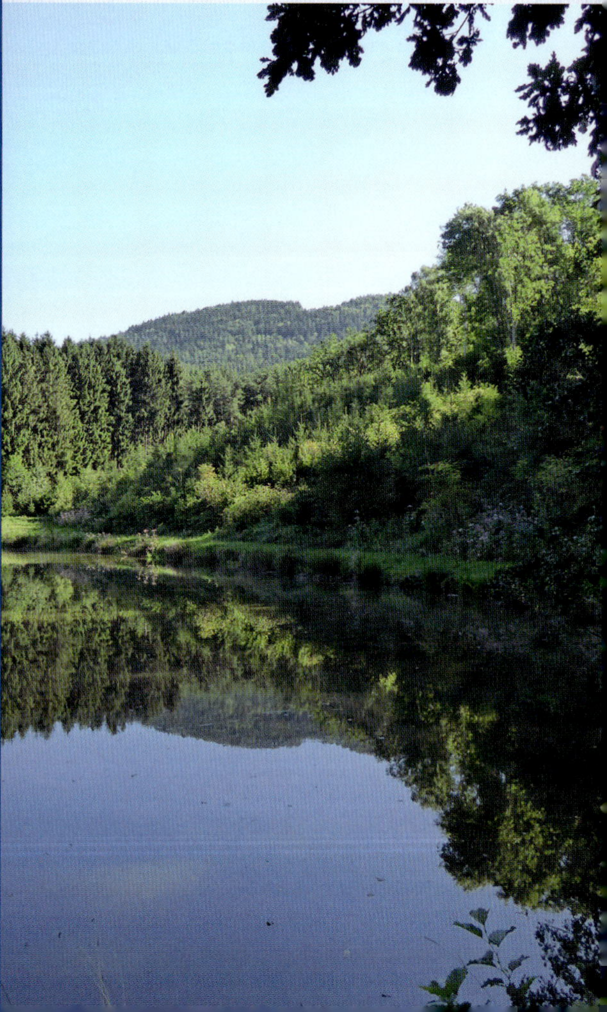

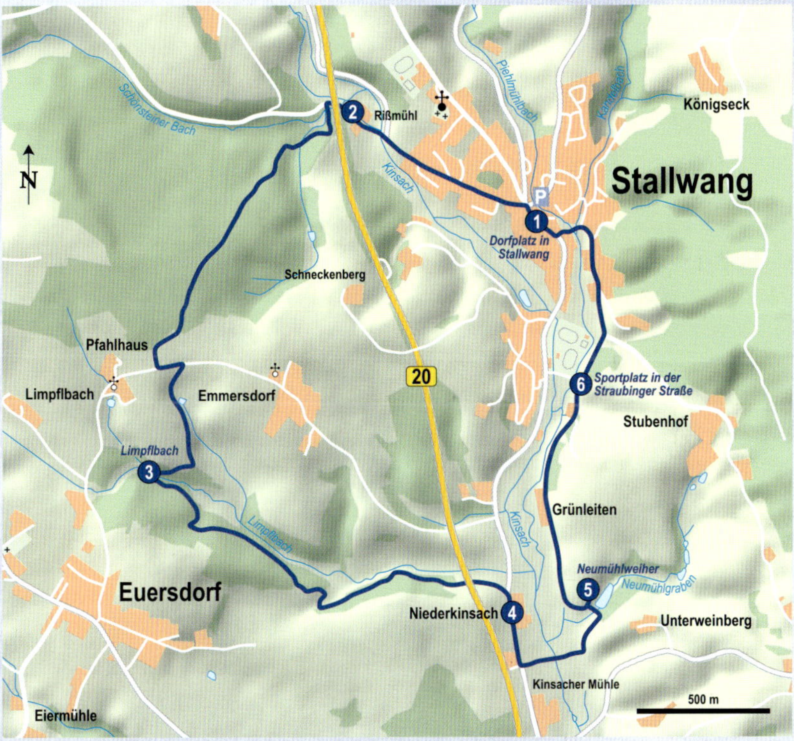

1. Dorfplatz in Stallwang – Start/Ziel
2. Rißmühl
3. Brücke über den Limpflbach
4. Niederkinsach
5. Neumühlweiher
6. Sportplatz in der Straubinger Straße (alternativer Startpunkt)

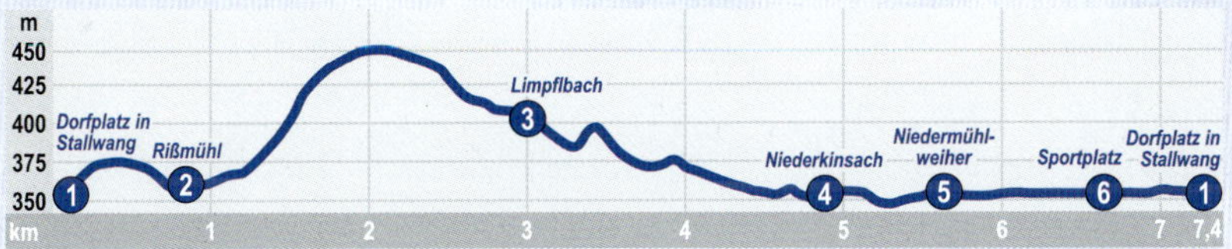

Der „Faltl-Edi-Weg" ist ein richtig abwechslungsreicher Rundwanderweg, der auf vielen Teilstücken auf dem Goldsteig und dem Jakobsweg verläuft und immer wieder weite Aussichten ins Kinsachtal und auf den Gallnerberg bietet. Besonders gefällt mir auf dieser kleinen Runde der stetige Wechsel zwischen Wald und Wiesen. Der Weg ist nach dem Wegemarkierer Edi Faltl benannt, der sich sehr viele Jahre und mit ganz viele Liebe um die Wanderwege in Stallwang gekümmert hat. Die komplette Runde ist durchgängig mit der Markierung „Rot 6" gekennzeichnet. Unser Startpunkt befindet sich am Dorfplatz in Stallwang ❶, wo es bei den Geschäften einige Parkplätze gibt. (Alternativ kann man auch beim Sportplatz auf dem Wanderparkplatz ❻ parken

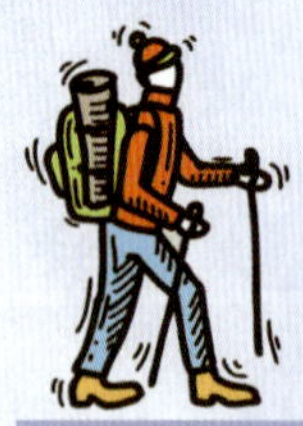

» Dieser Weg überrascht uns mit seiner Vielfalt an unterschiedlichen Landschaften und tollen Aussichten. «

und folgt dort erst einmal dem Wegweiser „Zu den Wanderwegen". So trifft man ebenfalls auf den Wanderweg „Rot 6".) Vom Dorf-

Dorfplatz in Stallwang

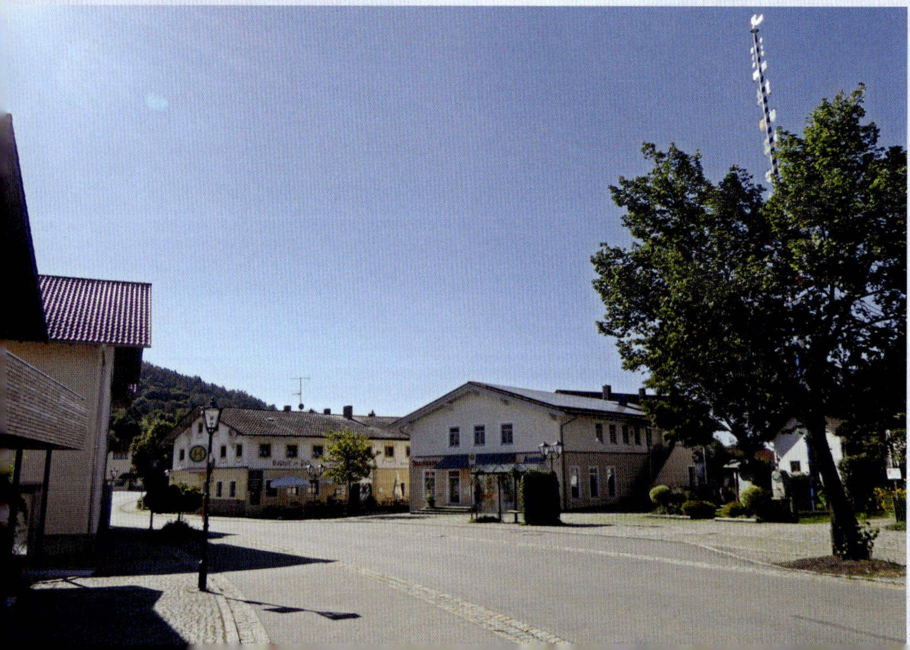

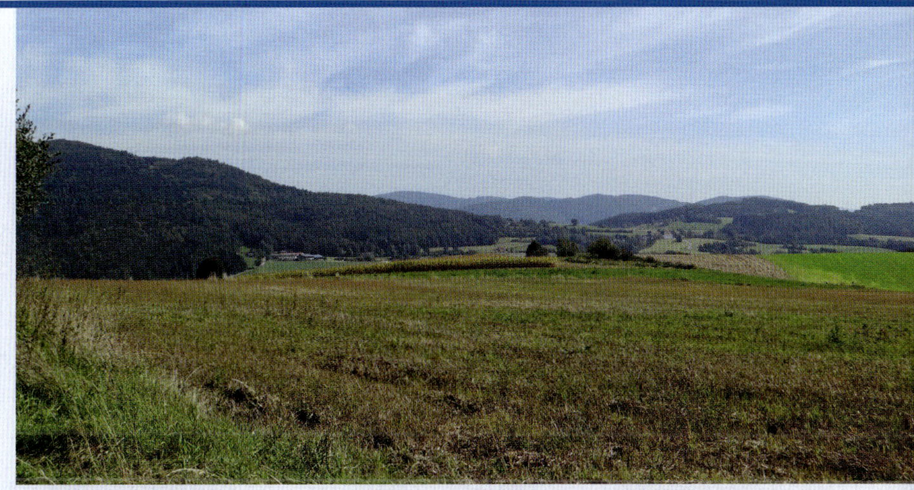

Landschaft kurz vor Pfahlhaus

platz geht es Richtung Norden und nach ein paar Metern führt uns der Weg links in die Schönsteiner Str., der wir nun für ca. 600 Meter folgen. An einer Kreuzung biegen wir links zur Rißmühl ② ab, wo es auch wieder einen wunderschönen Aussichtspunkt gibt. Nachdem wir die B20 unterquert haben, biegen wir links auf einen Feldweg ein und dann gleich wieder nach rechts ab. Schöne Wald- und Wiesenwege bringen uns hinauf Richtung Pfahlhaus, aber dazu müssen wir knapp 100 Höhenmeter überwinden. Am Waldesrand, kurz bevor wir auf eine Wiese treffen, werden wir dann mit einer imposanten Aussicht in das Kinsachtal, auf den Gallnerberg und in den Gäuboden belohnt. Seit Beginn der Tour ist der Weg zusätzlich mit einer Muschel markiert, denn wir sind auf diesem Teilstück auch auf dem Ostbayerischen Jakobsweg unterwegs, der von Eschlkam bis nach Regensburg führt. Die Ortschaft Pfahlhaus streifen wir nur, denn an der Straße angekommen biegen wir nach links und ein paar Meter später wieder nach rechts ab. Von hier haben wir wieder eine beeindruckende Sicht in das Tal. Vorbei an Feldern, Wiesen und einem großen Weiher geht

Wiesenlandschaft bei Pfahlhaus

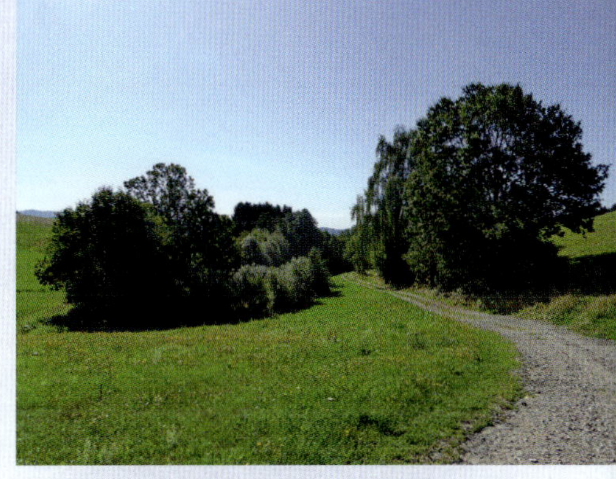

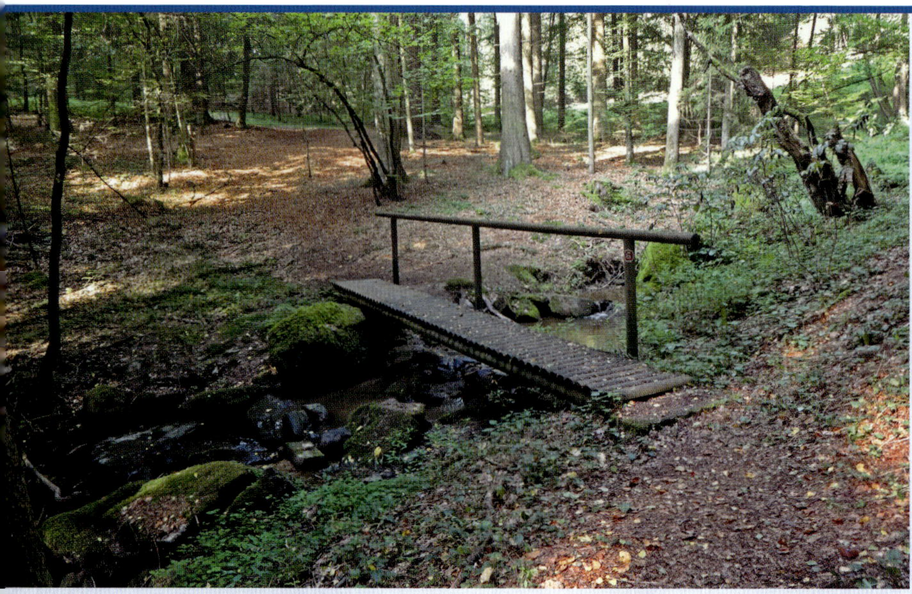

Brücke über den Limpflbach

es nun bergab. Der Weg führt uns jetzt in den Wald hinein und auf einer kleinen Holzbrücke überqueren wir den Limpflbach ❸. Hier bitte aufpassen, es geht scharf links weiter und wir folgen nun einem Waldweg den Bach entlang. An der nächsten Kreuzung auf einer Wiese treffen wir auf den Goldsteig, der uns die nächsten Kilometer

Blick auf den Gallnerberg von Niederkinsach aus

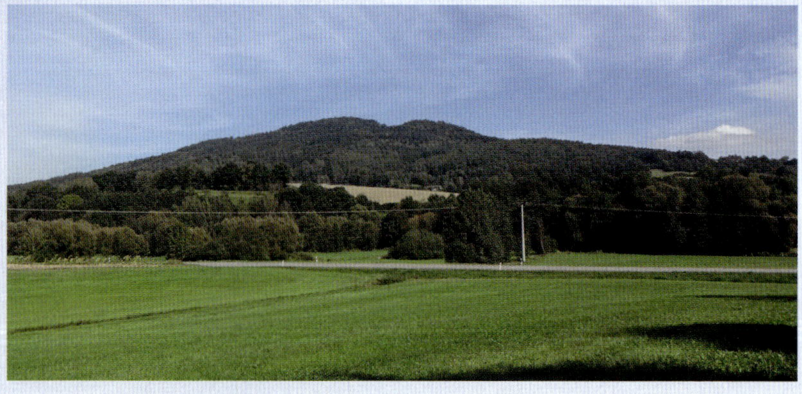

begleiten wird. Aber keine Angst, auch unsere Markierung „Rot 6“ ist weiterhin durchgängig markiert. Wir biegen hier links ab und folgen weiter dem Limpflbach. Der Weg geht immer steiler am Bach entlang und wir haben eine gute Sicht hinunter auf das kleine Gewässer. An den nächsten beiden Kreuzungen halten wir uns jeweils links und kommen auch an einem ruhigen Rastplatz vorbei. Ein Feldweg bringt uns zu einer Röhre, die uns unter der B20 hindurchführt. Auf der anderen Seite haben wir eine fantastische Sicht hinauf auf den mächtigen Gallnerberg. Wir wandern weiter bis zur Straße und biegen hier rechts ab. Kurz hinter Niederkinsach ❹ verlassen wir die Straße wieder nach links. Über eine Treppe erreichen wir einen Wiesenpfad, der uns zur Holzbrücke über die Kinsach bringt. Dort geht es geradeaus weiter auf der Wiese entlang. Am Feldweg halten wir uns links. Nach ein paar Metern kommen wir an dem idyllischen Neumühlweiher ❺ mit einer Rastbank vorbei. Hier haben wir schon des Öfteren eine Pause eingelegt und den Blick auf den von Bäumen umrandeten

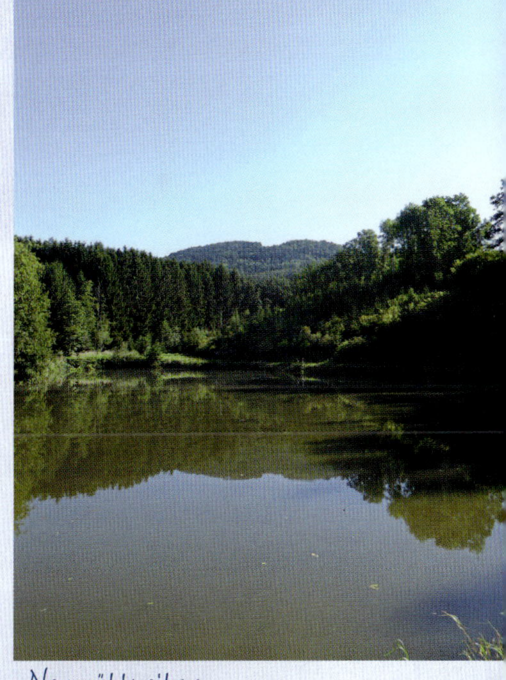

Neumühlweiher

Weiher genossen. Am Weiher zweigt der Goldsteig nach rechts, hinauf auf den Gallnerberg, ab. Es lohnt sich, ein paar Meter den Weg hinauf zu gehen und die schöne Sicht zu genießen. Wir halten uns aber hier links und folgen weiter dem Feldweg, der uns nun vorbei am Sportplatz ❻ nach Stallwang führt. (Hier wäre der alternative Einstieg, falls man am Wanderparkplatz in der Straubinger Straße geparkt hat.) Wir folgen weiter dem Fehlburger Weg und biegen dann links in die Straße „Am Kandlbach“ ein. Nach ein paar Metern sind wir schon wieder an unserem Ziel, am Dorfplatz ❶ in Stallwang, angelangt.

Essen/Einkehren:

Gasthof zur Post
Dorfplatz 15, 94375 Stallwang
Tel. 09964 6016868

Biberparadies Landorf

Mittel

8,9 km

↓↑ 266 m

2½ Std.

Landorf – Pielhof – Loitzendorf – Kager – Heubeckengrub – Landorf

Abwechslungsreicher Rundweg mit leichten Auf- und Abstiegen und malerischen Aussichtspunkten rund um Landorf. Mit etwas Glück entdeckt man einen Biber am Pielmühlbach.

Markierung:
Der Rundweg „Biberparadies“ ist durchgängig mit „Rot 5“ markiert.

Parken:
In Landorf findet man in der Nähe der Kreuzung Konzeller Str./Dorfstr. sicher einen Parkplatz (Navi: Dorfstraße, 94375 Stallwang/OT: Landorf)

Tourist-Information:
Straubinger Str. 18
94375 Stallwang
Tel.: 0 99 64 / 64 02-25

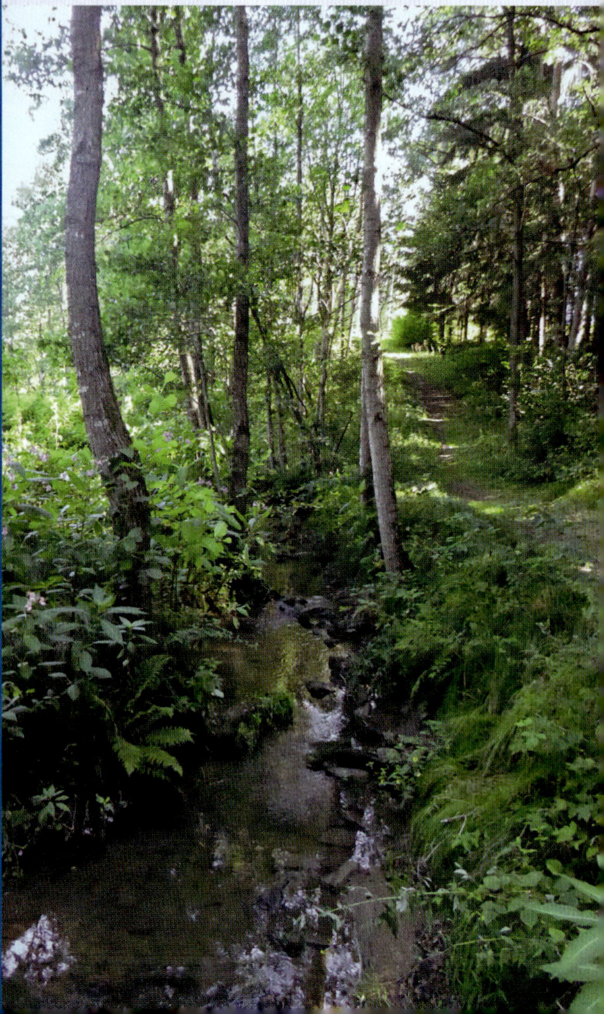

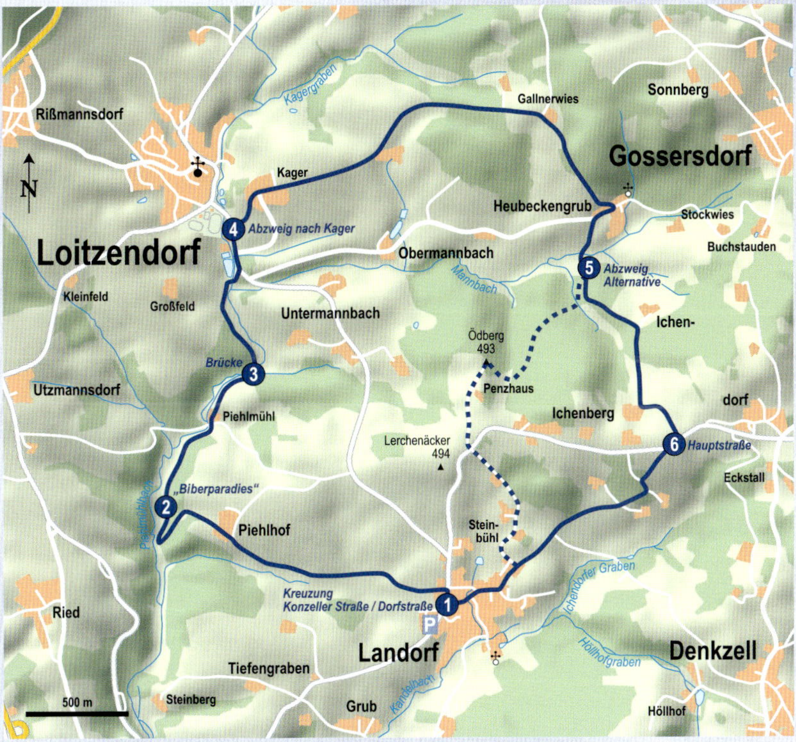

Rißmannsdorf
Kagergraben
Gallnerwies
Sonnberg
Gossersdorf
Kager
Heubeckengrub
Stockwies
Buchstauden
N
Loitzendorf
4 Abzweig nach Kager
Obermannbach
Mannbach
5 Abzweig Alternative
Kleinfeld
Großfeld
Untermannbach
Ichen-
dorf
Ödberg 493
Brücke 3
Penzhaus
Utzmannsdorf
Piehlmühl
Ichenberg
Lerchenäcker 494
6 Hauptstraße
„Biberparadies“ 2
Eckstall
Piehlmühlbach
Piehlhof
Stein-bühl
Ichendorfer Graben
Kreuzung Konzeller Straße / Dorfstraße 1
Ried
P
Landorf
Höllhofgraben
Denkzell
Tiefengraben
500 m
Steinberg
Grub
Kandelbach
Höllhof

❶ Landorf – Kreuzung Konzeller Str./ Dorfstr. – Start/Ziel

❷ Eingang zum „Biberparadies“

❸ Holzbrücke über den Pielmühlbach

❹ Loitzendorf – hier nach links abbiegen

❺ Gabelung für die Alternative

❻ höchster Punkt der Tour

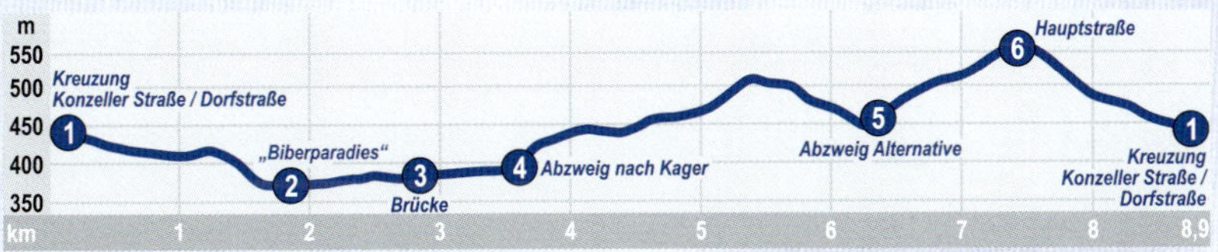

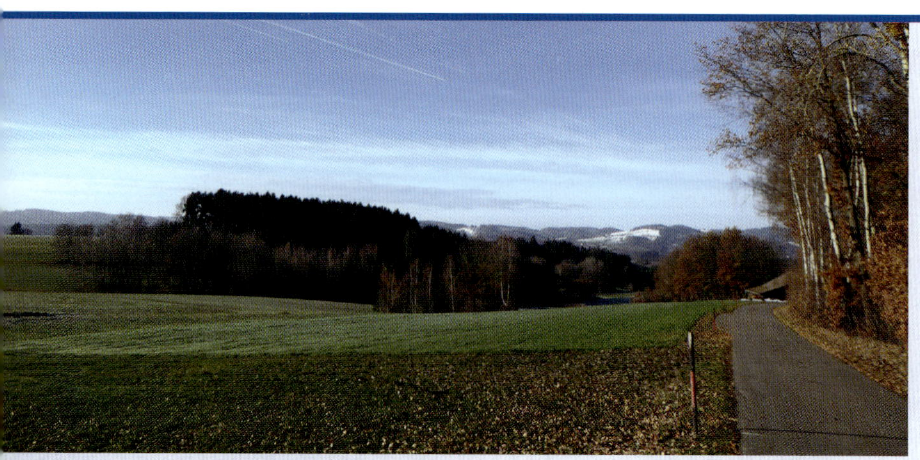

Landschaft zwischen Landorf und Pielhof

Diese Tour führt uns von Landorf in das Biberparadies am Pielmühlbach und mit etwas Glück können wir den Bibern bei ihrer Arbeit zusehen. Wir starten unsere Tour in Landorf an der Kreuzung Dorfstraße/Konzeller Straße ❶, wo wir auch einen Wegweiser finden. Der Rundweg ist durchgängig mit „Rot 5“ markiert. Ortsauswärts auf der Konzeller Straße biegen wir nach einigen Metern links ab in Richtung Pielhof. Über eine kleine Straße geht es nun immer bergab und wir haben von hier eine erste schöne Fernsicht in das Kinsachtal und auf den Gallnerberg. Wir biegen am Pielhof links ab und dann geht es auch schon hinab in die „Hölle“, so heißt hier das Waldgebiet. Unten angekommen erreichen wir den Pielmühlbach ❷, wo wir nun nach rechts abbiegen. Wir haben das sogenannte Biberparadies erreicht und folgen dem Bach für die nächsten Kilometer. Mit etwas Glück entdecken wir sogar einen Biber. Überall erkennt man aber seine Werke, Biberbauten und die typischen „angeknabberten“ Bäume findet man sehr oft. Der Pfad führt immer am Bach entlang und bei Pielmühl überqueren wir die Straße. Über einen Wiesenweg geht es am Pielmühlbach weiter. Kurze Zeit später erreichen wir eine Holzbrücke ❸, welche wir überqueren und nun einem wilden Steig folgen, der uns am Kagergraben entlang führt. Hier ist es richtig malerisch und sehr ruhig. Nach einiger Zeit überqueren wir die nächste kleine Holzbrücke und halten uns nun links, wo wir auf eine Straße treffen, der wir nach Loitzendorf ❹ folgen.

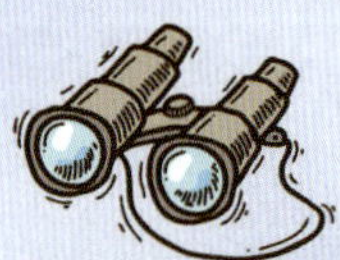

» Vielleicht kann man mit etwas Glück dem Biber bei seiner Arbeit zuschauen. «

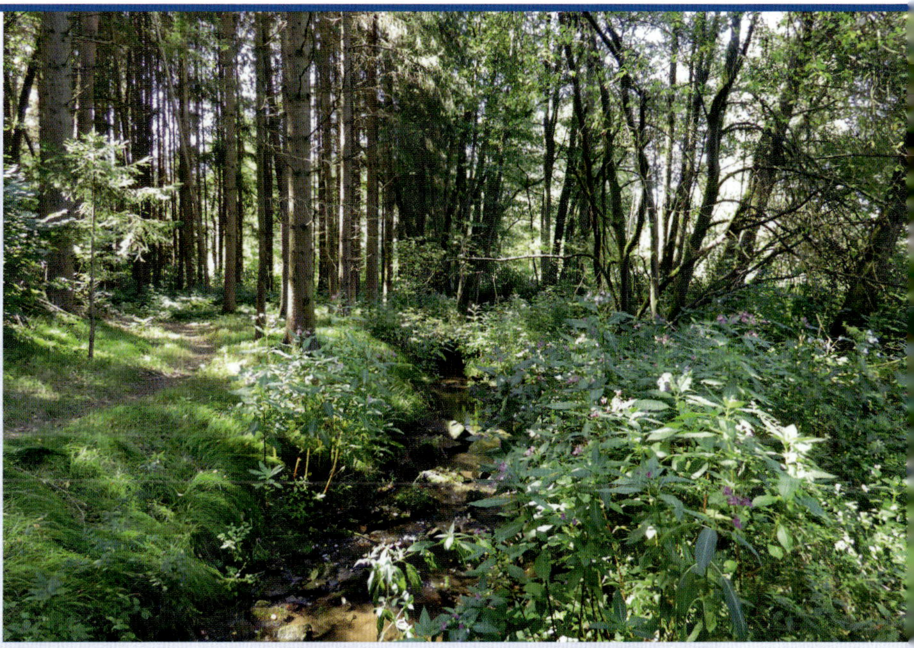

Biberparadies am Pielmühlbach

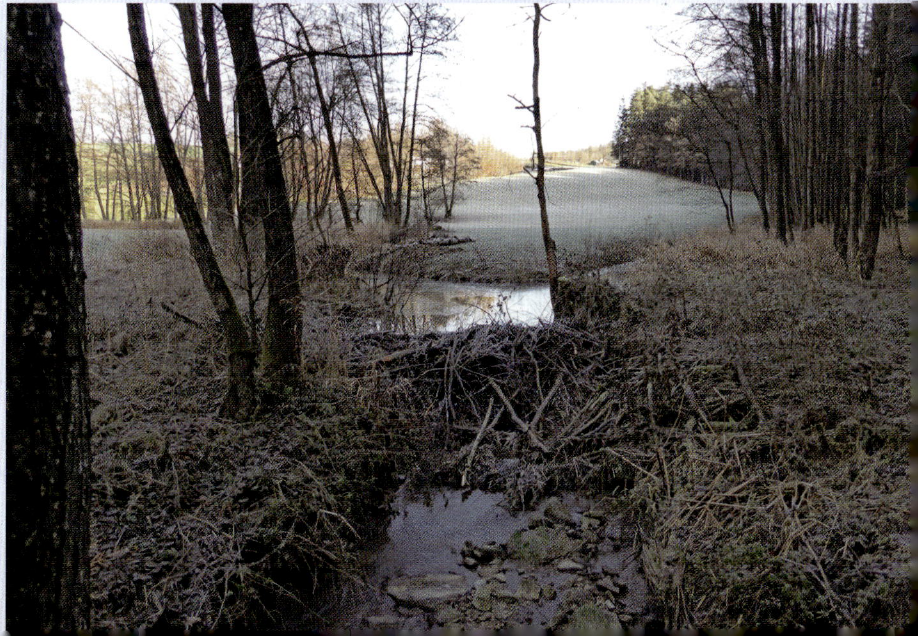

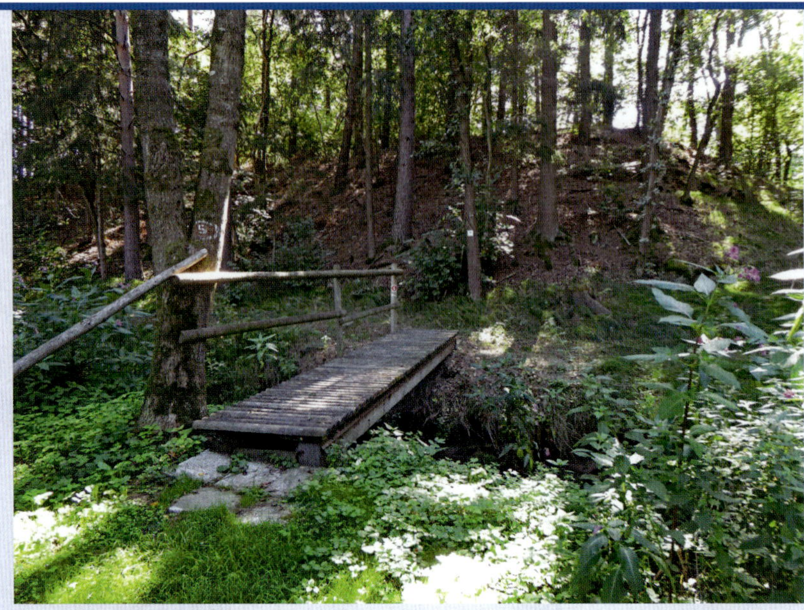

Holzbrücke am Pielmühlbach

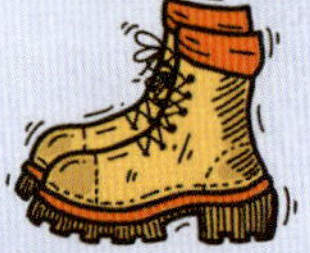

»Die Tour ist zu jeder Jahreszeit ein Genuss.«

Kurz vor dem Ortsschild führt uns die Markierung „Rot 5" nach rechts steil bergauf. Zuerst auf einem Feldweg, dann halten wir uns links und erreichen über einen Wiesenpfad die kleine Ortschaft Kager. Dort geht es weiter bergauf, vorbei an einem urigen alten Bauernhaus. Wir folgen immer weiter der Straße, die uns hinaus aus dem Ort bringt. Rechterhand hat man wieder eine schöne Fernsicht auf den Gallnerberg. Es geht durch

Pielmühl

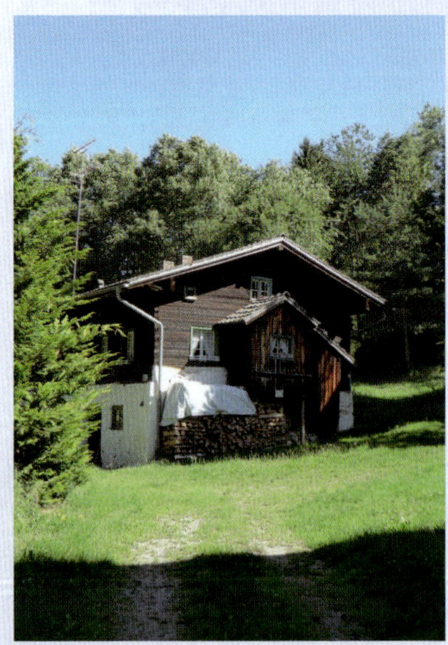

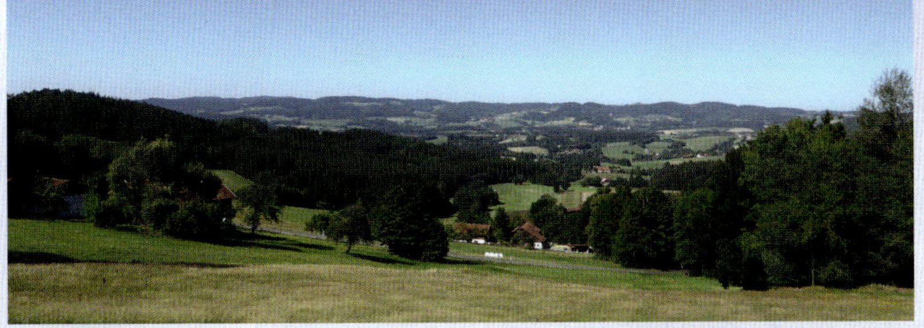

Ausblicke bei Gallnerwies

ein Waldstück und wir erreichen einen einzelnen Bauernhof. Hier biegen wir rechts ab und folgen dem Feldweg, der uns nach Heubeckengrub führt. Im Ort biegen wir scharf rechts ab und kurz nach dem Ortsschild wieder nach links auf einen Waldweg. Kurz nach dem Waldrand erreichen wir die Gabelung ❺ des Wanderwegs „Rot 5". (Nach rechts führt eine Alternative zurück nach Landorf und man spart sich hier ca. 70 Höhenmeter, an der Weglänge ändert sich nichts). Wir halten uns hier aber links, denn auf uns warten noch einige weite Fernsichten. Über einen Waldpfad erreichen wir eine kleine Straße, der wir nun bergauf folgen. Oben angekommen haben wir auch schon den höchsten Punkt unserer Wanderung erreicht. An der großen Straße ❻ biegen wir nach rechts und ein paar Meter später wieder nach links auf einen asphaltierten Weg ab. An der nächsten Kreuzung biegen wir nach links ab und folgen der Straße bis zum Ende der Tour. Von hier hat man wieder eine gute Sicht in das Kinsachtal und wir sehen auch schon Landorf vor uns. Kurz nach dem Ortsschild sehen wir einen Wegweiser, der uns auf die Alternativroute hinweist. Wir gehen aber geradeaus weiter und biegen kurze Zeit später nach rechts in die Dorfstraße. Nun sind es nur noch ein paar Meter durch den Ort und wir haben wieder unseren Ausgangspunkt ❶ erreicht.

Blick auf den Gallnerberg nach Landorf

Essen/Einkehren:

Es gibt auf der Tour keine Einkehrmöglichkeit, aber Sie können gerne nach der Tour in den benachbarten Orten Denkzell oder Stallwang einkehren.

Leicht

5,9 km

↓↑ 207 m

2 Std.

Denkzell – Höllhof – Forsting – Gallner – Kühleite – Denkzell

Sehr empfehlenswerte Tour mit dem malerischen Gallnerkirchlein und imposanten Aussichten vom Gipfelkreuz am Gallnerberg.

Markierung:
Von Denkzell bis zum Gallner „Rot 6“ und dann über den Goldsteig „gelb“ zurück nach Denkzell.

Parken:
In der Ortsmitte von Denkzell gibt es einen Wanderparkplatz in der Nähe des Feuerwehrhauses (Navi: Denkzell, 94357 Konzell).

Tourist-Information:
Rathausplatz 1
94357 Konzell
Tel. 0 99 63 / 94 14-34

Gipfelglück am Gallner

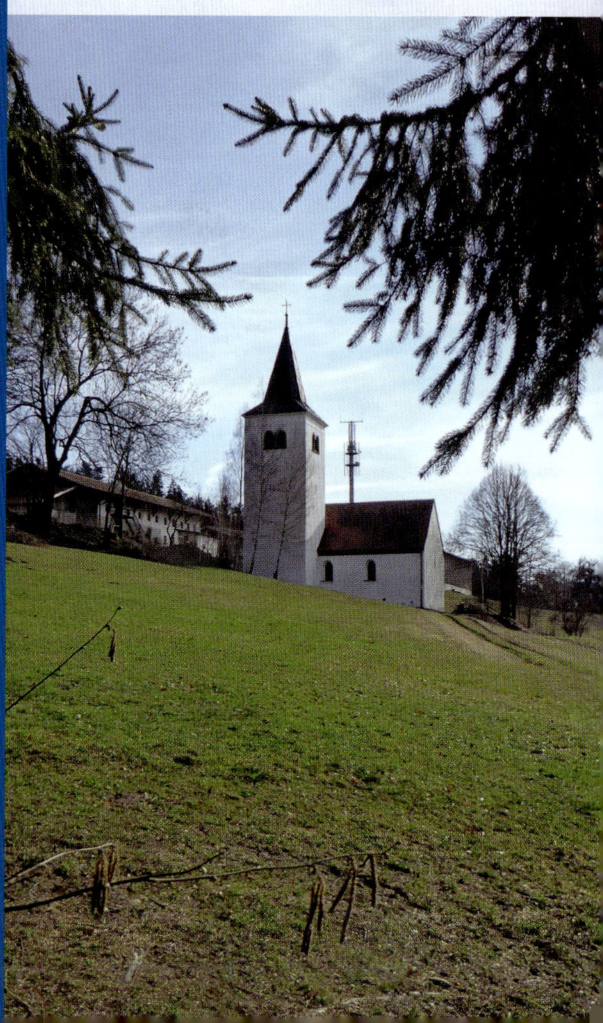

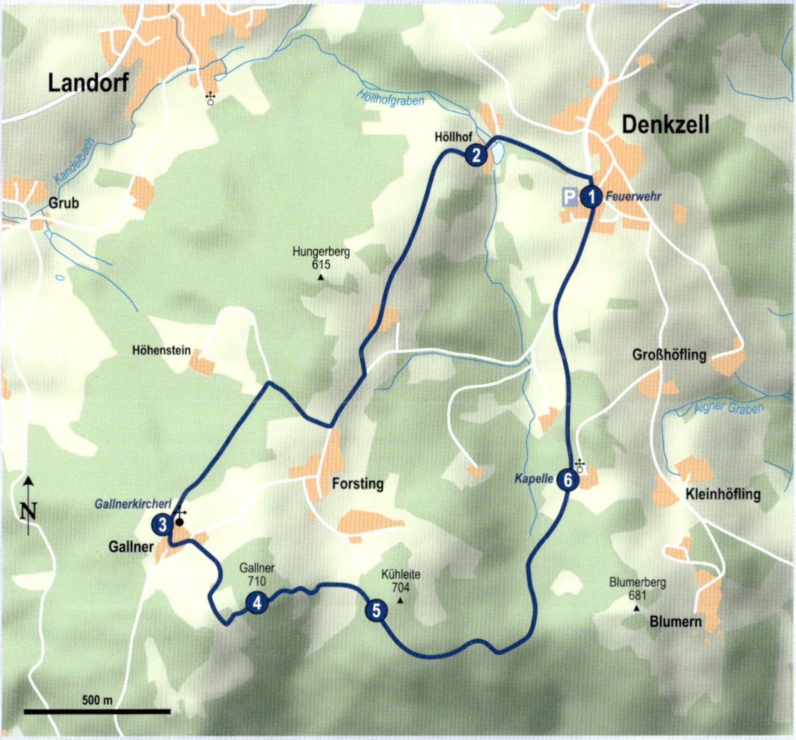

1. Denkzell, Parkplatz bei der Feuerwehr - Start/Ziel
2. Höllhof
3. Englburg
4. Dobl
5. Kollnbergmühle
6. Schloss Fürstenstein

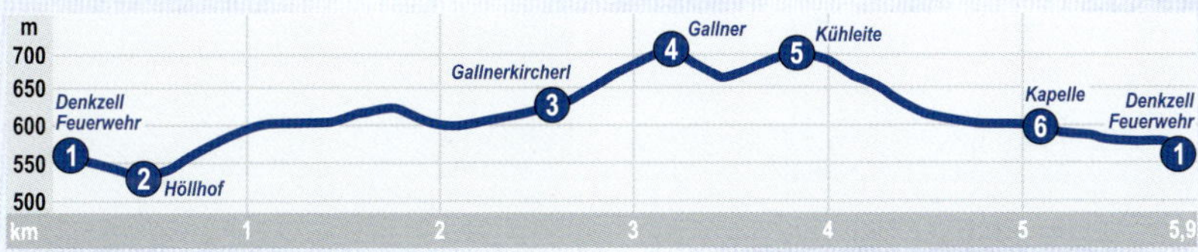

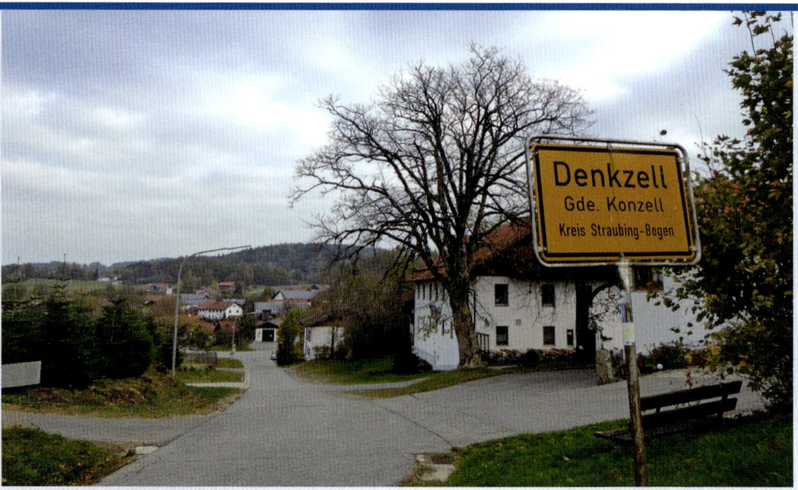

Die Tour „Gipfelglück am Gallner" startet am Parkplatz beim Feuerwehrhaus in Denkzell ❶. Von hier bis zum Gallner folgen wir der Markierung „Rot 6" und ab dort der Markierung „Goldsteig gelb" zurück nach Denkzell. Wir wandern in Richtung Konzell und nach ein paar Metern weist uns die Markierung „Rot 6" nach links hinab zum Höllhof. Vorbei an einem Hirschgehege erreichen wir über eine kleine Straße einen kleinen Weiher. Dort biegen wir nach links ab und kommen am Bauernhof Höllhof ❷ vorbei. Jetzt geht es bergauf und wir haben eine fantastische Sicht hinab auf Stallwang und auch zurück nach Denkzell. Oben angekommen führt uns ein Wiesenweg weiter, der uns zu einem landwirtschaftlichen Anwesen bringt. Hier wandern wir geradeaus durch und erreichen eine Straße, der wir nach rechts folgen. Wir sehen schon die Ortschaft Forsting. Kurz vor den ersten Häusern zweigt unser Wanderweg nach rechts ab und es geht wieder ein paar Meter bergab. Beim nächsten Wegweiser biegen wir nach links ab (Achtung: Hier ist die „Rot 6" nicht markiert, einfach der Bezeichnung Gallner folgen). Wir sind jetzt in einem idyllischem Laubwald unterwegs und kommen an ein paar Kreuzen, einer alten Hütte und dem „S'Gallner Wasserplatz Kreuz" mit einem weisen Spruch vorbei. Am Ende des Waldes

„S'Gallner Wasserplatz Kreuz"

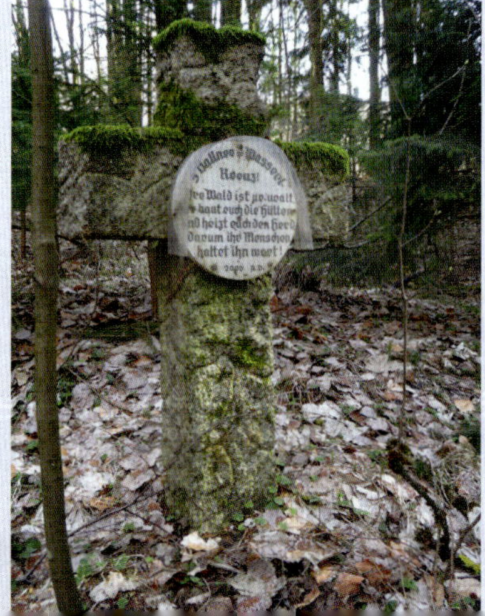

sehen wir auch schon das malerische Gallnerkirchlein ❸. 1490 wurde es bereits urkundlich erwähnt. Einen Hinweis auf die tatsächliche Bauzeit findet man leider nicht mehr. Ein sehr friedlicher Platz, der zum Verweilen einlädt. Das Kirchlein ist in der Regel versperrt, man kann sich aber beim danebenliegenden Bauernhof den Schlüssel dafür abholen. Der Weg führt durch den kleinen Ort Gallner und wir halten uns hier links. Wer Glück hat, wird hier vom berühmten „Gallner-Dackel" bis zum Gipfelkreuz begleitet. Mich selber hat er schon mehrmals den Berg hinaufgeführt. An der Straße angekommen sehen wir auf der linken Seite auch

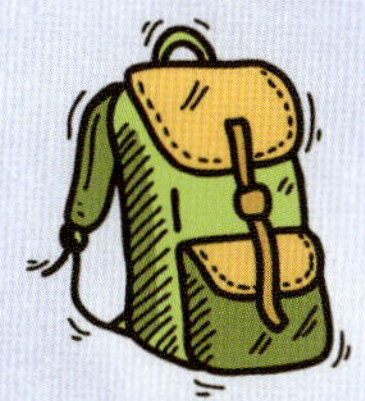

» Das kleine Gallnerkirchlein ist ein sehr friedlicher und malerischer Ort. «

schon den nächsten Wegweiser. Wir wechseln hier auf die Markierung des Goldsteigs. Eine kleine Straße führt uns rechts auf den

Das malerische Gallnerkirchlein

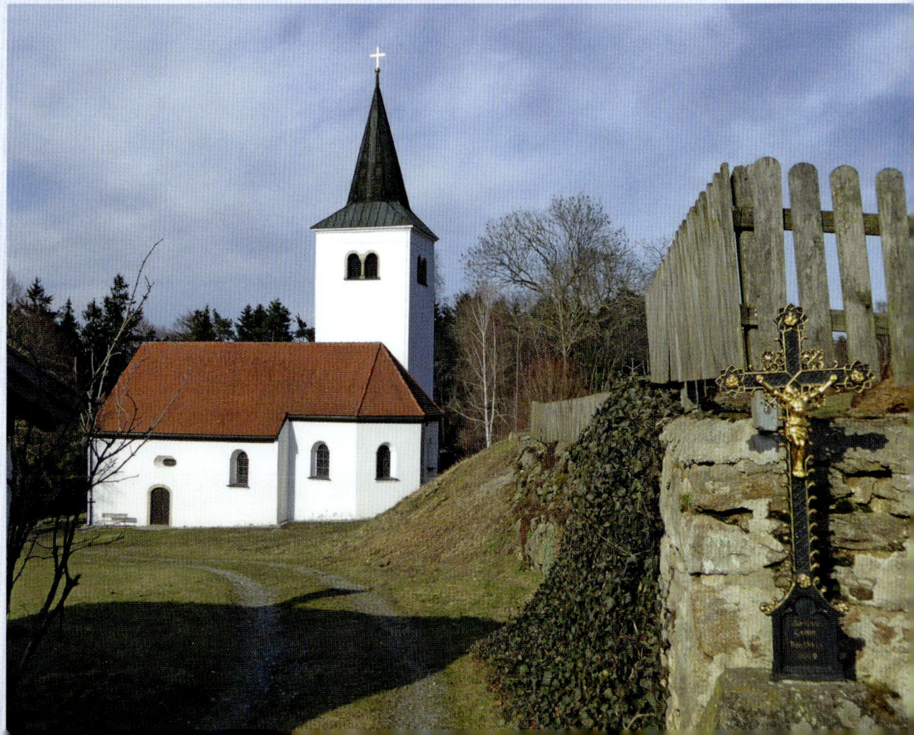

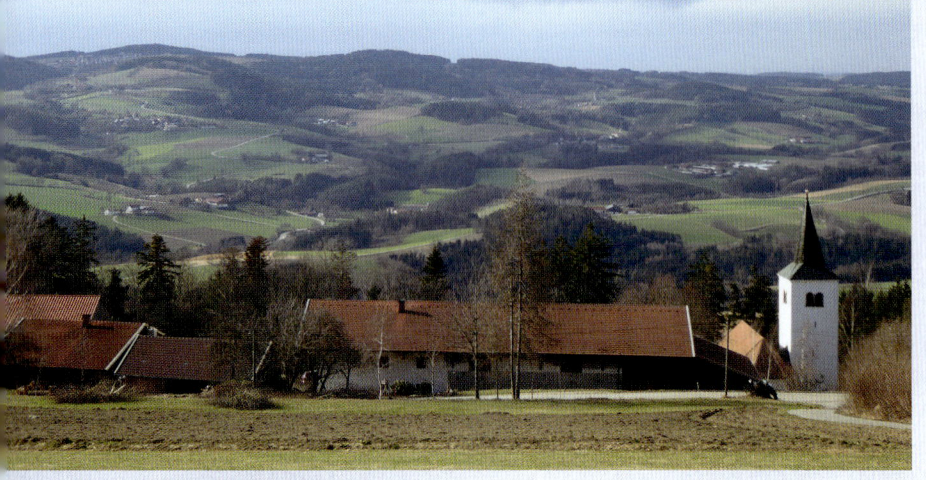

Ausblick beim Gallnerkirchlein

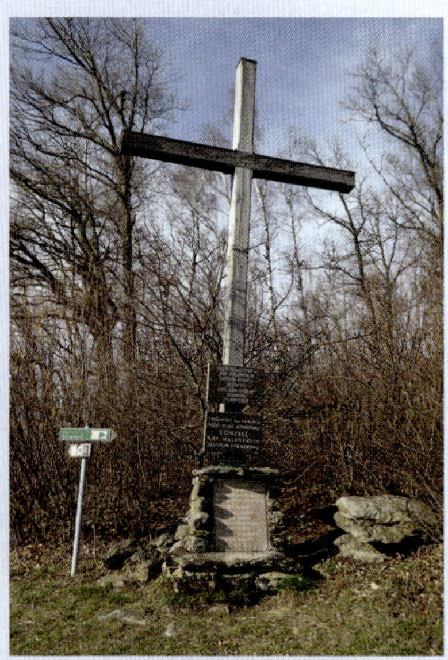

Gallner-Gipfelkreuz

Gallnerberg hinauf. Dieser besteht aus drei Gipfeln, dem Gallner (710 m), der Kühleite (704 m) und dem Blumerberg (682 m). Nach 400 Metern erreichen wir das Gipfelkreuz des Gallners 4 mit seinen imposanten Aussichten auf beiden Gipfelseiten. Am Gipfelkreuz biegen wir nach links ab und hinter einer Bank führt der Weg nach links weiter. Ein Pfad bringt uns durch einen urigen Laubwald zum eigentlichen Gipfel des Gallners. Danach wandern wir bergab aus dem Waldstück hinaus und kommen auf den Sattel zwischen Gallner und Kühleite. Linkerhand befindet sich die Ortschaft Forsting, wir überqueren die Wiese aber kerzengerade und es geht wieder in das nächste Waldstück. Eine riesige Goldsteigmarkierung weist uns den Weg über die Wiese. Nach ein

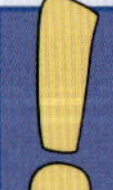

Die Wegführung am Gallnergipfel Richtung Forsting wird sich voraussichtlich ändern. Bitte folgen Sie der gültigen Goldsteig-Markierung in diesem Bereich!

paar Metern bergauf auf einem Waldpfad biegen wir nach rechts ab und folgen nun einem Waldweg, vorbei an vielen eindrucksvollen Laubbäumen. Besonders im Frühling und Herbst ist es hier unglaublich bunt und farbenprächtig. Wir umrunden den Gipfel der Kühleite ❺, der leider weder Aussicht noch Gipfelkreuz hat. Der Waldweg führt uns wieder nach unten und wir kommen an eine große Kreuzung. Hier steht auch ein großer Goldsteigwegweiser, der uns zurück nach Denkzell führt. Wir halten uns hier halblinks und nehmen den Hohlweg, der von der Kühleite hinab führt. Wieder wandern wir durch einen erfrischenden Laubwald, bis wir an eine Waldwiese kommen. Von dort sehen wir auch schon eine kleine Waldkapelle ❻ und einen einladenden Platz für eine kleine Brotzeit. Ein paar Meter nach der Kapelle zweigt ein Pfad nach links in den Wald hinein, der weiterhin mit der Markierung „Goldsteig gelb" gekennzeichnet ist. Der Pfad führt steil an einem Hang entlang und mündet auf eine Wiese, wo wir geradeaus weiter gehen. Kurz bevor wir auf die kleine Straße zurück nach Denkzell treffen, befindet sich ein altes Holzkreuz. Von hier hat man wieder eine weite Sicht in das Tal. An der Straße biegen wir nach rechts ab und erreichen nach ein paar hundert Metern das Ortsschild von Denkzell. Von hier sieht man auch schon wieder unseren Parkplatz ❶, an dem wir unsere Tour begonnen haben. Eine tolle Tour mit schönen Aussichtsplätzen, dem Gallnerkirchlein und dem Gipfelkreuz am Gallner.

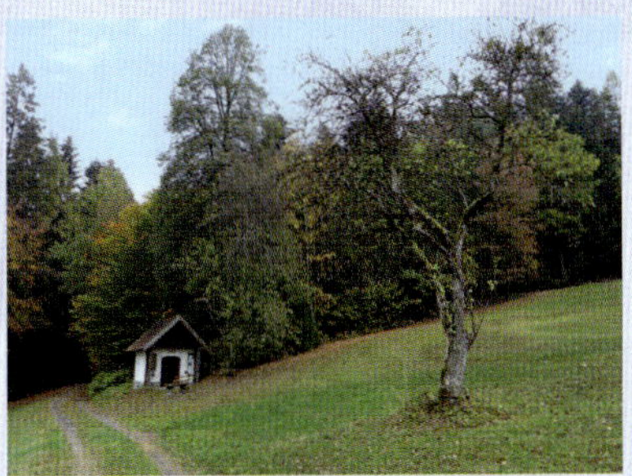

Waldkapelle

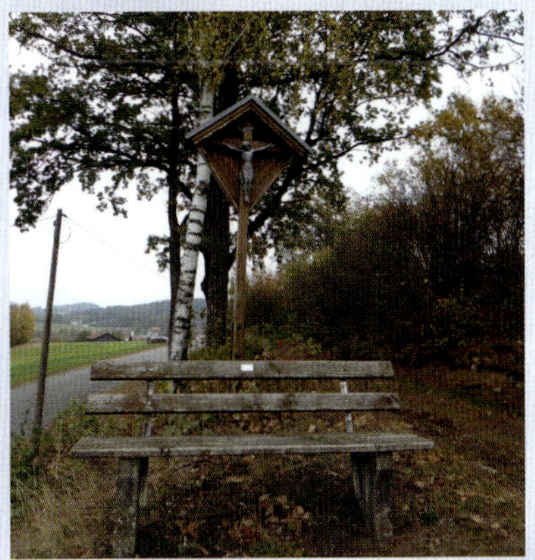

Holzkreuz kurz vor Denkzell

Essen/Einkehren:

Zum Wirt Denkzell
Denkzell 36, 94357 Konzell
Tel. 09963 864
Öffnungszeiten:
Mittwoch – Samstag 10 – 18 Uhr,
Sonntag, 10 – 20 Uhr,
Montag und Dienstag Ruhetag

Rattenberger Höhenweg

Mittel

5,6 km

↓↑ 255 m

2 Std.

Unterholzen – Hochholz – Hochberg – Kramerschopf – Oberumwangen – Unterholzen

Erlebnisreicher Rundweg mit knackigen An- und Abstiegen, tollen Aussichtspunkten und den beiden Gipfelkreuzen am Hochberg und am Kramerschopf.

Markierung:
Der Rattenberger Höhenweg ist durchgängig mit „Rot 10“ markiert.

Parken:
In Unterholzen kann man sein Auto in oder auch am Ortsausgang sicher am Straßenrand abstellen. (Navi: Unterholzen, 94371 Rattenberg)

Tourist-Information:
Dorfplatz 15
94371 Rattenberg
Tel. 0 99 63 / 94 10-0

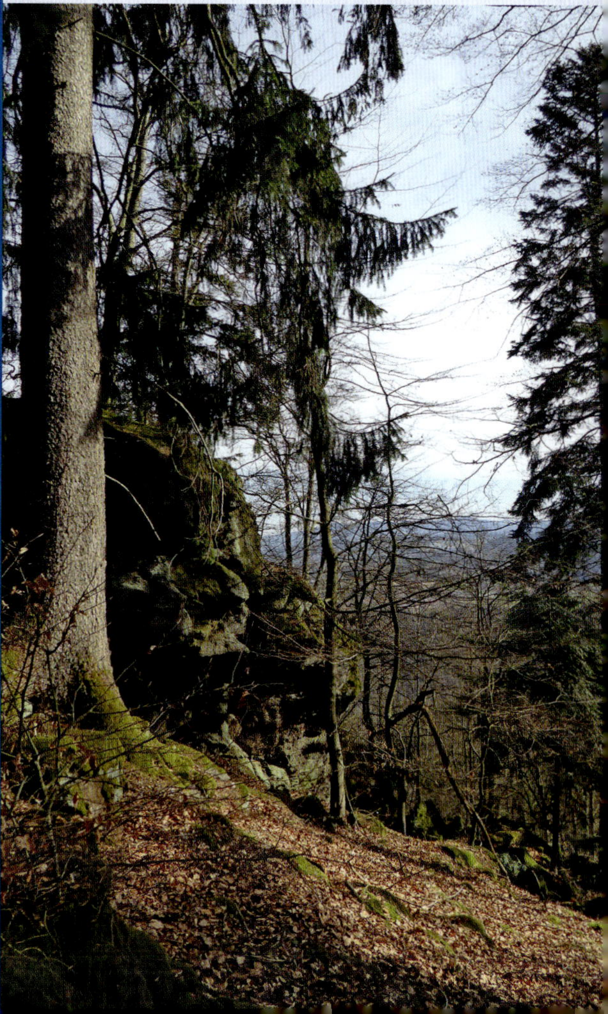

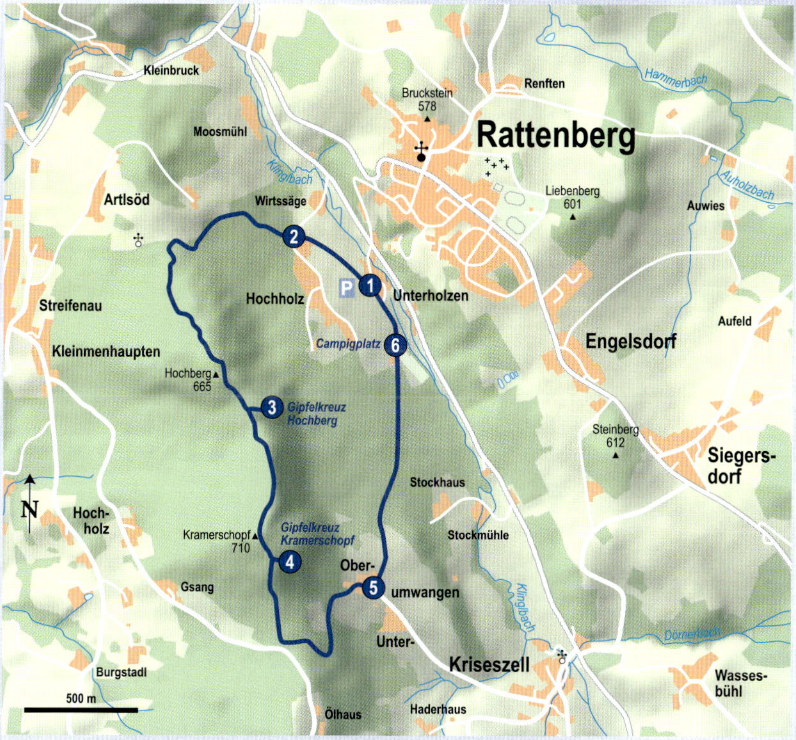

1. Unterholzen – Start/Ziel
2. Kapelle bei Hochholz am Waldesrand
3. Gipfelkreuz und Aussicht vom Hochberg
4. Gipfelkreuz und Aussicht vom Kramerschopf
5. Oberumwangen
6. Campingplatz

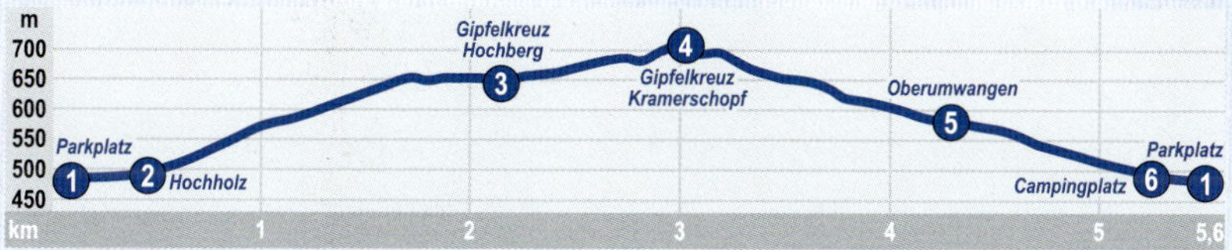

Dieser abwechslungsreiche Rundweg startet in Unterholzen ❶, wo man im Ort oder am Ortsrand sein Auto am Straßenrand sicher abstellen kann (Navi: Unterholzen, 94371 Rattenberg). Der ganze Rattenberger Höhenweg ist durchgängig mit „Rot 10" markiert. Die Tour verläuft gegen den Uhrzeigersinn beginnend am Café-Gasthaus Perlbach. Es geht nun erst einmal bergauf auf einer kleinen Straße aus dem Ort hinaus. Auf dem Weg nach Hochholz haben wir gleich einen klasse Blick auf Rattenberg. Kurz nach der malerischen Kapelle ❷ geht es nach rechts in den Wald hinein und der

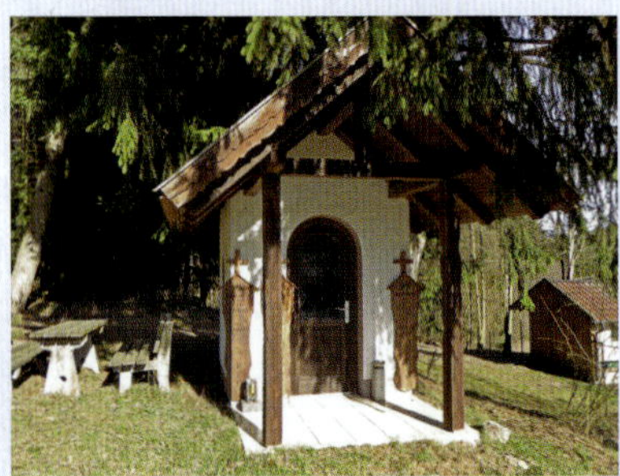

Kapelle bei Hochholz

steile Anstieg hinauf zum Hochberg beginnt. Wurzelige Waldwege und immer wieder freie Stellen, wo man Sonne tanken kann, begleiten uns. Nach einer Lichtung, an der wir nach links abbiegen, wird der Weg immer karger und dann schließlich zu einem steinigen Pfad. Es geht immer weiter bergauf zum Hochberg. Oben angekommen wandern wir die nächsten Kilometer immer am Kamm des Bergrückens entlang. Der Weg wird immer naturbelassener und die Markierung „Rot 10" führt uns stetig rauf und runter. An einigen unbewaldeten Stellen hat man eine freie Sicht hinunter nach Rattenberg. Unter-

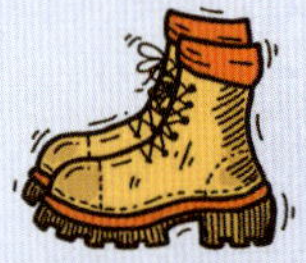

»Der Rundweg ist zwar nur 5,5 km lang, hat es aber in sich.«

Blick auf Rattenberg nach Unterholzen

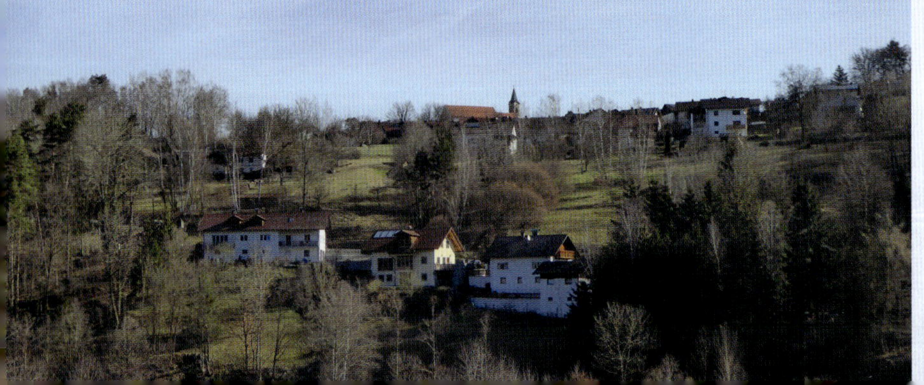

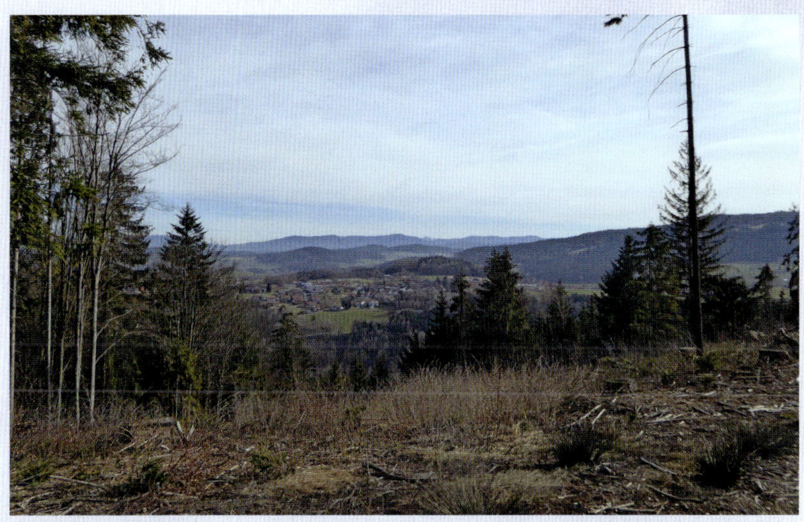

Aussicht beim Anstieg zum Hochberg

Rastbank auf dem Weg zum Hochberg

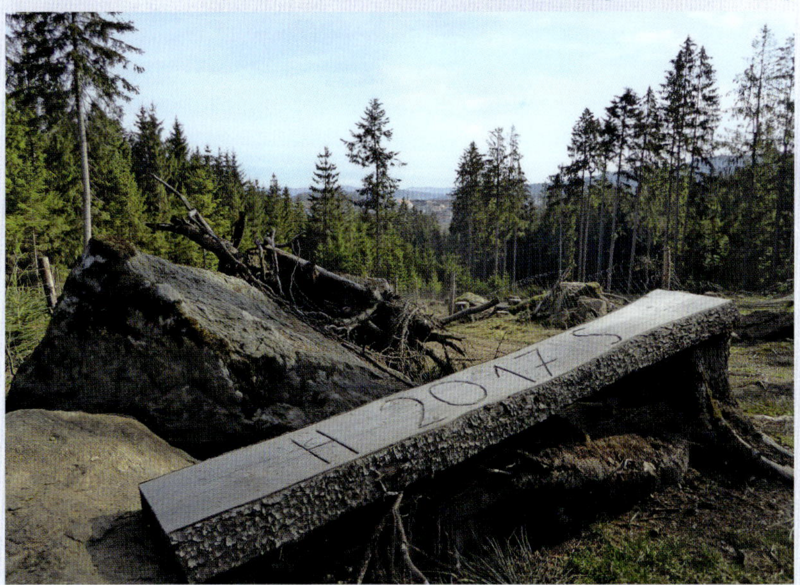

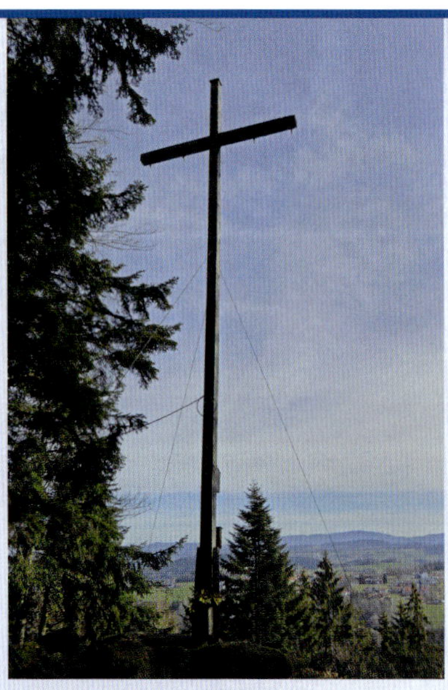

Gipfelkreuz am Hochberg

»Zwei Gipfelkreuze mit beeindruckender Aussicht – was will das Wandererherz mehr?«

wegs kommen wir am Hochberg (665 m) vorbei, dessen Gipfel aber bewaldet ist und leider keine Aussicht bietet. Aber ein paar Meter nach dem Gipfel weist uns ein Schild zur „Schönen Aussicht“ und über einen Stichweg (ca. 100 m) geht es in Richtung Hang. Dort treffen wir auf das Gipfelkreuz des Hochberg ❸ und ein Gipfelbuch. Erst einmal ins Büchlein eintragen :-). Von der Rastbank aus kann man die erstklassige Aussicht genießen. Der Hochberg ist ein richtig idyllischer Platz. Nun geht es wieder zurück auf den 10er Wanderweg. Der Pfad zwischen dem Hochberg und unserem nächsten Zwischenziel, dem Kramerschopf, ist schon fast spektakulär. Der Weg ist wurzelig und steinig, auf- und abwärts geht es auf ihm immer am Hang entlang. Das macht Spaß, denn man hat auch immer wieder eine schöne Sicht hinab ins Tal. Der Kramerschopf (710 m) ist ein großer Felsen und der Weg führt an ihm vorbei. Kurze Zeit spä-

Aussicht kurz vorm Kramerschopf

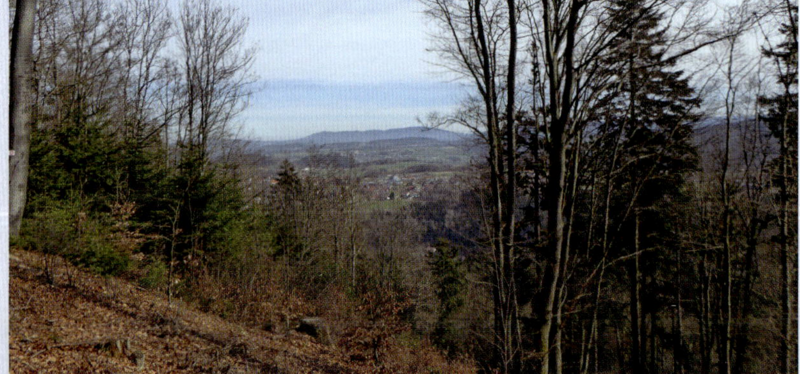

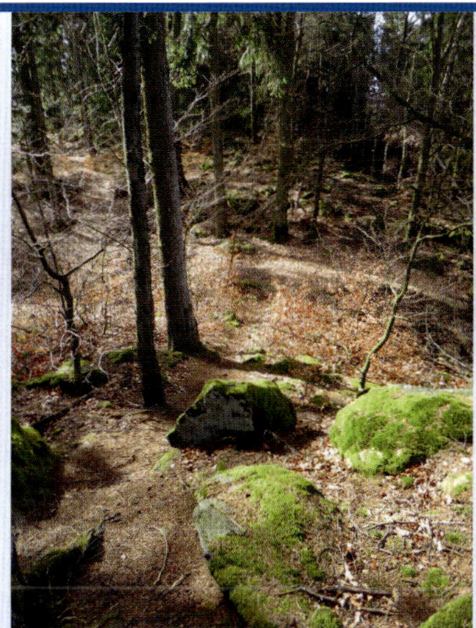

Wilde Pfade zwischen Hochberg und Kramerschopf

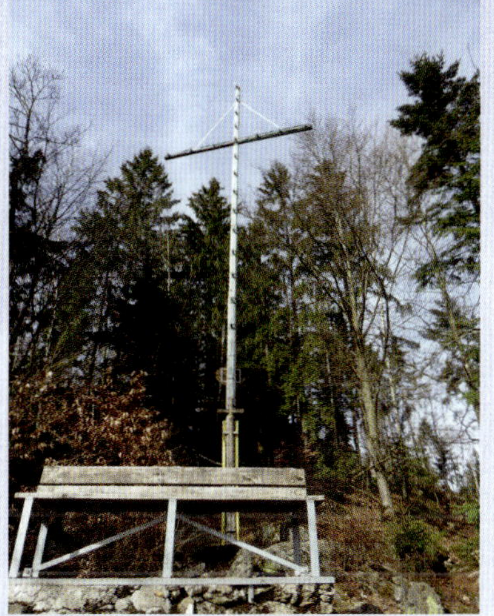

Gipfelkreuz am Kramerschopf

ter kommen wir zu einem weiteren Schild „Zur schönen Aussicht“ und wieder ein kleiner Stichweg (ca. 50 m) bringt uns zum Gipfelkreuz des Kramerschopf ❹. Von der „Panorama-Rastbank“ können wir wieder eine sehr spektakuläre Sicht hinab in das Tal genießen. Dieser Platz bietet sich geradezu an, eine kleine Rast einzulegen. Im Anschluss geht es wieder zurück auf den Rattenberger Höhenrundweg und nun beginnt der Abstieg. Ziemlich steil, zuerst auf einem Pfad und dann später auf einem Waldweg geht es bergab. Am Ende des Waldes kommen wir am Weiler Oberumwangen ❺ vorbei und biegen am Haus nach links ab. Nun führt uns die Markierung für eine kurze Zeit auf einem Feldweg weiter. Vorbei an einem alten Kreuz, erreichen wir das nächste Waldstück und über einen breiten Forstweg geht es immer weiter zum Ziel nach Unterholzen. Vom Waldrand aus können wir unser Ziel auch schon sehen. Davor geht es aber noch an einem Campingplatz ❻ und einem Kneippbecken vorbei. Hier kann man seine Füße nochmals kühlen, bevor wir uns wieder auf die letzten Meter nach Unterholzen ❶ machen.

Essen/Einkehren:

Café-Gasthaus Perlbach
Unterholzen 7, 94371 Rattenberg
Tel. 0 99 63 / 701
Öffnungszeiten:
Montag–Donnerstag ab 15 Uhr,
Donnerstag–Sonntag ab 8 Uhr
Mittwoch Ruhetag

Weitere Gaststätten finden sie im nahegelegenen Rattenberg.

Der heilige Berg Niederbayerns

Leicht

3,5 km

↓↑ 111 m

1½ Std.

St. Ulrichskapelle – Mariengrotte – Mariä Himmelfahrt – Kreuzweg – Mariengrotte – St. Salvatorkapelle – St. Ulrichskapelle

Geschichtsträchtiger Rundweg am Bogenberg mit der Wallfahrtskirche Mariä Himmelfahrt, zwei malerischen Kapellen und vielen erstklassigen Aussichtspunkten hinab auf die Donau und in den Gäuboden.

Markierung:
Vom Start bis zum Kreuzweg „Donau-Panoramaweg", dann Markierung „8" und später bis zur Mariengrotte auf der „7". Von dort weiter auf der „3", dann wieder „Donau-Panoramaweg" bis zum Startpunkt.

Parken:
Wanderparkplatz Hutterhof an der St 2125 (Navi: Hutterhof, 94327 Bogen)

Tourist-Information:
Stadtplatz 56
94327 Bogen
Tel. 0 94 22 / 505-109

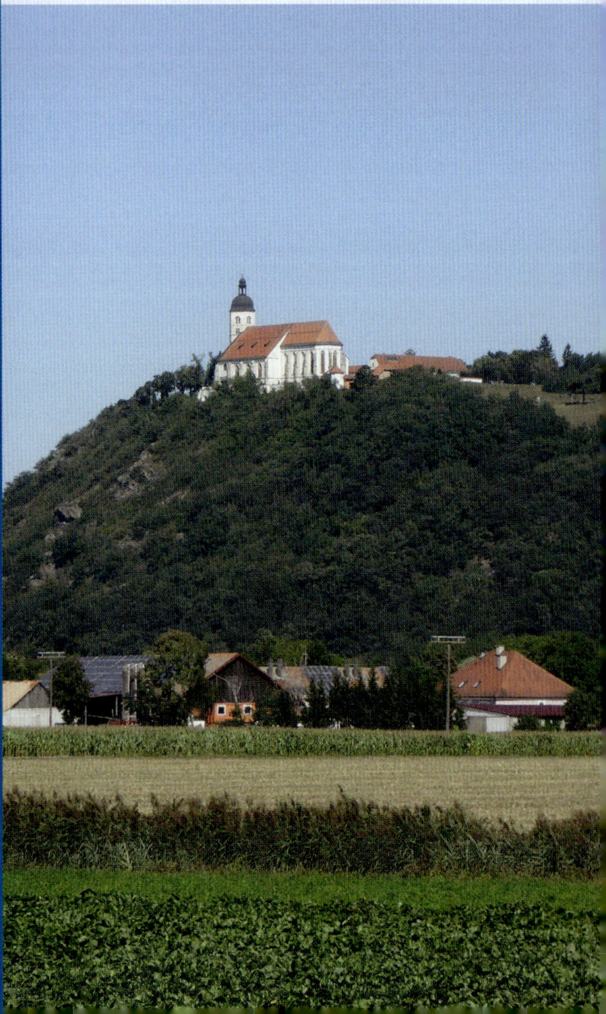

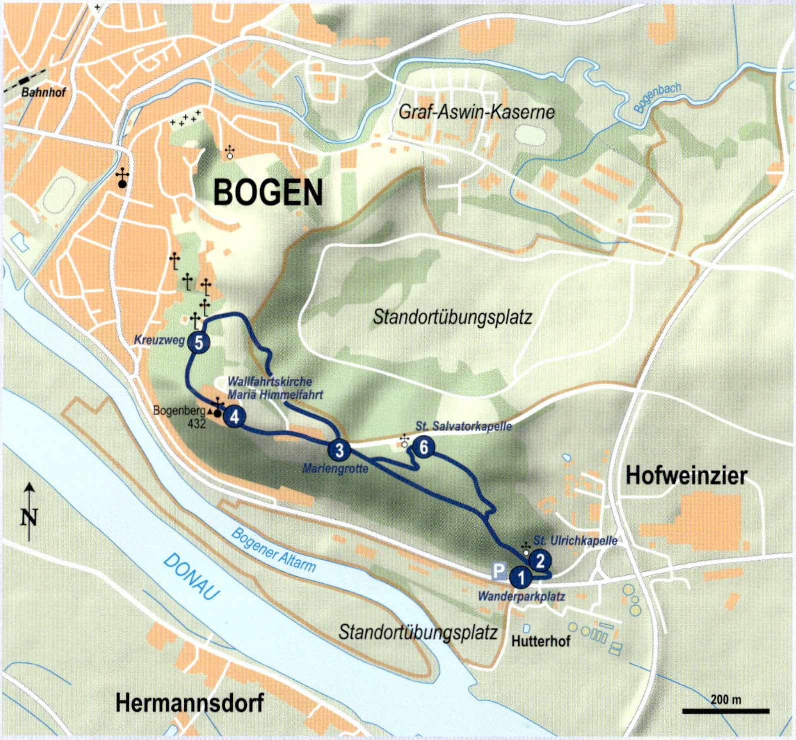

❶ Wanderparkplatz – Start/Ziel

❷ St. Ulrichskapelle

❸ Mariengrotte

❹ Wallfahrtskirche Mariä Himmelfahrt

❺ Kreuzweg

❻ St. Salvatorkapelle

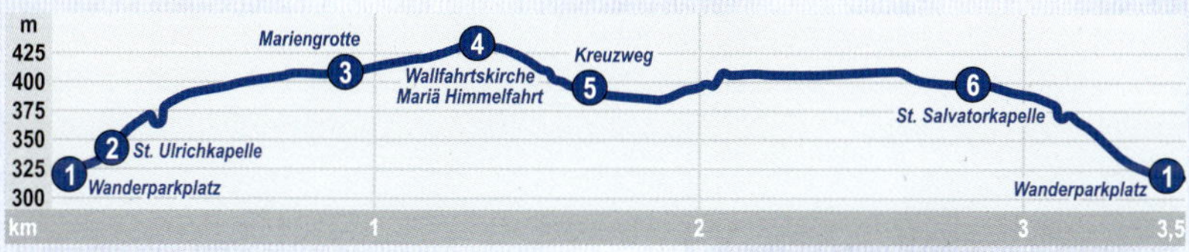

Dieser geschichtsträchtige Rundweg führt uns auf den Heiligen Berg Niederbayerns – den Bogenberg. Wir parken unser Auto auf der Staatsstraße 2125 bei Hutterhof zwischen Bogen und Pfelling, gegenüber dem Militärgelände. Direkt vor der Ampel gibt es einen kleinen Parkplatz ❶. Dort befindet sich eine Wandertafel, auf welcher alle Wanderwege des Bogenbergs dargestellt sind. **Tipp:** Machen Sie sich ein Foto dieser Karte, dann können Sie die Tour nach Ihren eigenen Vorstellungen variieren. Für den Rundweg wechseln wir heute öfter die Markierung und folgen nun der Markierung Donau-Panoramaweg. Dieser Fernwanderweg startet in Neustadt/Donau und führt immer an der Donau entlang bis nach Passau. 220 Kilometer und Ge(h)nuss pur. Heute folgen wir diesem für einen kurzen Abschnitt. Wir beginnen unsere Tour und über eine Treppe geht es hinauf zur malerischen St. Ulrichskapelle ❷. Danach folgt ein richtig knackiger Anstieg, denn es geht über einen steinigen Pfad hinauf auf den Bogenberg. Oben angekommen folgen wir einem breiteren Weg nach links bis zur Straße, wo wir auch die imposante Mariengrotte ❸ finden. Wir halten uns links und folgen der

Aussicht bei der St. Ulrichskapelle

St. Ulrichskapelle

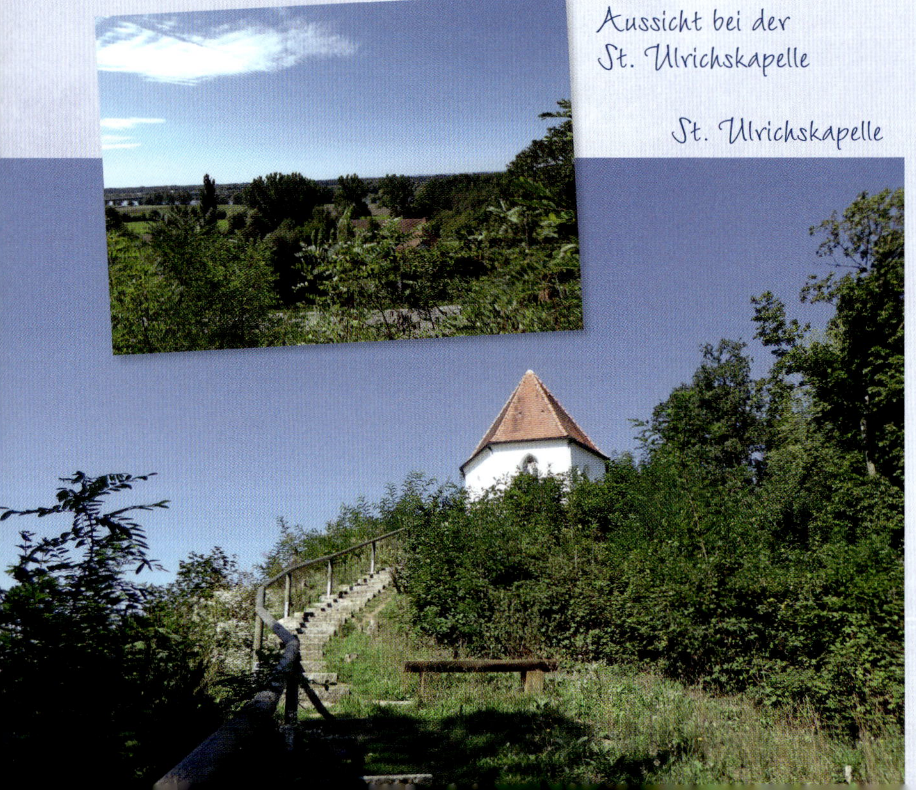

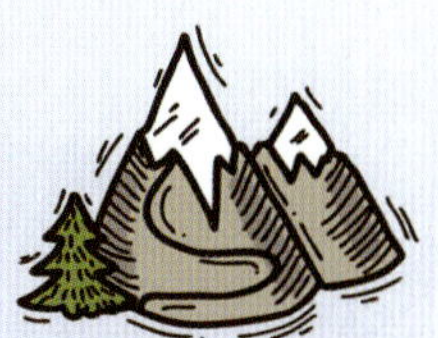

» Den Bogenberg, als weithin sichtbares Wahrzeichen des Gäubodens, sollte jeder Wanderer einmal erklommen haben. «

Steiniger Anfstieg auf den Bogenberg →

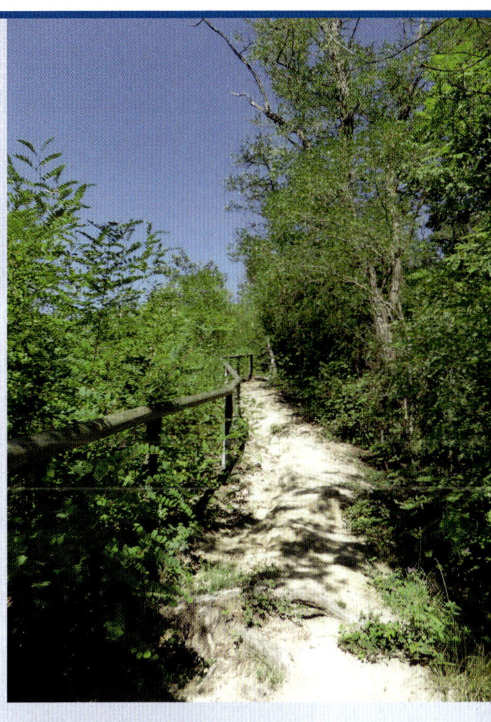

Mariengrotte ↓

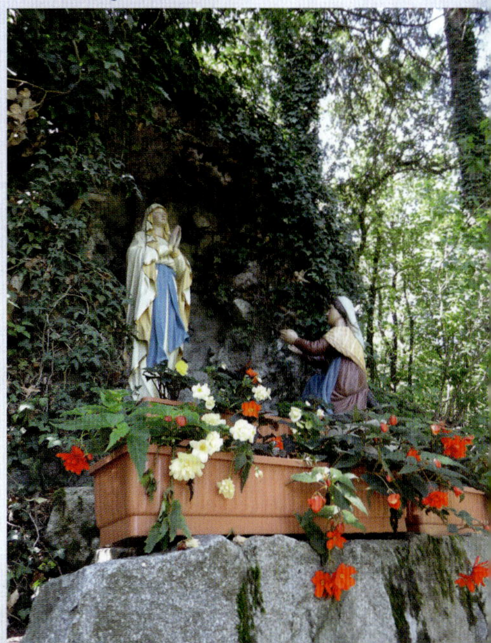

Straße, bis wir am Berggasthof „Zur schönen Aussicht" vorbeikommen. Der Biergarten bietet eine herrliche Sicht in den Gäuboden und auf die Donau, die unter uns vorbeifließt. Wir folgen weiter der Straße und es geht immer weiter bergauf. Wir sehen vor uns auch schon die Wallfahrtskirche Mariä Himmelfahrt ❹. Wir sind heute auf dem Bogenberg unterwegs, dem „Heiligen Berg Niederbayerns". Dieser ist seit über 1.000 Jahren ein religiöses Zentrum. Der Berg ist schon von Weitem sichtbar und erhebt sich vor allem bei Sonnenschein wunderschön vor den Gipfeln des Bayerischen Waldes. Der Weg führt uns nun durch den Friedhof. Ein Besuch der Kirche lohnt sich. Aber auch ein

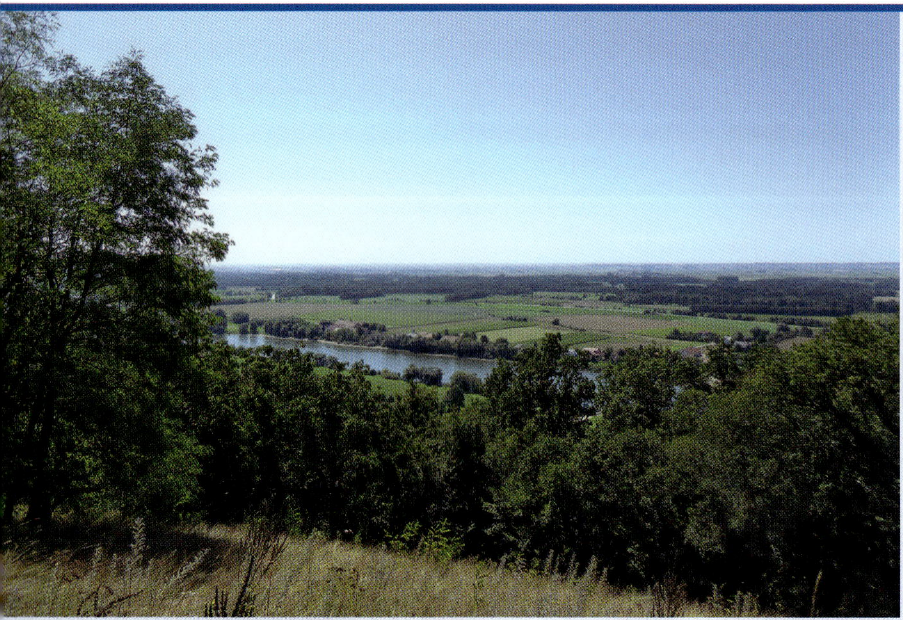

Aussicht von der Wallfahrtskirche

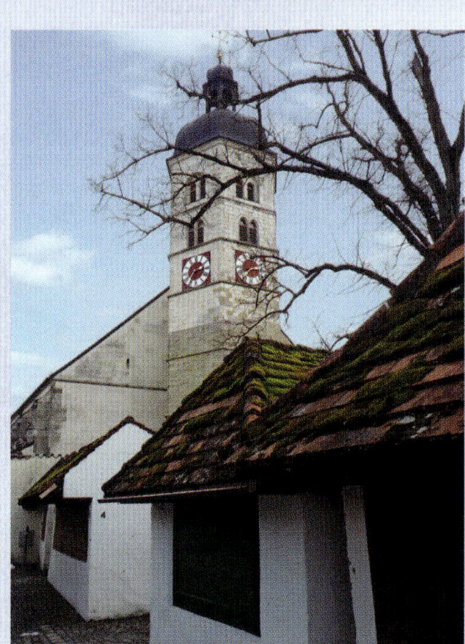

Wallfahrtskirche Mariä Himmelfahrt

Rundgang um die Wallfahrtskirche Mariä Himmelfahrt ist empfehlenswert, denn dahinter ist ein sehr berühmter Aussichtspunkt, von welchem man eine unglaubliche Fernsicht hat. Danach folgen wir weiter der Markierung „Donau-Panoramaweg“ und es geht am Kreuzweg 5 entlang, wo auch der Abstieg beginnt. Nachdem wir die ersten Häuser der Stadt Bogen erreicht haben, verlassen wir den markierten Weg, biegen nach rechts ab und folgen einem breiten Weg für ca. 100 Meter (dieser Abschnitt ist nicht markiert). Aber an der nächsten Kreuzung treffen wir auch schon wieder auf die nächste Markierung. Wir folgen nun dem Weg „8“, der kurze Zeit später nach links in einen Waldpfad abzweigt. Wir sind nun auf der anderen Seite des Bogenbergs unterwegs. An

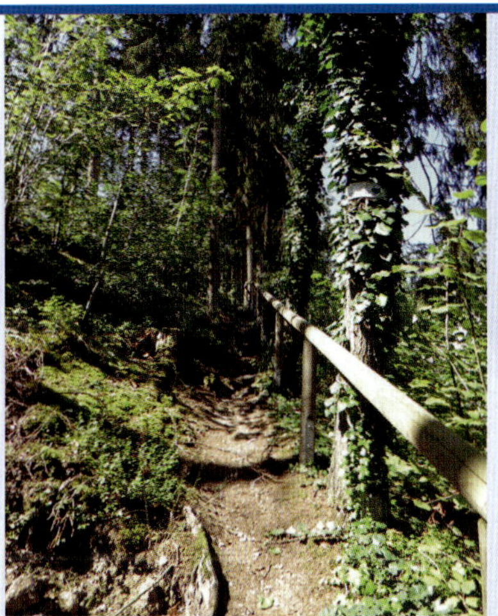

Pfad bei der Salvatorkapelle

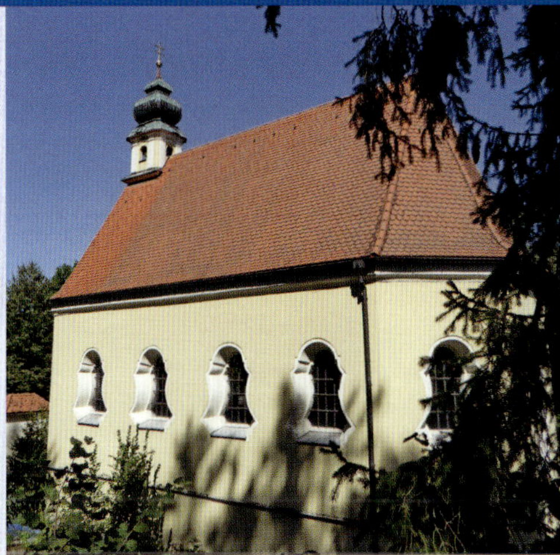

Salvatorkapelle

der nächsten Kreuzung wechseln wir auf den Weg „7" und ein breiter Forstweg bringt uns wieder zurück zur Mariengrotte ❸. Für den Rückweg wählen wir den Weg „3", der uns zur ehrwürdigen St. Salvatorkapelle ❻ führt.

Essen/Einkehren:

Berggasthof „Zur schönen Aussicht"
Bogenberg 6, 94327 Bogen,
Tel. 0 94 22 / 15 39,
Öffnungszeiten:
Mittwoch - Sonntag
11.00 Uhr - 22. 00 Uhr,
Montag und Dienstag Ruhetag,
von Oktober bis April ist wochentags ab 17.00 Uhr geschlossen.

In der Stadt Bogen finden sie noch viele weitere Einkehrmöglichkeiten.

Ein Pfad mit toller Aussicht bringt uns wieder zurück zum Donau-Panoramaweg. Hier halten wir uns links und steigen über den steinigen und wurzeligen Pfad, den wir bereits kennen, wieder hinab zur St. Ulrichskapelle ❷ und zum Parkplatz ❶, auf welchem unsere kleine Tour startete. Der Bogenberg ist ein sehr beeindruckender Ort und mit den vielen markierten Wegen kann man sich immer wieder eine neue Rundtour „basteln".

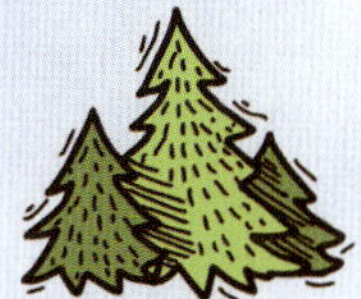

» Der Bogenberg ist der heilige Berg Niederbayerns. «

Mittel

7,5 km

↓↑ 161 m

2 Std.

Liebliches Unteres Perlbachtal

Mitterfels – Perlbachtal – Weingarten – Scheibelsgrub – Mitterfels

Ein richtig abwechslungsreicher Rundweg mit dem Teufelsfelsen, dem lieblichen Perlbachtal, weiten Aussichten und der Burg Mitterfels am Ende der Tour.

Markierung:
Der ganze Rundweg ist durchgängig mit „Rot 3“ markiert.

Parken:
Neben der Kirche St. Georg (Navi: Burgstr. 3, 94360 Mitterfels)

Tourist-Information:
Burgstr. 1
94360 Mitterfels
Tel. 0 99 61 / 94 00 25

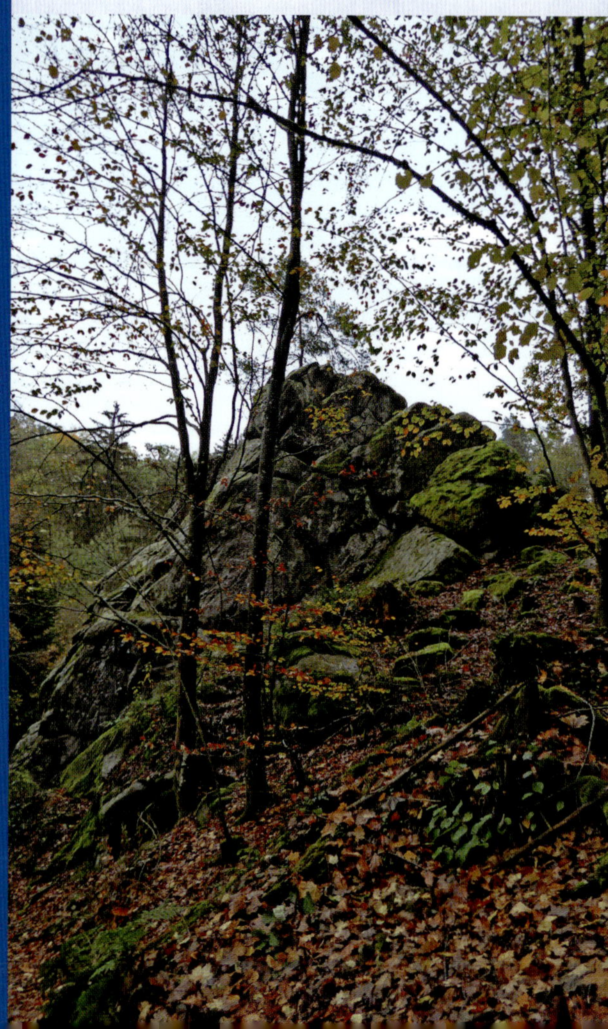

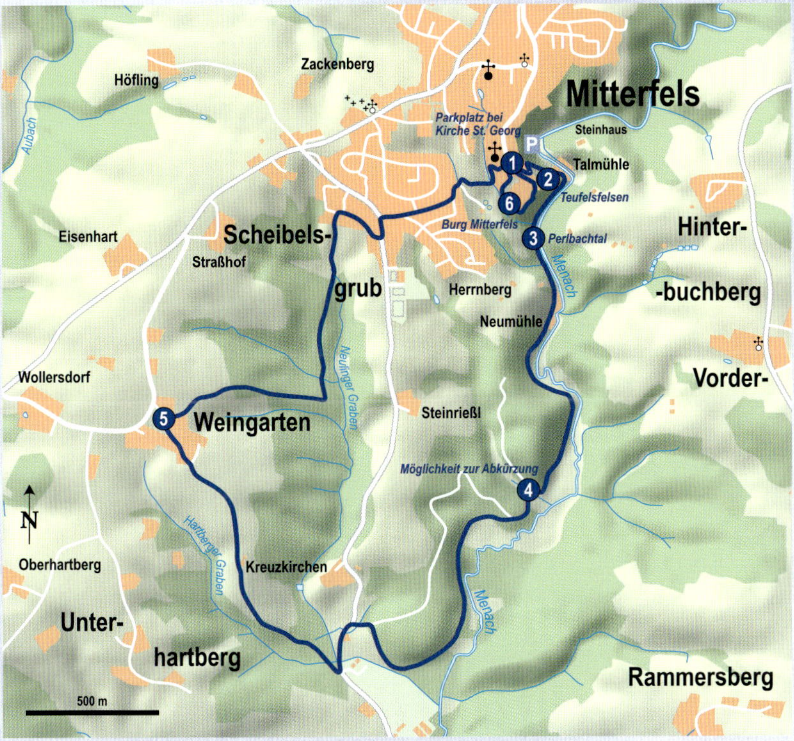

1. Parkplatz bei der Kirche St. Georg - Start/Ziel
2. Teufelsfelsen
3. Perlbachtal
4. Hier kann man die Tour abkürzen
5. Weingarten
6. Burg Mitterfels

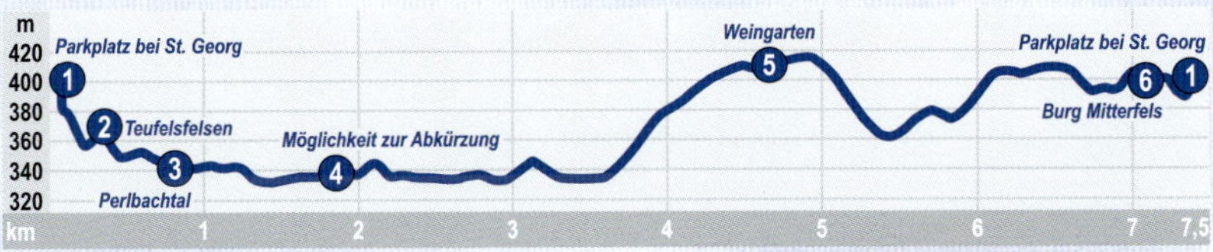

Dieser vielfältige Rundweg führt uns durch das liebliche Perlbachtal der Menach. Wir parken unser Auto am Parkplatz ❶ direkt neben der Kirche St. Georg. Wir folgen heute dem kompletten Rundweg der Markierung „Rot 3“. Links neben der Kirche sehen wir auch schon den ersten Wegweiser, der uns hinab in das Tal der Menach führt. Es geht über Serpentinen auf einem steinigen Pfad gut 50 Meter nach unten. Kurz bevor wir die Talmühle erreichen, sehen wir auf der rechten Seite einen riesigen Felsen. Wir biegen hier nach rechts ab und steigen hinauf zum Teufelsfelsen ❷. Von oben hat man eine tolle Sicht hinunter in das Perlbachtal. Der Teufelsfelsen hat natürlich auch seine Sage. „Die Mitterfelser hielten hier ihre Fronleichnamsprozession ab

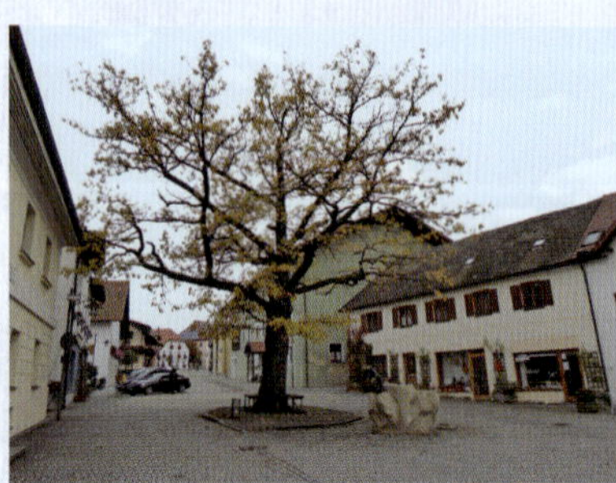

Start in Mitterfels

und das hat den Teufel so gewurmt, dass er Brocken für Brocken aus dem Hohen Stein gerissen hat. Diese ließ er auf die Gläubigen krachen, aber der Schutz Christi war stärker als die Wut des Teufels und alle Gläubigen blieben unbeschadet.“ Vom Teufelsfelsen geht es nun hinab zur malerischen Menach,

Teufelsfelsen

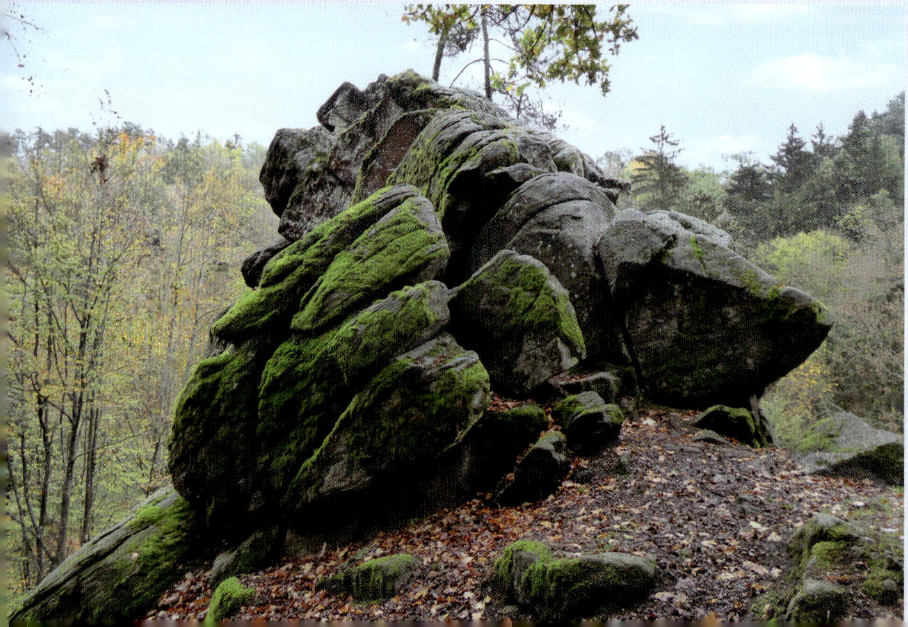

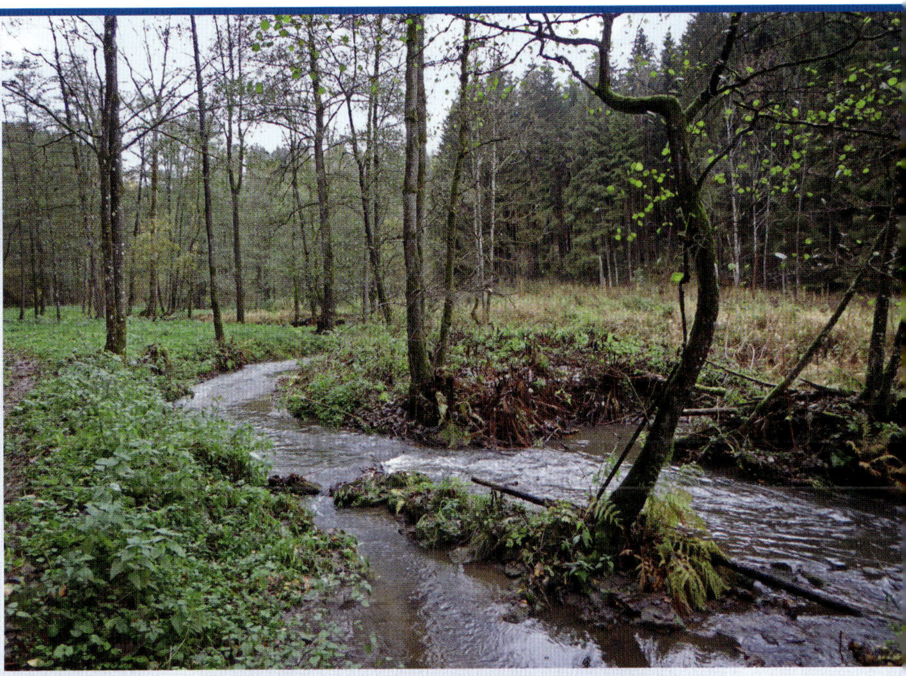

Im Perlbachtal

dieser Abschnitt wird auch Perlbachtal ③ genannt. Viele kleine Wasserfälle findet man in diesem Talabschnitt. Zuerst auf einem breiteren Waldweg und ab der Neumühle auf einem urigen Pfad geht es immer den Fluss entlang. Ein besonders natürlicher Abschnitt, auf dem das Wandern richtig Spaß macht. Nach ca. 2 km kommen wir an eine Wanderkreuzung mit Wegweiser ④. Hier kann man die Runde abkürzen, indem man nun nach rechts der Markierung 3 folgt. Dann erreicht man nach ca. 1,8 km wieder den Startpunkt. Wir gehen aber die große Runde und folgen der Markierung nach links. Es geht über friedliche Waldwege weiter und dann einen kleinen Berg hinauf. Wir kommen an einer

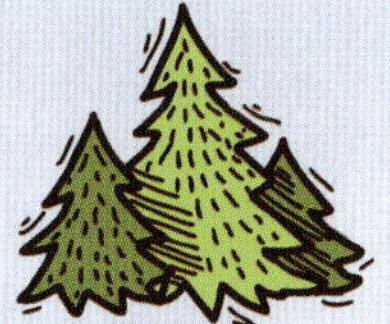

» Das Plätschern des Wassers an den vielen kleinen Wasserfällen im Perlbachtal ist etwas Besonderes. «

Naturpark-Landkarte mit Rastbank vorbei und halten uns hier links. Kurze Zeit später erreichen wir eine kleine Straße, der wir für

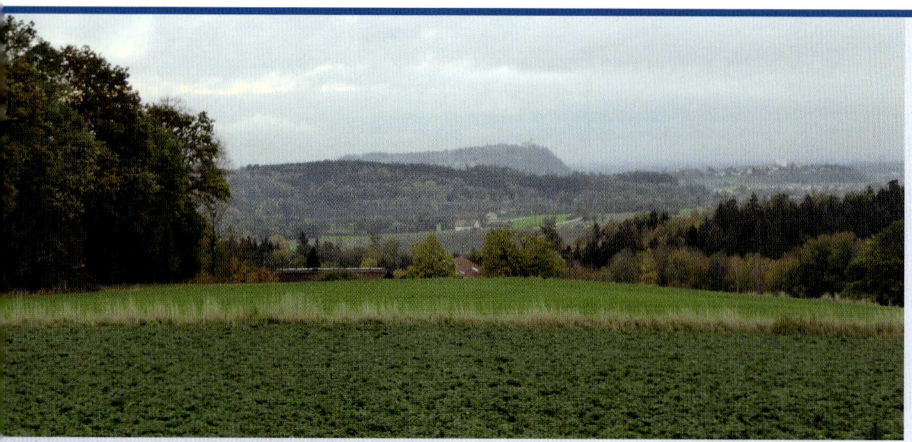

Fernblick bei Weingarten

gute 200 Meter nach links folgen. Beim Ortsschild „Kreuzkirchen“ biegen wir nach rechts in einen Waldweg ab. Nach ein paar Metern geht es wieder bergauf und über eine Wiese erreichen wir das erste Haus von Weingarten. Hier gibt es das „Schneeweiß-Gässchen“ :-). Über einen Hohlweg und Feldweg erreichen wir die Ortsmitte von Weingarten ❺. Wir folgen der Straße und kurz vorm Ortsausgang biegen wir nach rechts in eine Hofeinfahrt. Wir wandern am Obstlehrgarten von Weingarten vorbei und haben von hier wieder eine erstklassige Aussicht in die Täler und auf den Bogenberg. Die nächsten Kilometer führen uns auf Waldwegen und vielen Pfaden immer weiter Richtung Mitterfels. Wir überqueren zwei kleine Holzbrücken und bergauf über einen Wiesenweg erreichen wir die Ortschaft Scheibelsgrub. Dort biegen wir auf der kleinen Straße nach rechts ab und an der nächsten großen Kreuzung nach links. Nach ein paar Metern biegen wir wieder nach rechts in den Kirchenweg ein. Nun sehen wir auch schon die Kirche St. Georg. Bei einer Kapelle biegen wir nach links auf einen Waldweg. Kurze Zeit später treffen wir auf die ersten Häuser von Mitterfels. Hier müssen wir uns rechts halten

Brücke über den Neulinger Graben

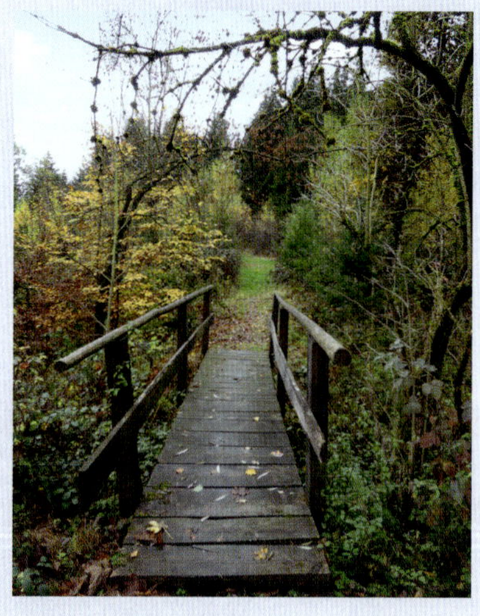

und ein Pfad führt uns an einer Mauer den Berg hinauf. Wir erreichen wieder den Platz vor der Kirche ❶, wo wir unser Auto geparkt haben. Bevor wir unsere heutige Wanderung aber beenden, lohnt sich noch ein Rundgang um die Burg ❻. Links an der Kirche vorbei und nachdem wir die Brücke des Burggrabens überquert haben, sehen wir wieder die Markierung „Rot 3“. Der kleine Pfad führt uns rund um die Burgmauer. Über Steintreppen und kleine Pfade schlängelt sich der Weg rund um die Burg. Der ca. 400 Meter lange Abstecher lohnt sich. Über eine Treppe geht es am Ende nochmals hinauf und wir stehen wieder vor der Kirche St. Georg ❶. Wir haben unser Ziel erreicht.

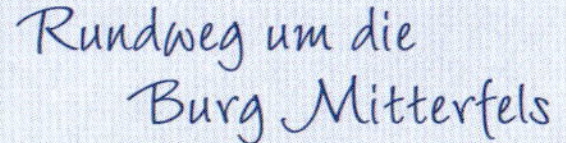
Rundweg um die Burg Mitterfels

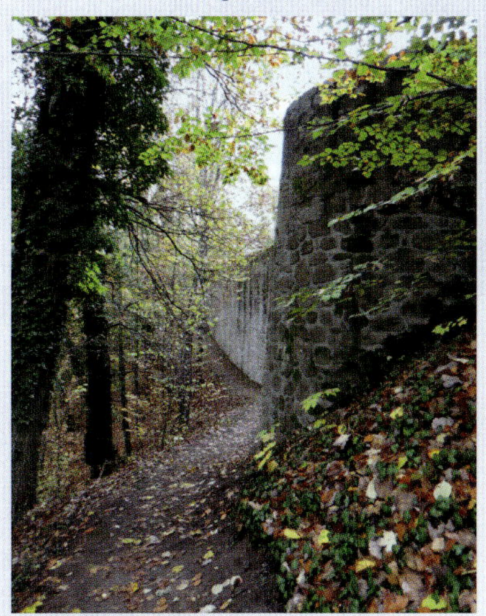

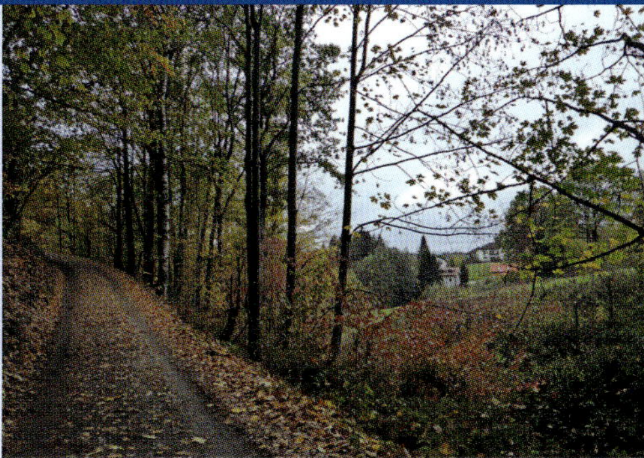

Waldweg zwischen Scheibelsgrub und Mitterfels

Essen/Einkehren:

Café Perlbachtal
Burgstr. 5, 94360 Mitterfels
Tel. 09961 234
Öffnungszeiten: täglich 14–22 Uhr, Donnerstag Ruhetag

Gasthof „Zur Post“
Burgstr. 22, 94360 Mitterfels
Tel. 09961 332
Öffnungszeiten: täglich
10–13.30 Uhr und 16.30–22 Uhr, Montag und Mittwoch Ruhetag

Landgasthof „Fischer Veri“
Burgstr. 24, 94360 Mitterfels
Tel. 09961 910080
Öffnungszeiten: Mittwoch–Montag
9.30–14 Uhr, 17–22 Uhr,
Dienstag Ruhetag, im Winter am Sonntag ab 16 Uhr geschlossen

Neben dieser Auswahl gibt es noch viele weitere Gastgeber in Mitterfels.

Schwer

10,7 km

↓↑ 360 m

3½ Std.

Haibach – Weingarten – Untergrub – Elisabethszell – Edenhof – Obernebling – Haibach

Ein sehr abwechslungsreicher Rundweg durch die beiden malerischen Orte Haibach und Elisabethszell mit verschlungenen Wegen und Pfaden und vielen Einkehrmöglichkeiten.

Markierung:
Der ganze Rundweg ist durchgängig mit „Rot 1" markiert.

Parken:
Vor der Kirche St. Laurentius in Haibach (Navi: Dorfplatz, 94353 Haibach).

Tourist-Information:
Schulstraße 1
94353 Haibach
Tel. 0 99 63 / 94 30 39-15

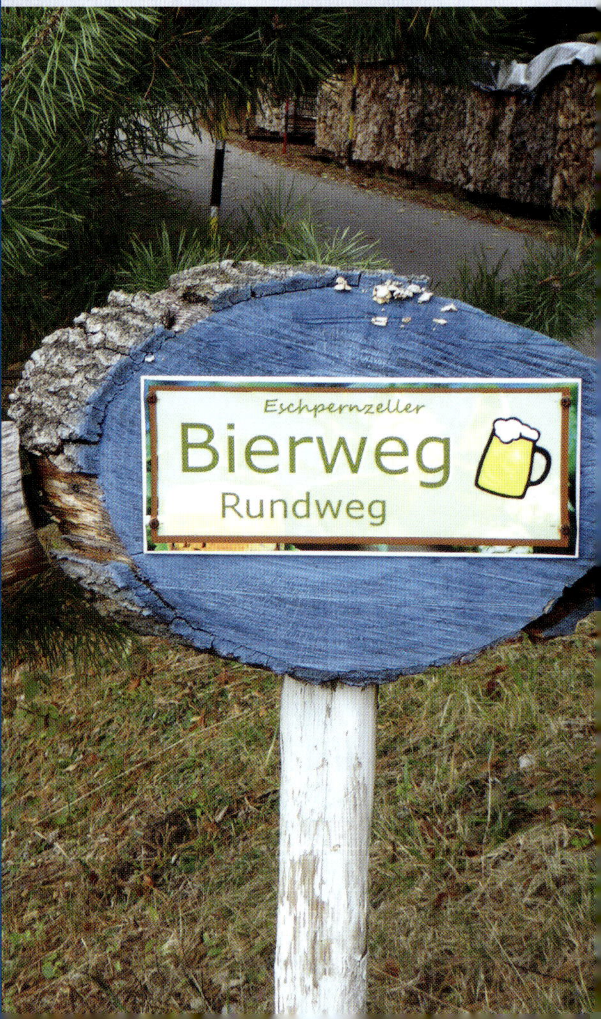

Unterwegs am Eschpernzeller Bierweg

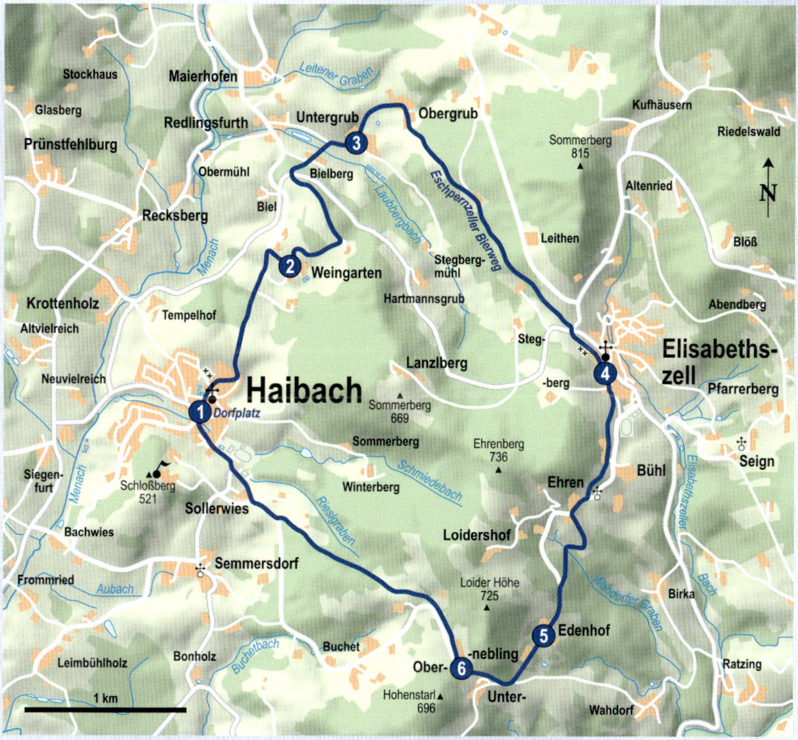

1. Dorfplatz in Haibach – Start/Ziel
2. Weingarten
3. Untergrub (Beginn des Eschpernzeller Bierwegs)
4. Elisabethszell
5. Edenhof
6. Obernebling

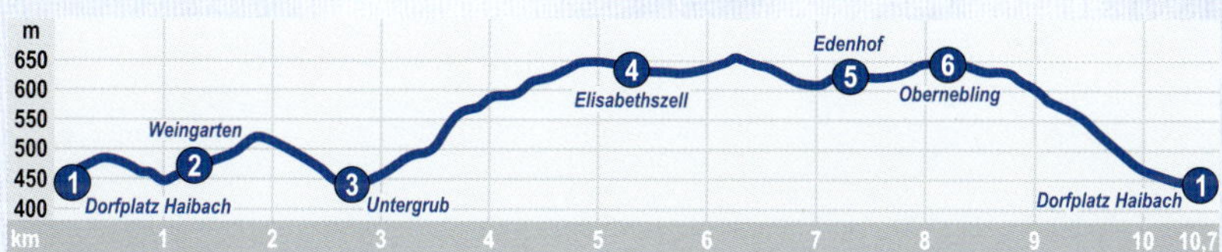

Unsere Rundtour beginnt am Dorfplatz vor der Kirche St. Laurentius ❶, wo wir auf einem der Parkplätze unser Auto abstellen können. Der Rundweg ist durchgängig mit „Rot 1“ markiert und wir wandern heute im Uhrzeigersinn. Über eine kleine Teerstraße führt uns der Weg aus Haibach hinaus. Nach 500 Metern treffen wir auf ein Waldstück, wo wir nun linkerhand für einige Meter auf einem Pfad weiter wandern. Anschließend folgen wir weiter der kleinen Straße und biegen dann rechts ab, hinauf zum Landhotel Weingarten ❷. Der erste größere Anstieg erwartet uns nun und wir folgen weiter dem kleinen Asphaltsträßchen. Von hier kann man einen imposanten Blick hinüber auf den Gallnerberg genießen. Am Waldrand angekommen biegen wir nach links ab und ein Waldpfad führt uns wieder einige Höhenmeter bergab. Dort treffen wir auf eine Straße, überqueren diese und wandern nun über einen steilen Pfad hinab nach Bielberg. Dort geht es geradeaus weiter und an der nächsten Straße biegen wir nach rechts ab. Kurze Zeit später erreichen wir Untergrub ❸, wo wir auf den „Eschpernzeller Bierweg“ treffen, der uns die nächsten Kilometer bis nach Elisabethszell begleiten wird. In Untergrub beginnt der zweite Anstieg für heute. Wir halten uns hier links und am Ortsende wieder rechts in Richtung Ober-

Kirche St. Laurentius in Haibach

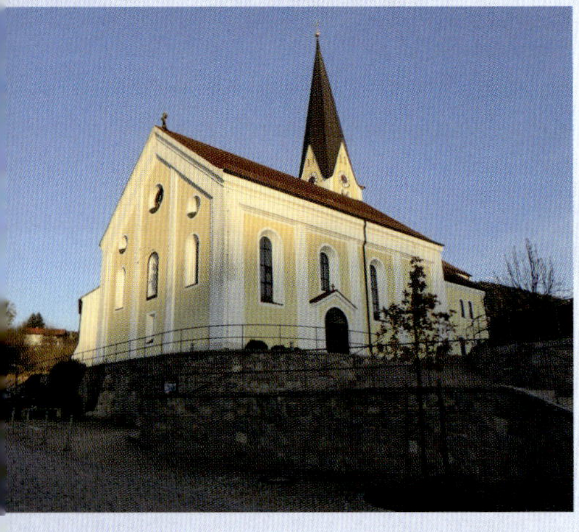

Blick auf den Gallner kurz vor Weingarten

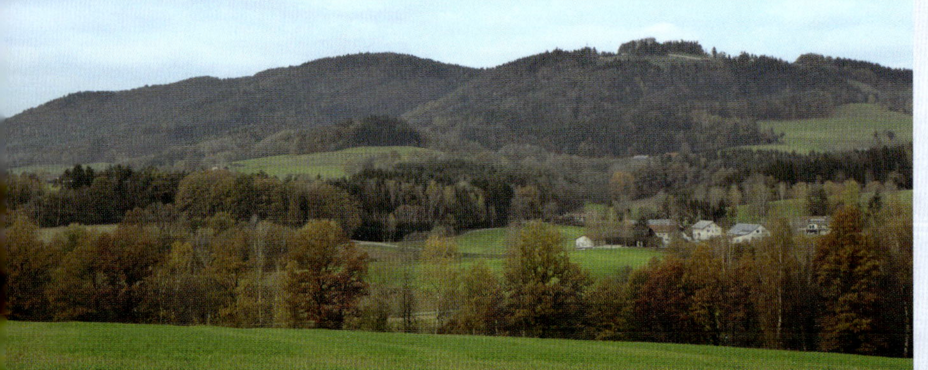

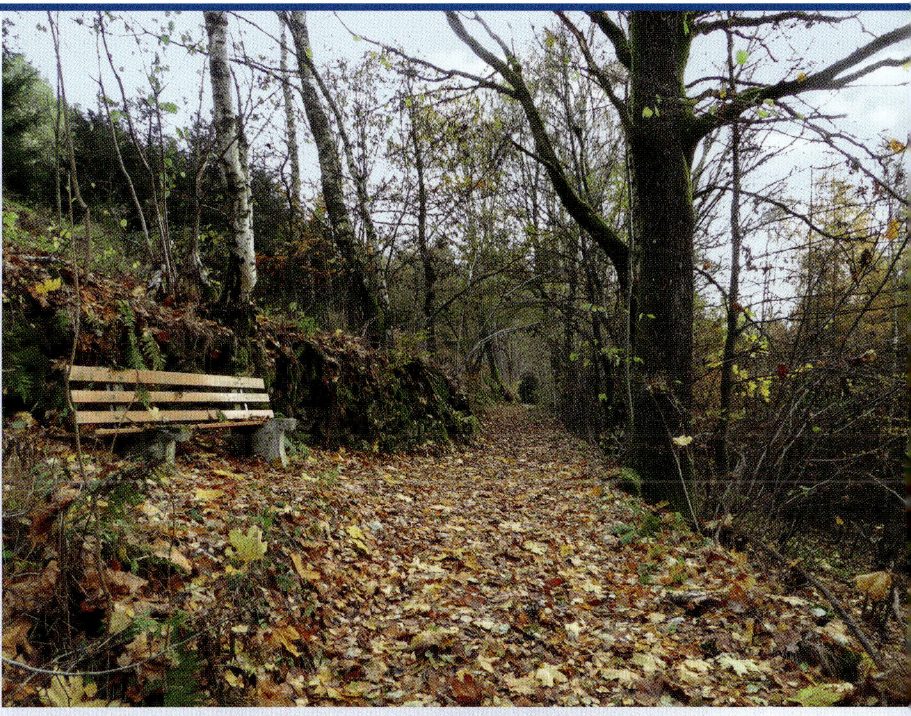

Schöne Pfade am Eschpernzeller Bierweg

grub. Auf den nächsten beiden Kilometern haben wir knapp 200 Höhenmeter zu überwinden. Nach Obergrub wandern wir über einen felsigen Waldweg bergauf und halten uns an der Kreuzung im Wald immer rechts. Wir erreichen einen Bauernhof und unser Wanderweg mit der Markierung „Rot 1“ führt direkt hindurch. Jetzt geht es über einen uralten Pfad durch einen erfrischenden Laubwald. Eine alte Steinmauer begleitet uns auf dem Weg nach Elisabethszell. Am Waldrand folgen wir nun dem Wiesenweg und haben hier auch den höchsten Punkt unserer heutigen Wanderung erreicht. An der großen Straßenkreuzung halten wir uns

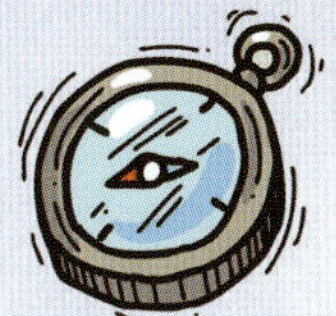

» In Elisabethszell gilt es die niederbayerische Wirtshauskultur zu entdecken. «

rechts, hinauf zum Friedhof, wo wir wieder nach links hinab nach Elisabethszell ❹ gehen. Vorbei an einigen Gasthäusern, die zu

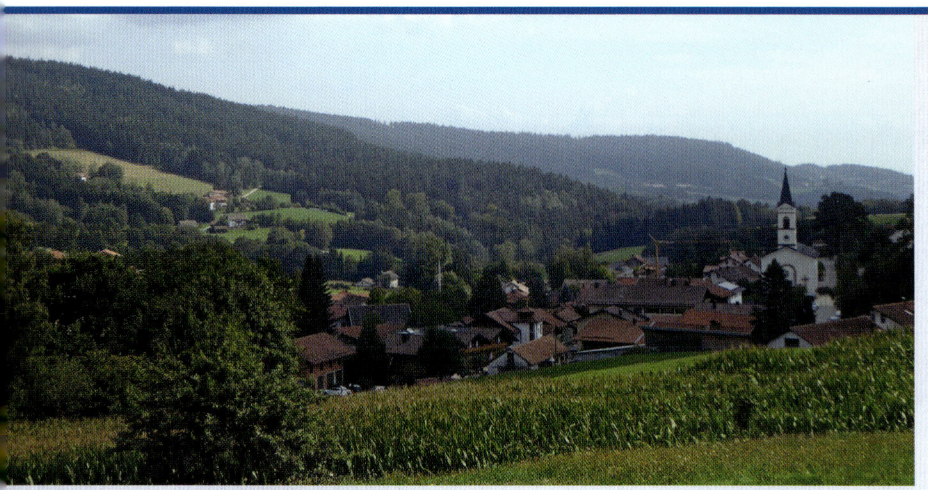

Blick auf Elisabethszell

einer Rast einladen, führt uns der Weg über den Kirchplatz zur Kirche St. Elisabeth. Über die St.-Elisabeth-Str. verlassen wir den Ort und wandern Richtung Biel. Zuerst auf einer kleinen Teerstraße und dann auf einem Schotterweg geht es weiter. Bei Biel halten wir uns rechts und folgen einem schönen Wiesenweg nach Ehren. Immer wieder hat man hier schöne Blicke hinauf zur Ortschaft Schuhchristleger unterhalb des Gebirgszugs Hadriwa. In Ehren biegen wir links ab und über einen kleinen Weg an einer Viehweide entlang geht es den Hang wieder hinab. Wir erreichen ein Waldstück und folgen dem Waldweg. Kurz darauf erreichen wir eine kleine Straße. Hier biegen wir links ab und folgen dieser. Wir kommen am Edenhof 5 vorbei und wandern weiter bis nach Obernebling. Auf diesem Abschnitt kann man eine beeindruckende Fernsicht auf die Gipfel des Bayerischen Waldes genießen. In Obernebling 6 biegen wir rechts auf einen Feldweg ab, der uns einige Zeit später durch ein einsames Waldstück führt. Am Waldesrand haben wir eine tolle Sicht hinab nach Haibach. Wir folgen weiter der Markierung „Rot 1", treffen oberhalb von Sollerwies auf eine Straße, halten uns hier rechts und kurz nach

Wiesenlandschaft beim Edenhof

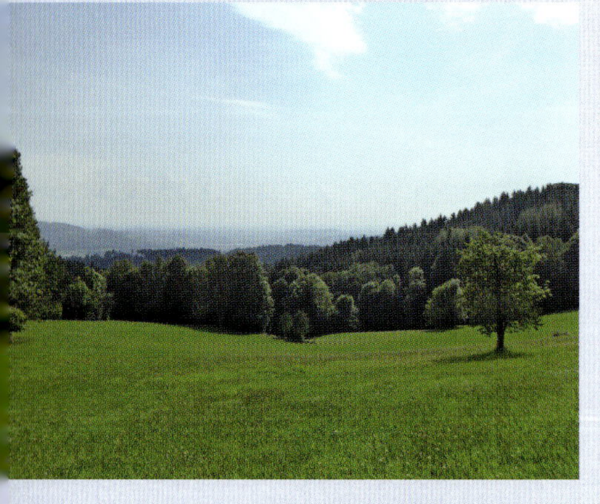

der nächsten Kreuzung biegen wir wieder nach rechts ab. Ein sonniger Wiesenweg führt uns hinab nach Haibach. Dort treffen

Essen/Einkehren:

Gasthof „Zur Schwalbe"
Dorfplatz 6, 94353 Haibach
Tel. 0 99 63 / 527
Öffnungszeiten: täglich geöffnet

Landhotel Weingarten
Weingarten 3, 94353 Weingarten
Tel. 09963 516
Öffnungszeiten: täglich geöffnet

Hotel „Mariandl – Singender Wirt"
Azoplatz 3, 94353 Elisabethszell
Tel. 09963 2990
Öffnungszeiten: täglich geöffnet

Gasthaus „Oberer Wirt"
Kirchplatz 6, 94353 Elisabethszell
Tel. 09963 463
Öffnungszeiten:
Donnerstag ab 14 Uhr
Sonn- und Feiertage ab 11 Uhr

Gasthaus „Zum Kramerwirt"
Kirchplatz 4, 94353 Elisabethszell
Tel. 09963 1052
Öffnungszeiten:
Montag–Dienstag 16–22 Uhr,
Freitag–Samstag 11–22 Uhr,
Sonntag 9–22 Uhr, Mittwoch und
Donnerstag Ruhetag

Aussicht bei Obernebling

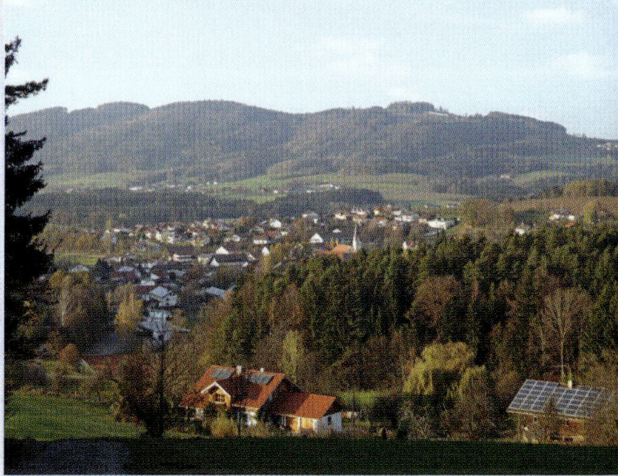

Blick auf Haibach

wir auf die Burgstraße und wandern vorbei am Schwimmbad und dem Sportgelände. Der Weg führt uns durch die Ortschaft Haibach. Wir überqueren noch einmal die Sommerbergstraße und haben wieder die Kirche St. Laurentius am Dorfplatz ❶ erreicht.

Goldsteigrunde Elisabethszell

Sehr schwer

22,3 km

↓↑ 797 m

8 Std.

Konzell – Kreuzhaus – Hansl-Hütte – Elisabethszell – Haibach – Denkzell – Konzell

Diese Goldsteigrunde ist ein richtiges Highlight im Landkreis Straubing-Bogen. Abwechslungsreiche Wege, knackige An- und Abstiege, Fernsichten und viele Gasthäuser liegen am Weg.

Markierung:
Der Rundweg ist mit dem blauen und gelben Goldsteig-Symbol markiert.

Parken:
Pfarrgasse in Konzell direkt unterhalb des Friedhofs (Navi: Pfarrgasse, 94357 Konzell).

Tourist-Information:
Schulstr. 1
94353 Haibach
Tel. 0 99 63 / 94 30 39-15

Rathausplatz 1
94357 Konzell
Tel. 0 99 63 / 94 14-34

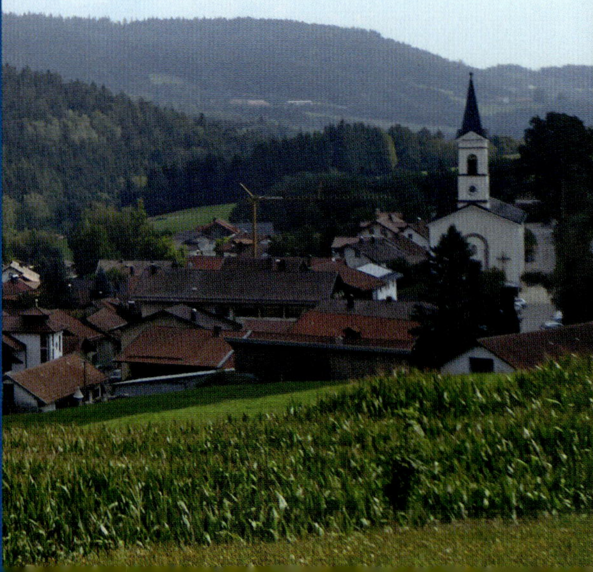

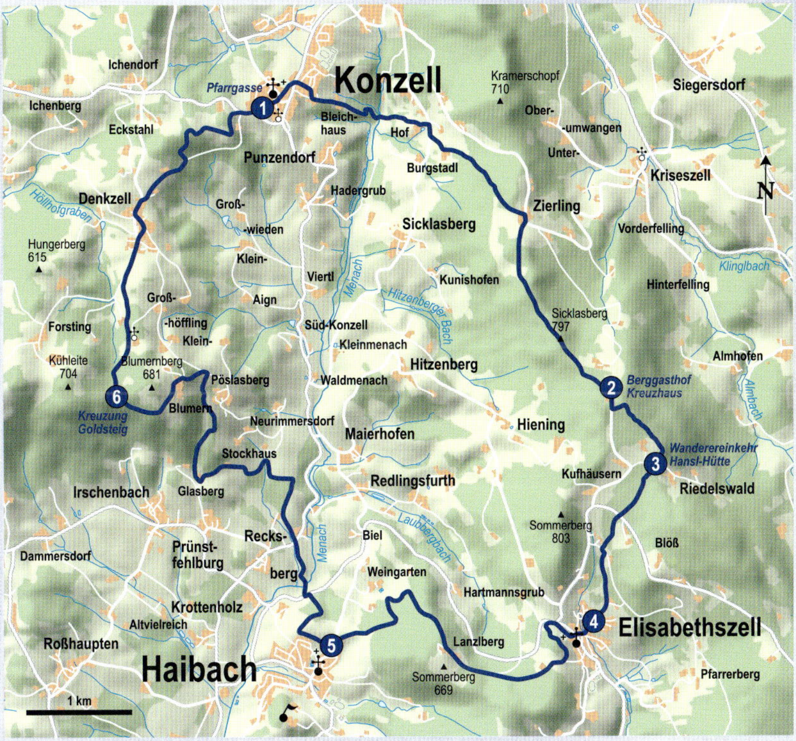

1. Konzell/Pfarrgasse – Start/Ziel
2. Berggasthof Kreuzhaus
3. Wandereinkehr Hansl-Hütte und Kreuzung Goldsteig blau/gelb
4. Elisabethszell
5. Haibach
6. Kreuzung Goldsteig blau/gelb

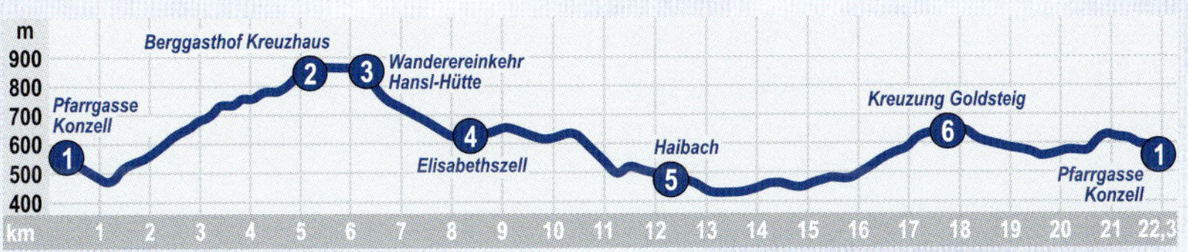

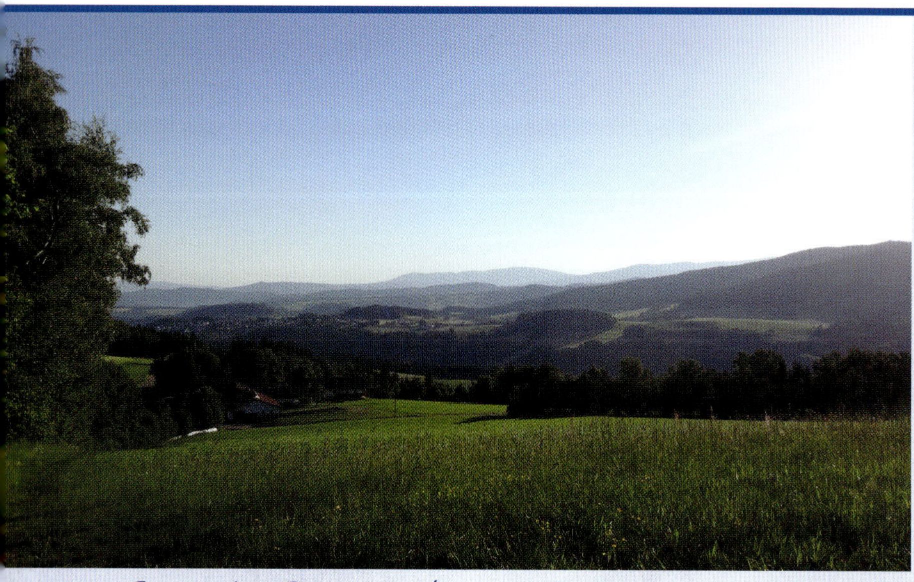

Blick in den Bayerischen Wald bei Zierling

Diese Tour hat es richtig in sich, gut 22 Kilometer und knapp 800 Höhenmeter warten heute auf unserer Goldsteigrunde auf uns. Wir starten an der Pfarrgasse in Konzell ❶, folgen ab hier immer der gelben Goldsteig-Markierung und überqueren die Staatsstraße in die St.- Martin-Straße, die kurze Zeit später zur Irlbergstraße wird. An der Kreuzung zur Sattlerhöhe biegen wir links nach Irlberg ab. Im Anschluss geht es hinab in ein schönes Waldstück, wo wir die Menach überqueren. Nun beginnt der erste längere Aufstieg mit 400 Höhenmetern. Beim Weiler Hof halten wir uns an der Straße erst rechts, dann gleich wieder links und so erreichen wir nach kurzer Zeit wieder ein ruhiges Waldstück, in dem es immer weiter hinauf Richtung Zierling geht. Dort biegen wir rechts ab und am Ortsrand wieder rechts. Über einen Wiesenweg führt uns der Goldsteig hinauf zum nächsten Waldstück. Dort gibt es eine schöne Rastbank mit Panoramablick. Der Weg führt immer weiter nach oben und wir erreichen den Sicklas-

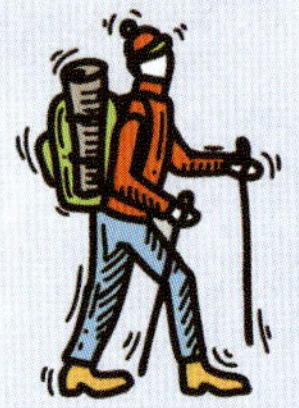

»22 km und 800 Höhenmeter – eine Genusstour für den sportlich ambitionierten Wanderer«

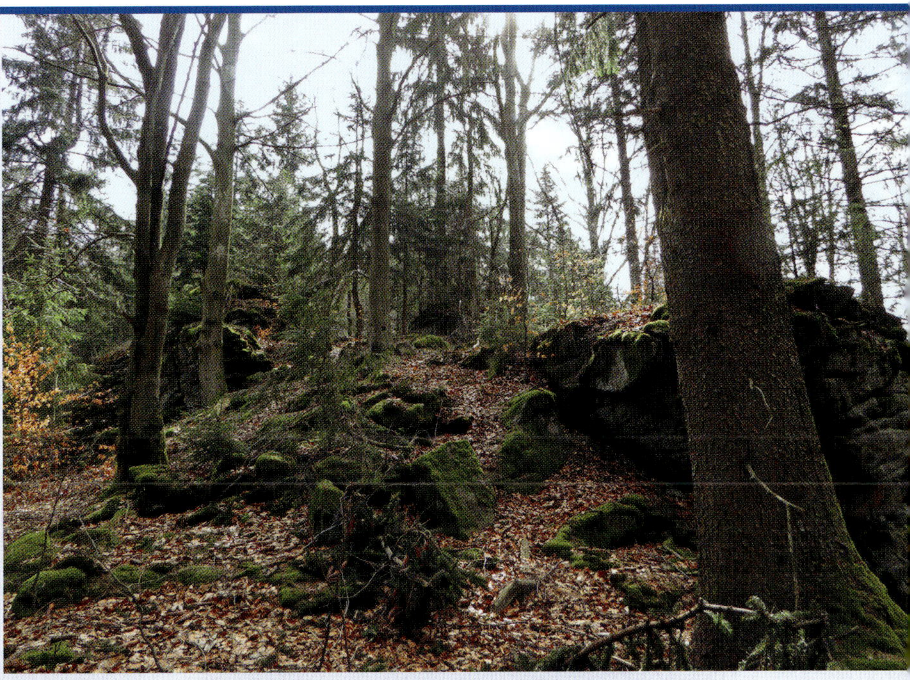

Waldwege zwischen Zierling und Kreuzhaus

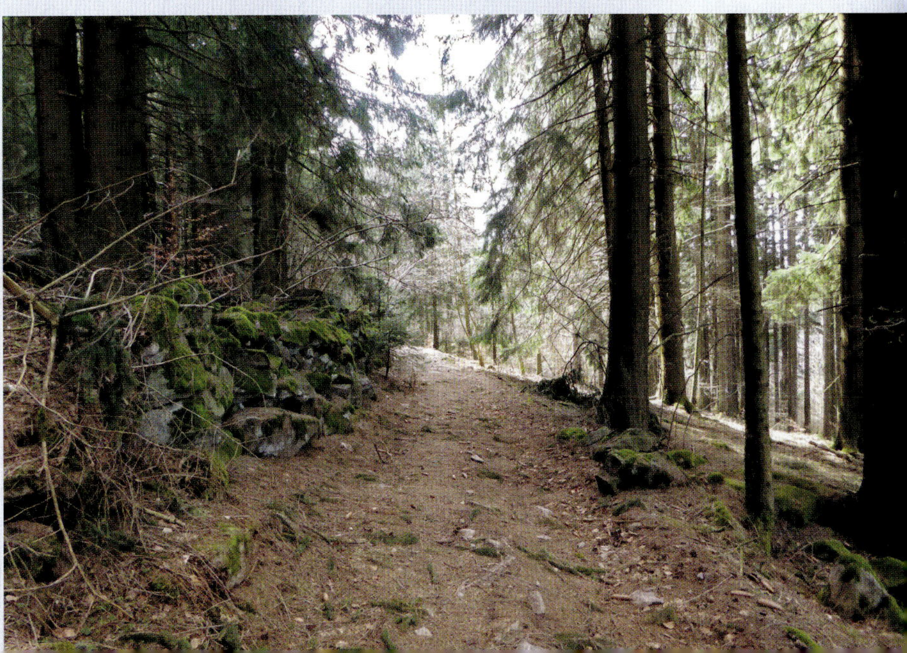

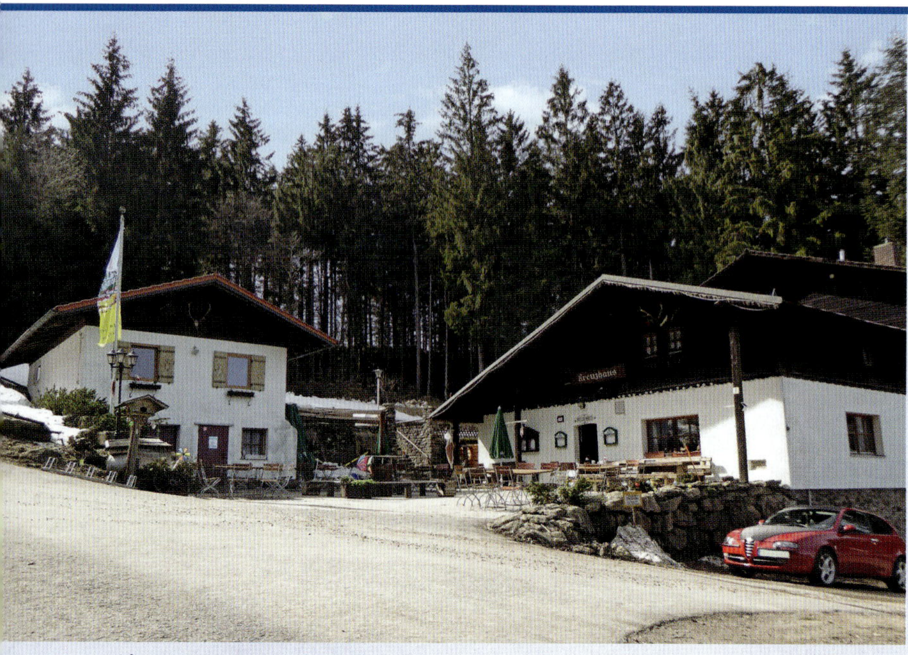

Kreuzhaus

Elisabethszell

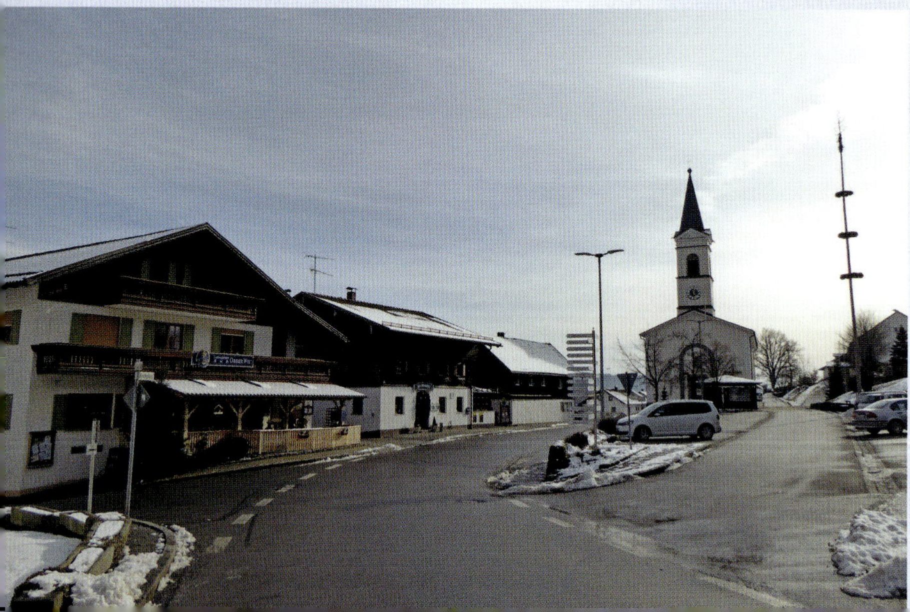

berg (797 m NHN). Am Waldende stehen wir auch schon vor dem Berggasthof Kreuzhaus ❷. Wir biegen hier rechts ab und folgen der Straße. Vorbei am Gipfelkreuz führt uns der Weg auch schon wieder nach links in ein weiteres Waldstück. Nach einem Kilometer auf wurzeligen Pfaden erreichen wir die Hansl-Hütte ❸, wo sich eine Rast anbietet. Dort befindet sich auch ein Goldsteigwegweiser. Wir folgen ab sofort der blauen Goldsteigmarkierung, die uns quer über den Parkplatz hinter der Hansl-Hütte führt. Nun beginnt der lange Abstieg über einen wurzeligen Weg hinab nach Elisabethszell. Wir überqueren eine Straße und auf einem Waldweg erreichen wir auch schon die ersten Häuser, wo wir uns links halten und nach ein paar Metern gleich wieder rechts. Über einen angenehmen Weg erreichen wir die Altenrieder Straße, wo wir uns wieder rechts halten. Wir haben Elisabethszell ❹ erreicht und auch hier bietet sich in einem der vielen Gasthäuser eine Rast an. Über die Straße Am Anger erreichen wir die große Staatsstraße, die wir überqueren und dann nach rechts in Richtung Friedhof wandern. Nun führt uns ein Wiesenweg hinaus aus dem Ort. Am Eichenweg halten wir uns rechts, es geht durch ein Gehöft und dann wieder auf einem Waldweg weiter. Nach einem halben Kilometer erreichen wir wieder eine kleine Nebenstraße, wo wir uns links halten und nach Lanzlberg kommen. Hier zweigt unsere blaue Goldsteig-Markierung wieder nach rechts ab und abermals folgen wir einem Waldweg. Am Waldesrand halten wir uns links und über einen Wiesenpfad geht es steil bergab. Unten angekommen halten wir uns links und dann gleich wieder rechts, bevor wir über einen kleinen Weg auf eine Straße treffen. Hier biegen wir nach links ab und vor uns liegt die Ortschaft Haibach ❺, welche ebenfalls wieder zu einer Rast einlädt. Die Markierung führt uns aber nicht direkt in die Ortschaft, sondern wir biegen am Ortsanfang nach rechts ab. Ein Pfad führt uns oberhalb des Friedhofs um Haibach herum. Am Ende des Pfades biegen wir nach rechts auf einen Feldweg, der uns zum

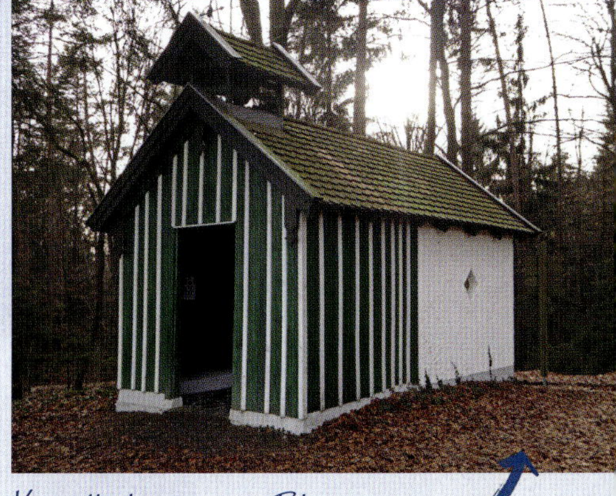
Kapelle kurz vor Blumern

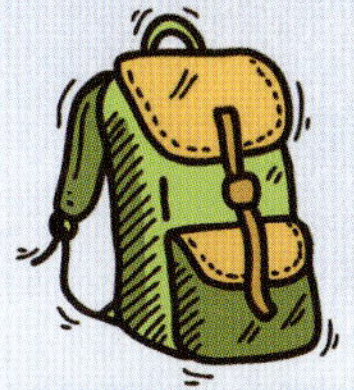

» Diese Goldsteigrunde macht Lust auf „mehr" Goldsteig-Wanderungen. «

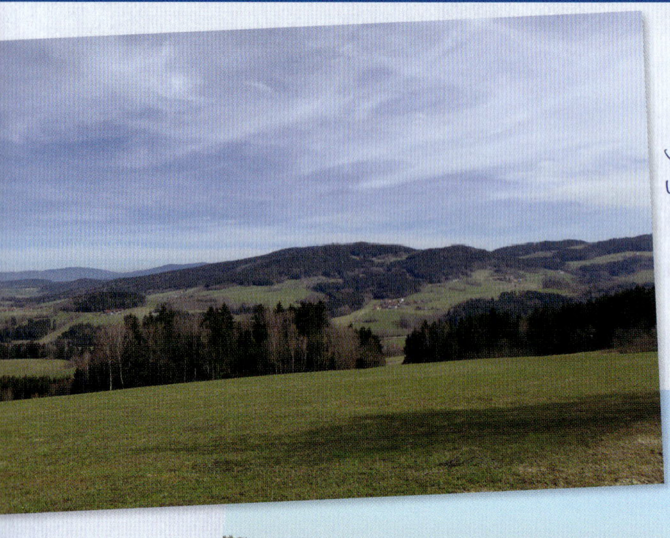

Schöne Aussichten von Blumern

Blick auf Konzell

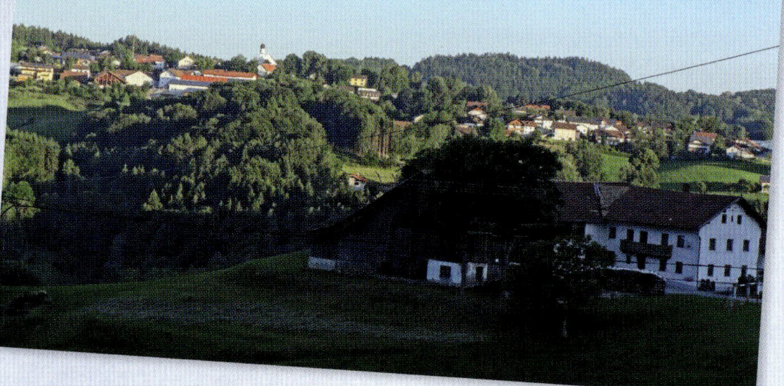

nächsten Waldstück führt. Dort halten wir uns wieder links und es geht bergab, bis wir die nächste Straße erreichen. Diese überqueren wir und ein Hangpfad führt uns nach Recksberg. Dort überqueren wir die Staatsstraße und nun beginnt der zweite längere Aufstieg des heutigen Tages. Ein schöner Weg führt uns in ein Waldstück, an dessen Ende wir nach links abbiegen. Nach 500 Metern halten wir uns wieder links und überqueren einen kleinen Bach. Wir erreichen Stockhaus und kurze Zeit später Glasberg, wo wir rechts abbiegen. Ein Waldweg und -pfad führt uns steil bergauf. Im Anschluss treffen wir auf eine kleine Kapelle und eine Rastbank mit schöner Fernsicht. Oberhalb der Ortschaft Pöslasberg erreichen wir wieder eine kleine Straße, halten uns dort links und sofort wieder links. Über einen herrlichen Pfad gelangen wir nach Blumern. Dort halten wir uns wieder kurz rechts und gleich wieder links führt uns ein Feldweg aus dem Ort hinaus. Vorbei an einem Wildtiergehege erreichen wir auf einem Waldweg eine größere Kreuzung. Dort befindet sich auch wieder ein Goldsteigwegweiser ❻ und wir wechseln nun wieder von der blauen auf die gelbe Goldsteigmarkierung in Richtung Denkzell. Über einen steinigen Waldweg geht es hinab. An einer Waldwiese angekommen, sehen wir auch schon eine schöne kleine Kapelle vor uns. Wir wandern an dieser vorbei und wechseln nach links auf einen Waldpfad. Über einen Wiesenweg erreichen wir ein altes Holzkreuz und halten uns hier rechts. Die Straße führt uns nach Denkzell, wo wieder ein Gasthof zu einer Rast einlädt. Am Ortsende halten wir uns rechts und folgen einer kleinen Straße. Nun heißt es aufpassen, denn nach dem zweiten Haus führt ein steiler Pfad nach links in den Wald hinein. Oben angekommen geht es im Zick-Zack durch kleine Waldstücke und Wiesen. Von hier oben haben wir auch schon die erste Sicht auf unser Ziel, die Ortschaft Konzell. Über einen Wiesenweg geht es hinab zur Straße, wo wir uns rechts halten. Gleich danach biegen wir nach links ab und sind nun in Konzell angekommen. Über die St.-Ulrich-Straße erreichen wir den Kirchplatz, biegen dort nach links auf die Pfarrgasse ab und einige Meter später erreichen wir wieder unseren Ausgangspunkt ❶.

Essen/Einkehren:

Berggasthof Kreuzhaus
Kreuzhaus 2, 94353 Haibach
Tel. 09963 8399969
Öffnungszeiten:
Mittwoch-Sonntag 10-22 Uhr,
Montag und Dienstag Ruhetag

Wandereinkehr Hansl-Hütte
Riedelswald 1, 94353 Haibach
Tel. 09963 290266,
Öffnungszeiten:
Samstag 11-22 Uhr und
Sonntag 11-19 Uhr

Zum Wirt Denkzell
Denkzell 36, 94357 Konzell
Tel. 09963 864
Öffnungszeiten: Mittwoch - Samstag
10-18 Uhr, Sonntag 10-22 Uhr,
Montag und Dienstag Ruhetag

Hotel „Mariandl – Singender Wirt"
Azoplatz 3, 94353 Elisabethszell
Tel. 09963 2990
Öffnungszeiten: täglich geöffnet

Gasthaus „Oberer Wirt"
Kirchplatz 6, 94353 Elisabethszell
Tel. 09963 463
Öffnungszeiten: Donnerstag ab 14 Uhr
Sonn- und Feiertage ab 11 Uhr

Gasthaus „Zum Kramerwirt"
Kirchplatz 4, 94353 Elisabethszell
Tel. 09963 1052
Öffnungszeiten:
Montag-Dienstag 16-22 Uhr,
Freitag-Samstag 11-22 Uhr,
Sonntag 9-22 Uhr, Mittwoch und
Donnerstag Ruhetag

Perlbachtal und Buchenberg am Baierweg

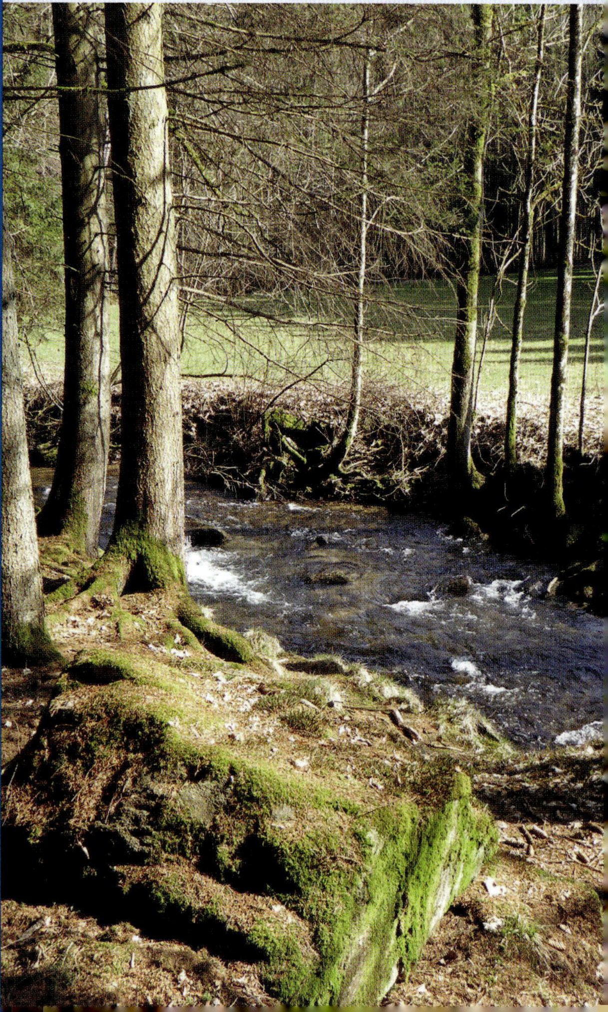

Mittel

9,6 km

↓↑ 208 m

3 Std.

Steinburg – Buchabergkapelle – Buchamühl – Taußersdorf – Schickersgrub – Perlbachtal – Steinburg

Auf dieser Runde erwarten uns herrliche Fernsichten, die mystische Buchabergkapelle und das wunderschöne Perlbachtal.

Markierung:
Der Rundweg ist wie folgt markiert: „Rot 9“, Baierweg, Windberger Pilgerpfad, „Rot 7“ und „Rot 9“

Parken:
Parkplatz in der Seitenstraße neben dem Feuerwehrhaus und direkt am Bogenbach (Navi: Steinburg, 94336 Hunderdorf)

Tourist-Information:
Hauptstraße 2
94362 Neukirchen
Tel. 0 99 61 / 91 02 10

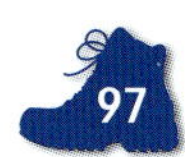

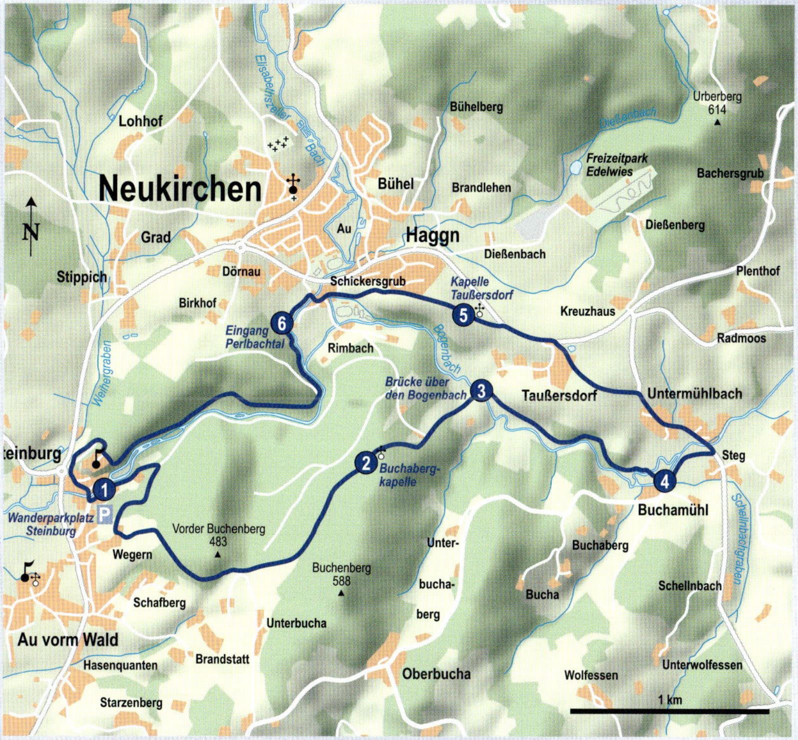

1. Wanderparkplatz in Steinburg – Start/Ziel
2. Buchabergkapelle
3. Brücke über den Bogenbach
4. Buchamühl
5. Kapelle nach Taußersdorf
6. Eingang Perlbachtal

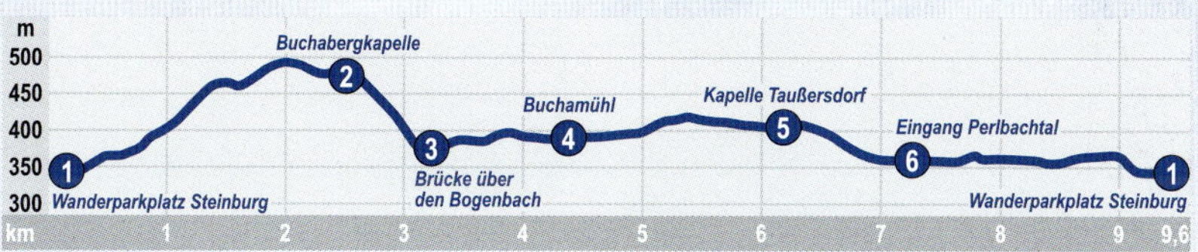

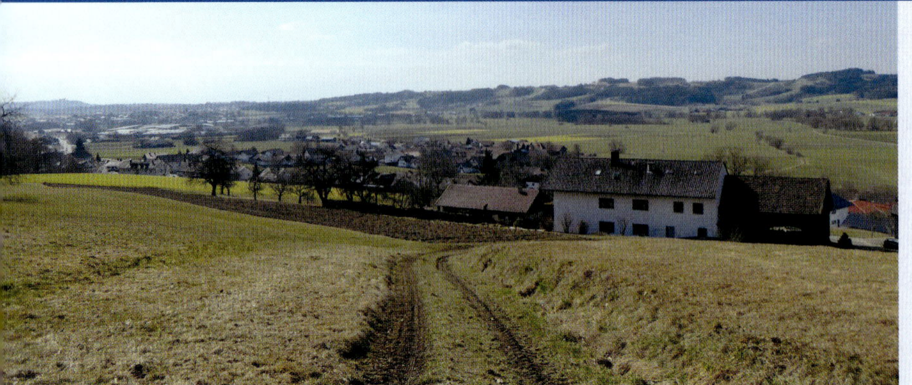

Blick auf Wegern

Diese Rundwanderung beginnt am Wanderparkplatz am Bogenbach unweit des Feuerwehrhauses ❶. Wir folgen ab hier der Markierung Rot 9 und wandern nun ein paar hundert Meter auf einem Waldweg am Bogenbach entlang. Kurz darauf erreichen wir den Baierweg, dem wir nach rechts folgen. Es geht nun 160 Höhenmeter hinauf auf den Vorderen Buchenberg mit 483 m Höhe. Wir verlassen den Wald, biegen nach links ab und gehen durch einen Bauernhof. Weiter bergauf treffen wir auf ein altes Wiesenkreuz, traditionelle Totenbretter und eine kleine Mariengrotte. Von hier hat man einen weiten Blick hinunter ins Tal und auf Hunderdorf. Es geht nun wieder in den Wald hinein, wo wir uns rechts halten und weiter den Berg hinaufwandern. Kurz darauf erreichen wir eine Sitzbank bei einem Baierweg-Wegweiser direkt neben der Straße. Hier verlassen wir den Baierweg und folgen nun dem Windberger Pilgerpfad, kurz WP genannt. Es geht weiter bergauf und wir sehen an einem Baum auch schon ein Schild, das uns auf die „Bucha-

Start in Steinburg

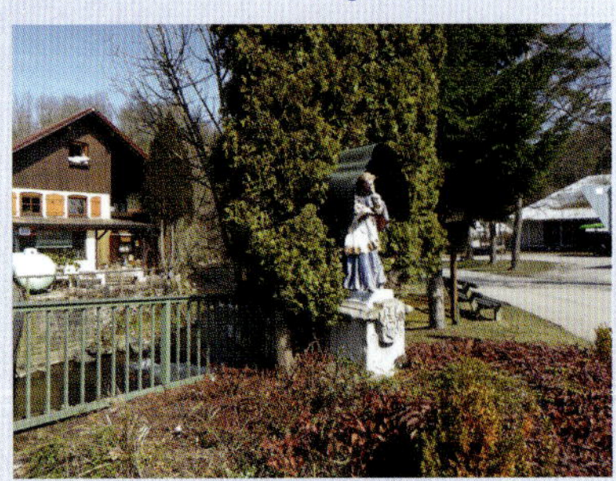

Totenbretter oberhalb Wegern

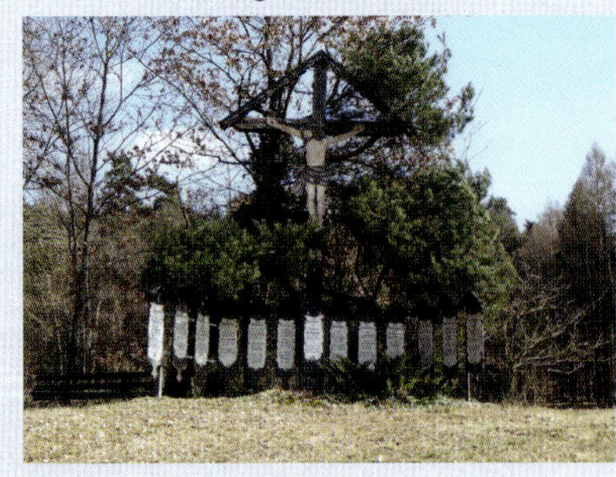

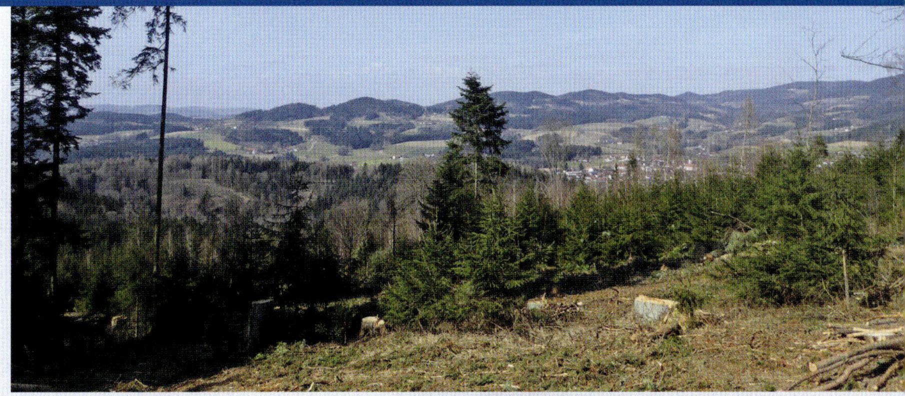
Aussicht vom Buchenberg

bergkapelle" hinweist. Wir folgen dem Weg „WP" und es geht wieder in den Wald hinein. Auf diesem Abschnitt genießen wir beeindruckende Blicke in das Tal. Mitten im Wald treffen wir auf die mystische Buchabergkapelle ❷. Irgendwo auf dem Berg stand einst eine Burg, leider findet man heute keine Überreste mehr – ein Pfarrer aus dem 19. Jahrhundert berichtete darüber. Evtl. war es aber auch eine „Fliehburg", in der sich die Bewohner des Tals im Krieg versteckten. Eine andere Legende berichtet, dass sich die Mönche aus Windberg in dieser Fliehburg versteckten. Kurz nach der Kapelle treffen wir wieder auf eine Wanderwegkreuzung. Wir gehen geradeaus den Berg hinunter. Ein Hinweisschild des Windberger Pilgerpfads weist uns den Weg. Im Abstieg selber ist allerdings keine Markierung vorhanden, immer geradeaus dem Weg nach unten folgen. Wir kommen linkerhand an einem einzelnen Hof vorbei und sehen im Tal schon eine Brücke ❸, die über den Bogenbach führt. Direkt nach der Brücke treffen wir das zweite Mal auf den Baierweg. Dieser

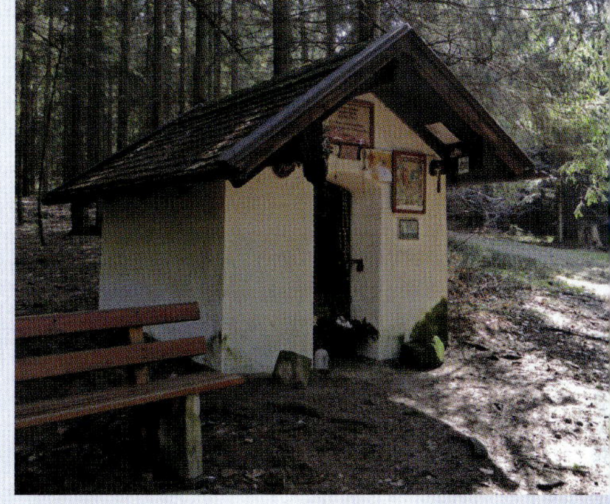
Buchabergkapelle

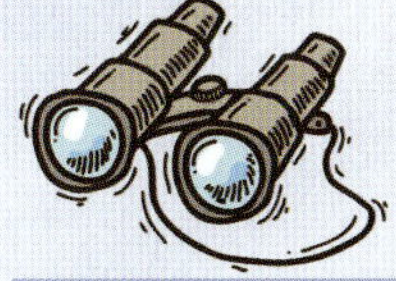

» Die Buchabergkapelle hat etwas Mystisches und eine bewegte Geschichte. «

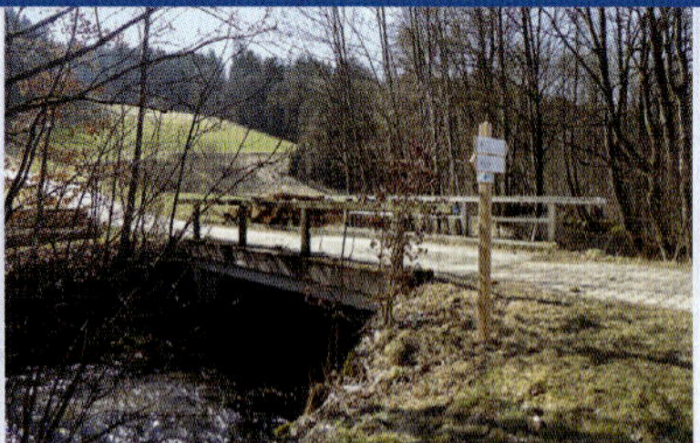

Brücke bei Taußersdorf

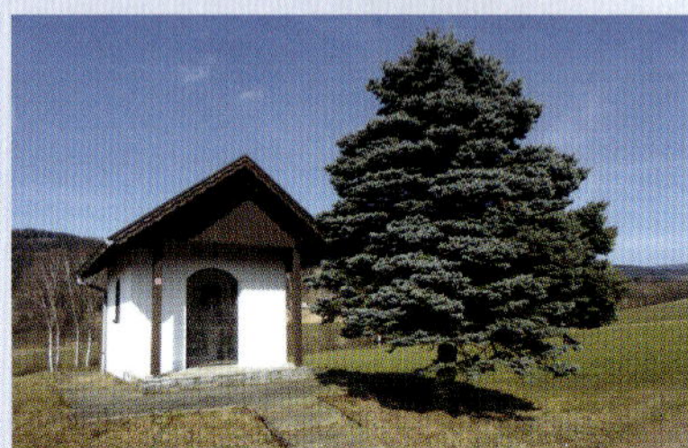

Wiesenkapelle
oberhalb Neukirchen

verläuft nun parallel mit dem WP. Es geht nach rechts über die Wiese und kurz darauf führt uns ein Pfad weiter. Immer am Bogenbach entlang, mal über Pfade, mal über Wiesen, geht es auf dem Baierweg weiter. Nachdem wir zwei kleine Holzbrücken am Bauernhof Buchamühl ④ überquert haben, folgen wir der Straße nach links. Nach weiteren 100 Metern erreichen wir eine Straßenkreuzung an einem Trafohäuschen. Hier verlassen wir den Baierweg und folgen der Straße nach links. Der Weg ist nun mit „Rot 7" markiert. Es geht vorbei an der Angermühl nach Untermühlbach. Wir wandern durch den Ort und ca. 100 Meter nach dem Ortsschild geht es links auf einen Feldweg. Auf der Anhöhe haben wir einen fantastischen Blick über Taußersdorf nach Neukirchen. Es geht am Ort vorbei und wir erreichen eine Straße, der wir über einen Radweg nach links folgen. Es sind nur einige Meter und dann geht es nach links auf einen Feldweg. Der Weg führt an einer schönen Kapelle ⑤ mitten auf einer Wiese vorbei. Kurz darauf erreichen wir den Ortsrand von Neukirchen. Es geht nun wieder leicht bergab und wir sehen den Sportplatz. Hier treffen wir ein drittes Mal auf den Baierweg und folgen diesem nun nach rechts in

Essen/Einkehren:

Steinburger Hof
Steinburg 32, 94336 Hunderdorf
Tel. 09661 942030,
Öffnungszeiten:
Dienstag-Freitag 16-22 Uhr,
Samstag+Sonntag 11-22 Uhr

Landgasthof „Zum Hieblwirt"
Haggn 6, 94362 Neukirchen
Tel. 09961 217
Öffnungszeiten:
Donnerstag-Montag 8-23 Uhr,
Dienstag und Mittwoch Ruhetag

Gasthaus Café „Auerhof"
Auf der Au 10, 94362 Neukirchen
Tel. 09961 1532
Öffnungszeiten:
Dienstag-Samstag ab 16 Uhr,
Montag, Sonntag u. Feiertag geschlossen

Reiterhof Schober
Auf der Au 12, 94362 Neukirchen
Tel. 09661 385
Öffnungszeiten: Täglich 12-20 Uhr

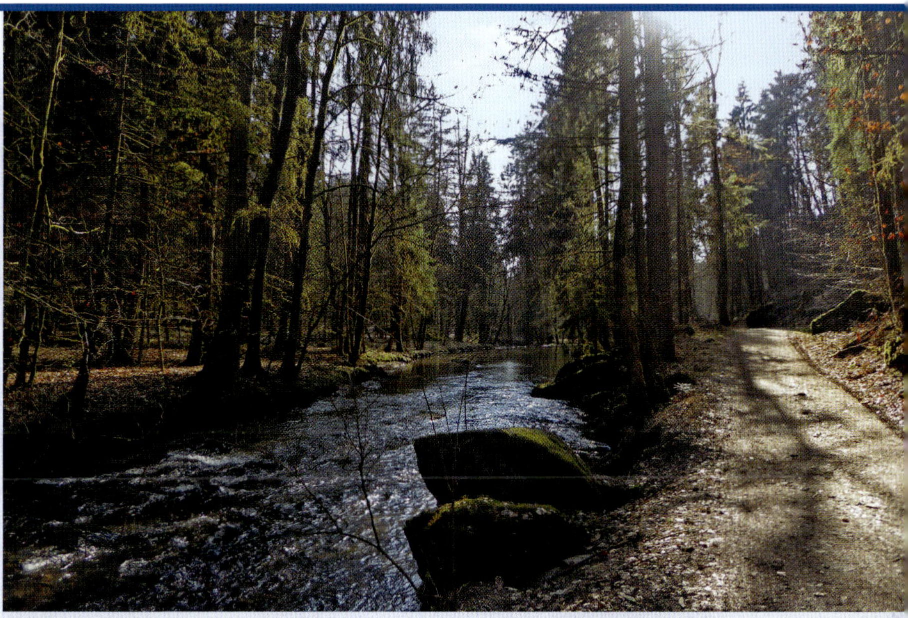

Impressionen vom Perlbachtal

den Ortsteil Haggn. Vorbei am Sägewerk und einem alten Holzhaus geht es über eine Brücke und wir biegen hier nach links ab. Wir sind nun am Eingang des Perlbachtals ❻ angekommen, wo wir auch kurze Zeit später auf eine Infotafel treffen, die uns Wissenswertes über das Perlbachtal erklärt. Kleine Stromschnellen, Sandbänke und ein schöner Pfad

Altes Holzhaus in Haggn

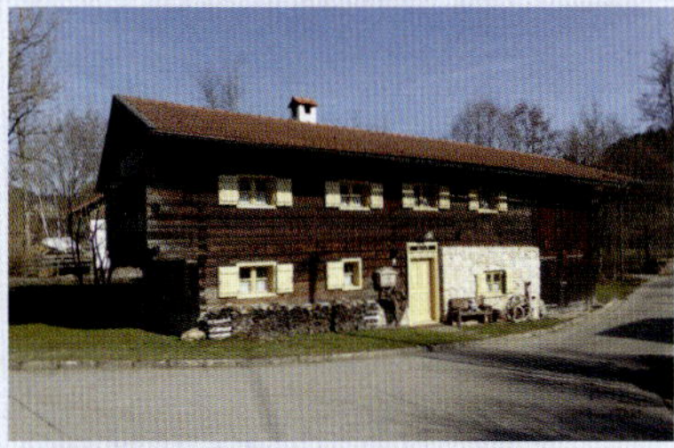

begleiten uns durch das Tal. Einen guten Kilometer nach der Infotafel erreichen wir die Brücke über den Bogenbach. Diese überqueren wir aber nicht, sondern wandern geradeaus weiter. Wir verlassen hier den Baierweg wieder und folgen nun bis zum Ende der Markierung „Rot 9“. Es geht eine kleine Anhöhe hinauf und wir haben den letzten schönen Blick hinunter auf den Bogenbach. Nach einer Kurve stehen wir vor dem Schloss von Steinburg. Der Weg führt um das Schloss herum und dann über die Straße den Hügel hinab. Unten angekommen treffen wir auf einen Parkplatz und gehen nach links in den Ort hinein (unterhalb des Schlosses). Wir folgen der Straße für 200 Meter, biegen nach der Brücke am Feuerwehrhaus nach links ab und stehen wieder an unserem Startpunkt ❶.

Hadriwa Höhenweg

Mittel

10,1 km

↓↑ 230 m

3 Std.

Maibrunn – Schuhchristleger – Kreuzhaus – Hansl-Hütte – Hadriwa – Oberhaag – Maibrunn

Der Hadriwa-Höhenweg bietet kleine Kraxeleinlagen, schöne Fernsichten und viele Gasthäuser am Weg für eine Rast.

Markierung:
Über „Rot 10“, „Rot 5“, „Rot 9“ und auf der Straße zum Kreuzhaus, Goldsteig gelb bis Riedelswald, dann Hadriwa Höhenweg und über „Rot 5“ und „Rot 10“ zurück nach Maibrunn.

Parken:
In Maibrunn gibt es bei der Einfahrt zum WaldWipfel-Weg einen sehr großen Parkplatz (Navi: Maibrunn, 94379 Sankt Englmar).

Tourist-Information:
Rathausstr. 6
94379 Sankt Englmar
Tel. 0 99 65 / 84 03 20

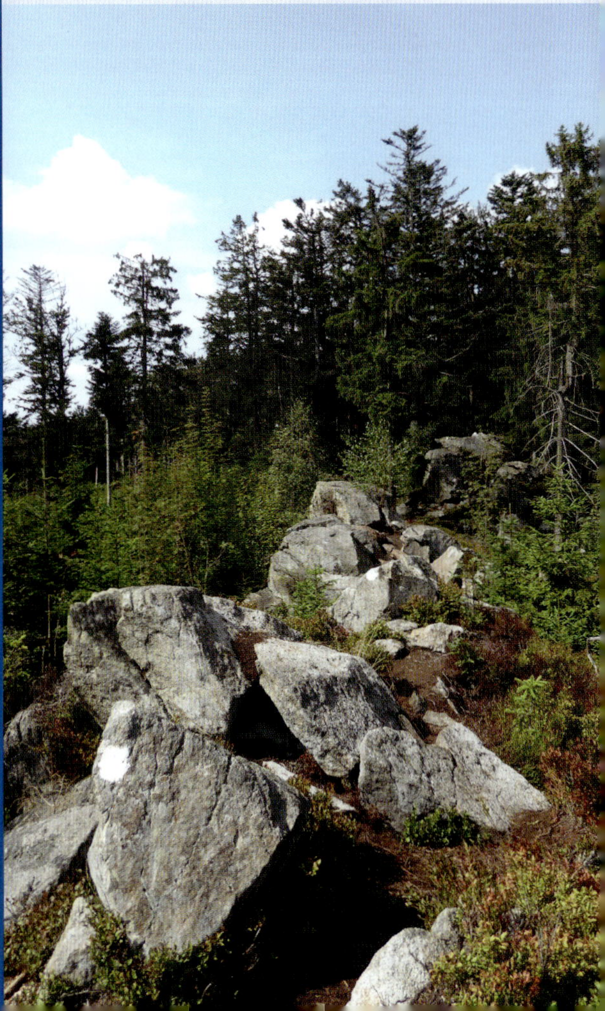

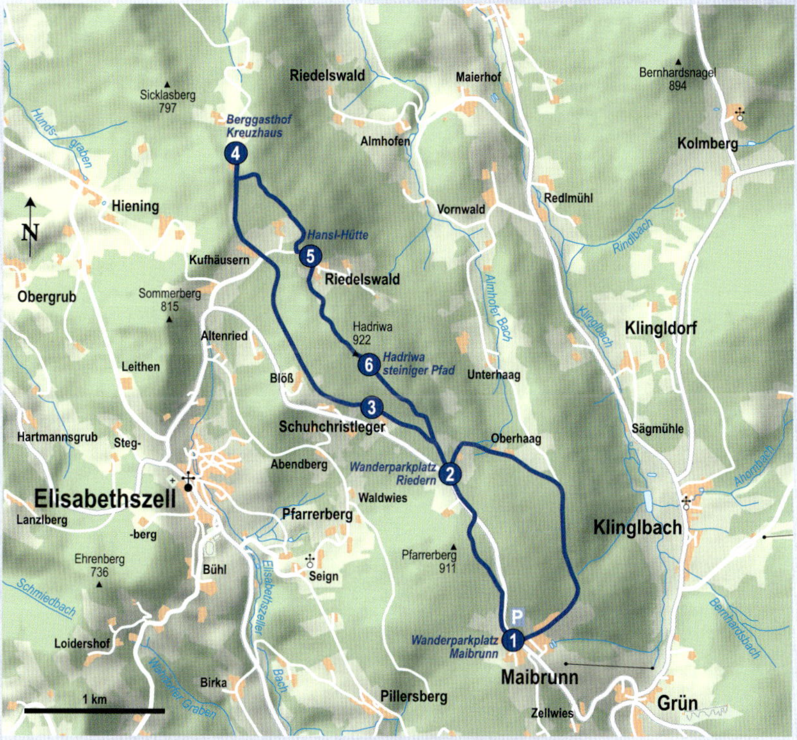

1. Maibrunn/Wanderparkplatz – Start/Ziel
2. Wanderparkplatz Riedern
3. Schuhchristleger
4. Kreuzhaus
5. Hansl-Hütte
6. Hadriwa – steiniger Pfad

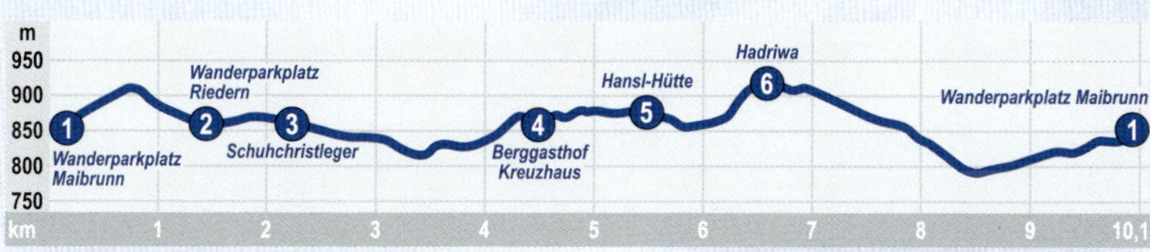

Dieser unglaubliche Rundweg über den Hadriwa bietet viele Kraxeleinlagen und imposante Fernsichten. Wir starten unsere Tour am Parkplatz des Eingangs zum WaldWipfelWeg ❶. Wir folgen ab hier der Markierung „Rot 10", die uns die Straße bergauf aus dem Ort hinausführt. Über einen Wiesen- und später einen Waldpfad wandern wir um den Pfarrerberg herum und treffen wieder auf die Straße, welche wir überqueren. Hier halten wir uns links und folgen dem Pfad bis zum Wanderparkplatz Riedern ❷. Ab hier folgen wir der Markierung „Rot 5". Wir halten uns links und folgen dem Waldweg bis nach Schuhchristleger ❸. Hier lohnt sich ein Abstecher zur Sonnenterasse des Gasthofs auf ein kühles Getränk. Danach folgen wir weiter der Markierung „Rot 5" und erreichen Blöß, wo wir auf die Markierung „Rot 9" wechseln. Ein Waldweg bringt uns immer weiter den Berg hinauf. Am

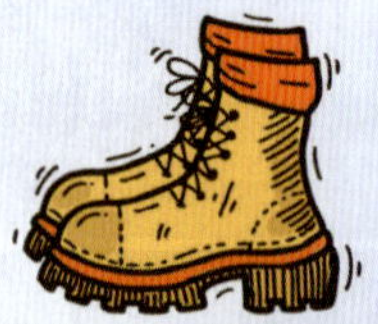

» Der Hadriwa-Höhenweg ist ein riesiger Kraxelspaß für große und kleine Bergziegen! «

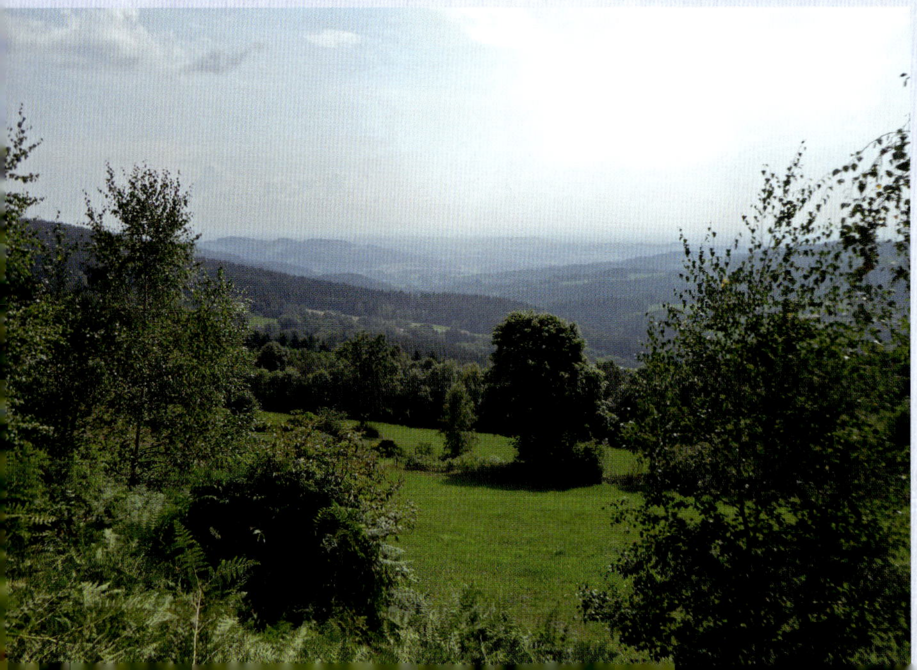

Ausblick bei Schuhchristleger

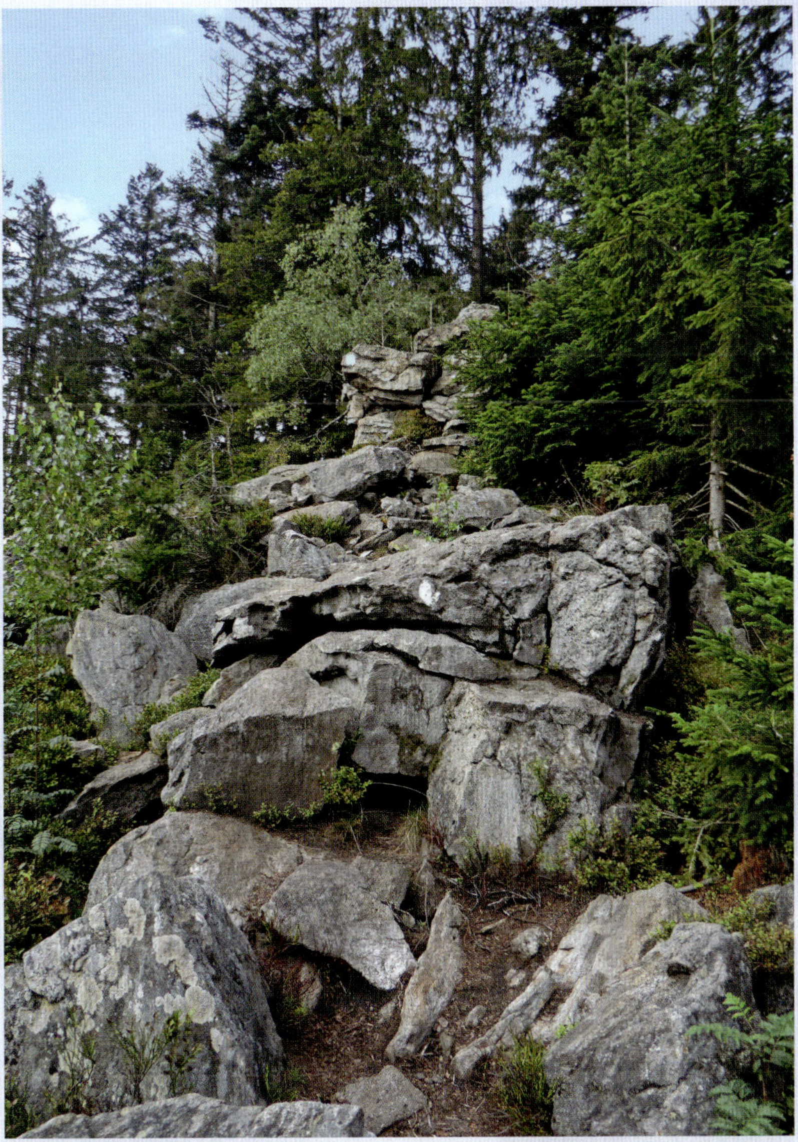

Es gibt immer zwei Varianten – über die bizarren Felsen kraxeln oder auf leichteren Wegen darum herumgehen.

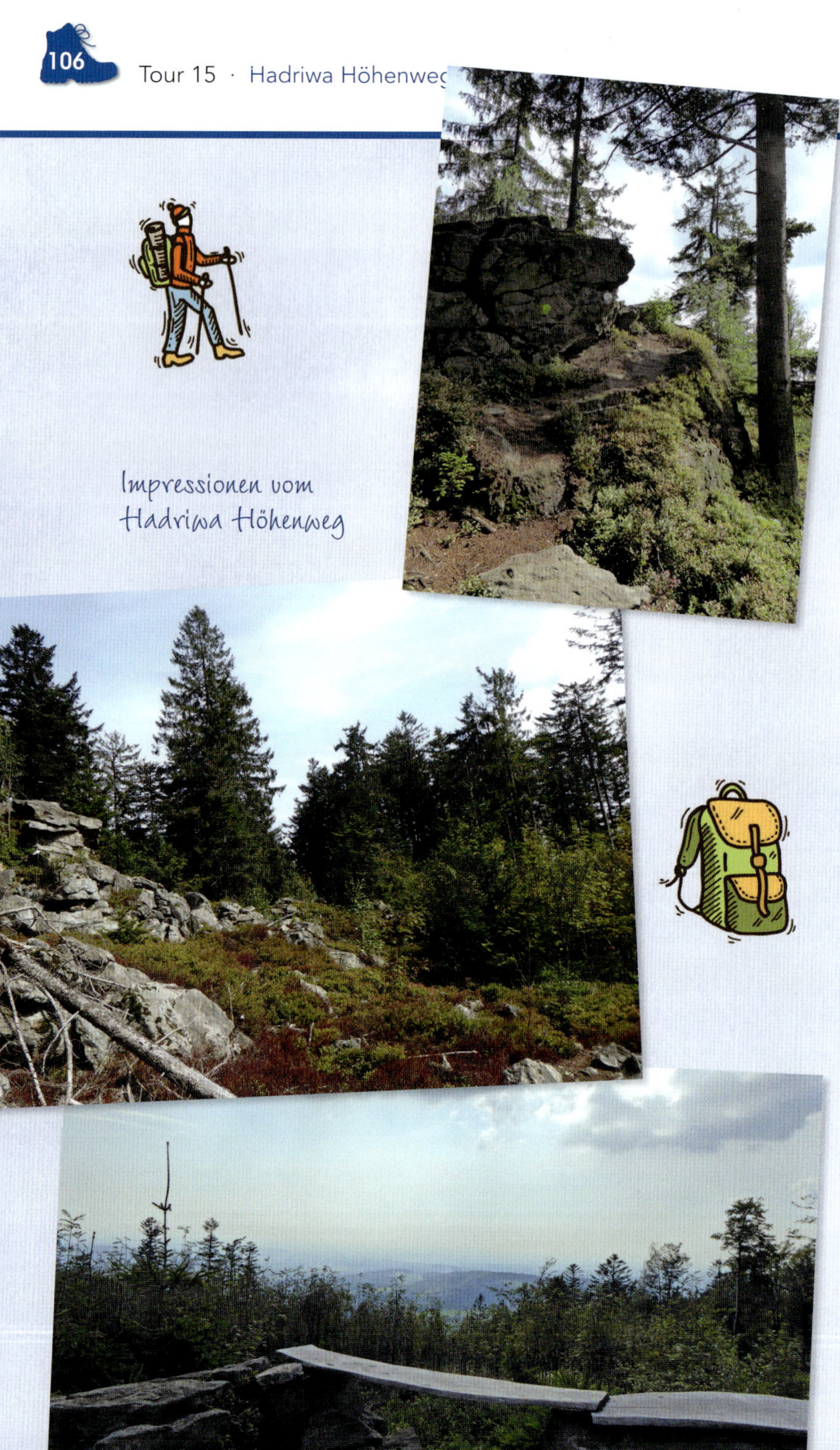

Impressionen vom Hadriwa Höhenweg

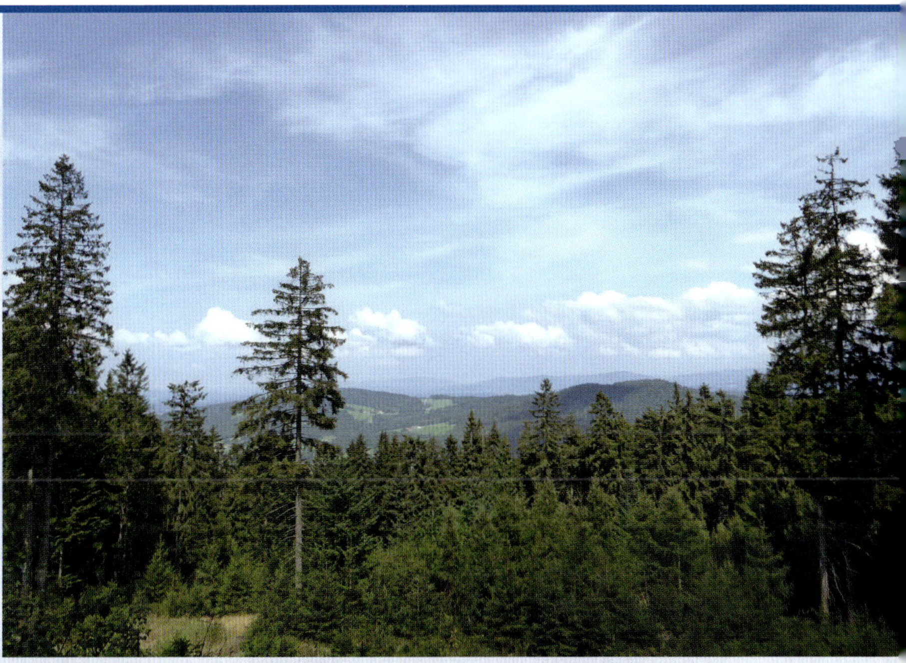

Ausblick vom Hadriwa-Gipfel

Waldesrand erreichen wir die Straße bei Kufhäusern. Hier gehen wir geradeaus weiter (keine Markierung) und folgen der Straße immer bergauf. Kurz nach dem höchsten Punkt erreichen wir den Bergasthof Kreuzhaus ❹ mit Terrasse und fantastischer Aussicht. Es geht wieder ein paar Meter zurück, dann biegen wir nach links ab und folgen nun dem „gelben Goldsteigsymbol“. Über urige Waldwege und Pfade erreichen wir nach einem Kilometer die Wandereinkehr Hansl-Hütte ❺, wo sich eine Rast anbietet. Wir folgen weiter dem „gelben Goldsteigsymbol“ und es geht die Straße bergab Richtung Riedelswald. Hier biegen wir nach rechts ab und folgen nun dem „grünen Dreieck“. Am Waldrand biegen wir nach rechts ab und folgen dem Hinweisschild „Hadriwa-Höhenweg – nur für Geübte“ ❻. Alternativ kann man gerade aus weiterwandern, denn die beiden Varianten treffen wieder aufeinander. Wir gehen aber den „schwierigen“ Weg, der uns vorbei an unzähligen Felsformationen und Aussichtspunkten zum Gipfel-

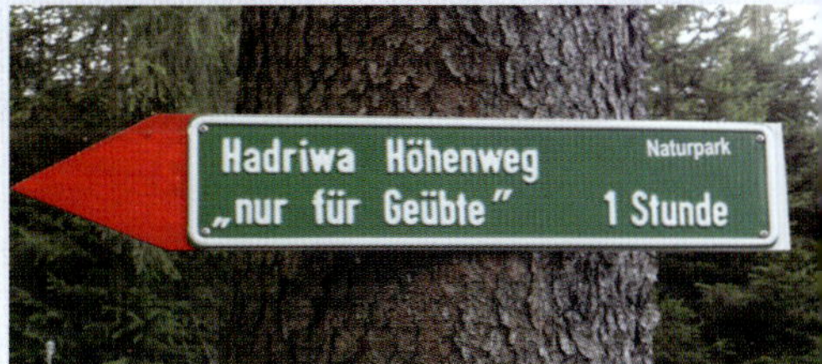

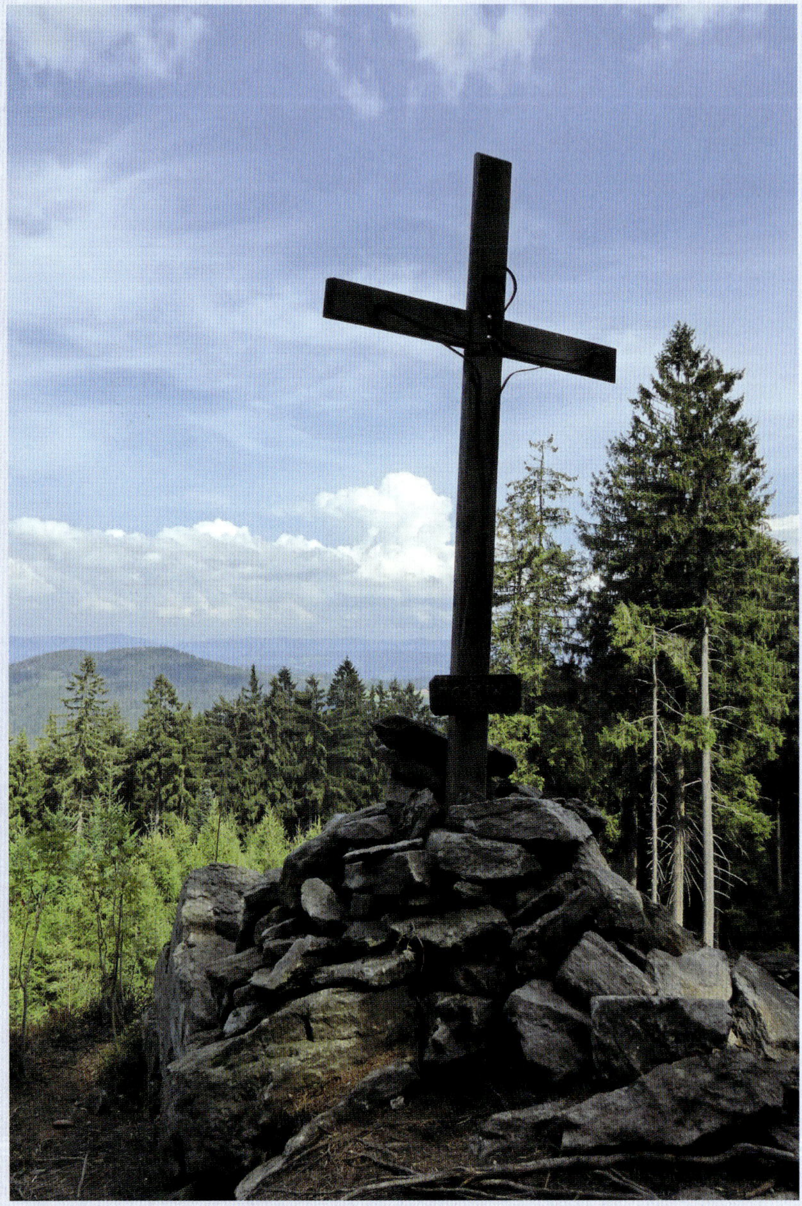

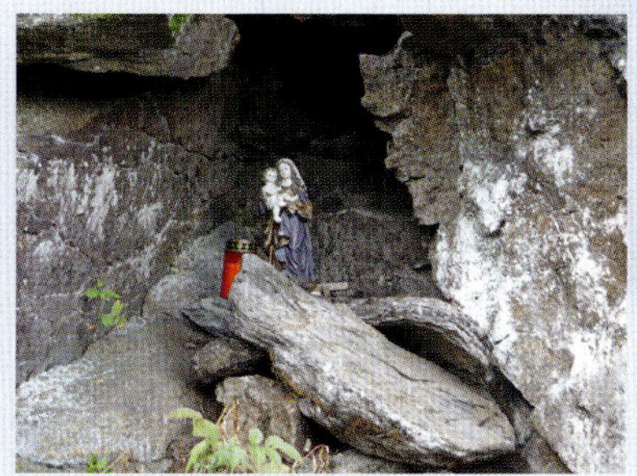

Mariengrotte unterhalb des Hadriwa-Gipfelkreuzes

kreuz des Hadriwa führt. Die „Kraxelei" macht richtig Spaß. Wem das allerdings zu anstrengend ist, der kann die schwierigen Stellen einfach umgehen. Es gibt immer eine Alternative zu den felsigen Abschnitten. Der Weg selbst ist nur mit Punkten markiert und folgt immer dem Höhenrücken des Hadriwa. Nach einem Kilometer auf diesem wunderschönen Pfad treffen wir wieder auf einen breiteren Weg (hier trifft man auch wieder auf den „einfachen" Weg) und wir folgen ab hier wieder der Markierung „grünes Dreieck". Nach 600 Metern erreichen wir den Wanderparkplatz Riedern ❷, den wir beim Hinweg bereits kennengelernt hatten. Wir biegen hier scharf links ab und folgen nun der Markierung „Rot 5". Es geht nun richtig steil bergab, wir kommen an Oberhaag und kurze Zeit später am Naturfreunde-Haus vorbei. Auf einem Feldweg wandern wir nun wieder zurück nach Maibrunn. Hierzu halten wir uns immer rechts und treffen auf die Markierung „Rot 10", die uns hinein nach Maibrunn führt. Kurze Zeit später stehen wir auch schon wieder auf der großen Straße und sehen von hier bereits auf der linken Seite den Parkplatz ❶, von dem aus wir gestartet sind. Jetzt lohnt sich aber noch zum Abschluss ein Besuch im WaldWipfelWeg, der nur einige Meter weiter am anderen Ende des Parkplatzes liegt.

Essen/Einkehren:

Berghotel Maibrunn
Maibrunn 1, 94379 Sankt Englmar
Tel. 09965 8500
Öffnungszeiten Restaurant:
täglich 12-14 Uhr und 18-20 Uhr

Gästehaus Monika mit Terrassencafé
Schuhchristleger 2, 94353 Haibach
Tel. 09965 712
Öffnungszeiten:
Samstag-Montag und an Feiertagen

Berggasthof Kreuzhaus
Kreuzhaus 2, 94353 Haibach
Tel. 09963 8399969
Öffnungszeiten:
Mittwoch-Sonntag 10-22 Uhr,
Montag und Dienstag Ruhetag

Wandereinkehr Hansl-Hütte
Riedelswald 1, 94353 Haibach
Tel. 09963 290266,
Öffnungszeiten:
Samstag 11-22 Uhr und
Sonntag 11-19 Uhr

Nagelsteiner Wasserfälle

Mittel

11,3 km

↓↑ 429 m

4 Std.

Grün – Grünmühl – Hof – Weiße Marter – Kager – Nagelsteiner Wasserfälle – Grünmühl – Grün

Die Tour führt zu den spektakulären Nagelsteiner Wasserfällen und bietet imposante Talblicke.

Markierung:
Von Grün auf der „Grün 7“ nach Grünmühl, von Grünmühl auf „Grün 6“ bis Hof, auf „Rot 2“ bis zur Weißen Marter, auf „Rot 19“ nach Kager und auf „Grün 7“ wieder zurück nach Grünmühl und nach Grün.

Parken:
Auf einem der vielen Parkplätze im Ort Grün (Navi: Grün, 94379 Sankt Englmar).

Tourist-Information:
Rathausstr. 6
94379 Sankt Englmar
Tel. 0 99 65 / 84 03 20

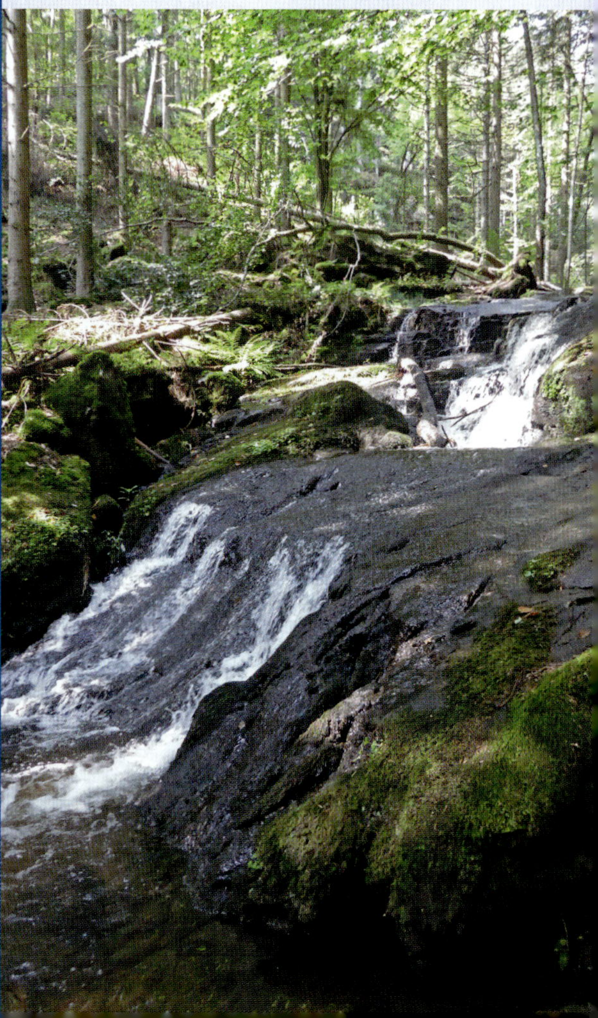

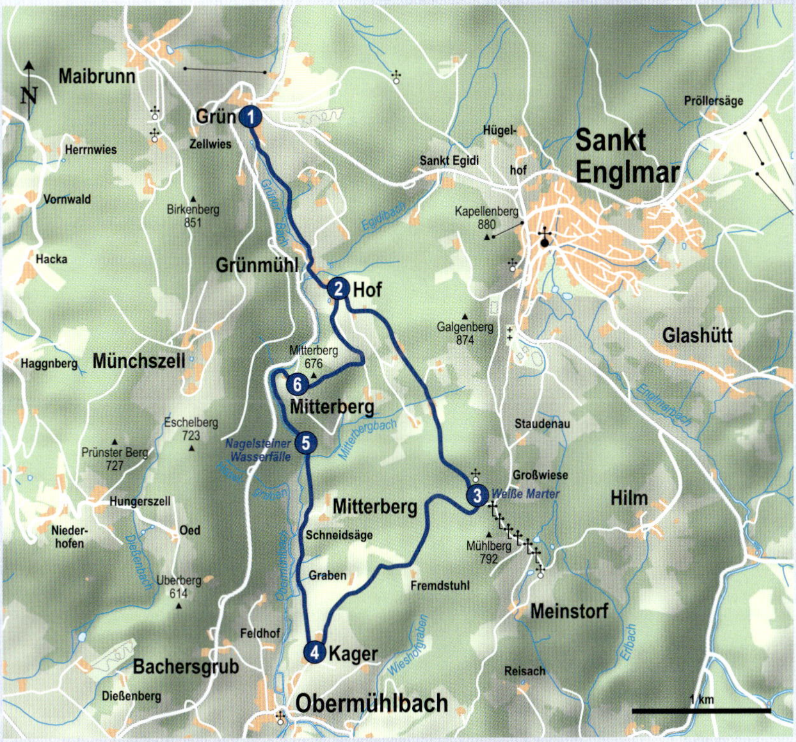

1 Grün - Start/Ziel

2 Hof

3 Weiße Marter

4 Kager

5 Nagelsteiner Wasserfälle

6 Mitterberg

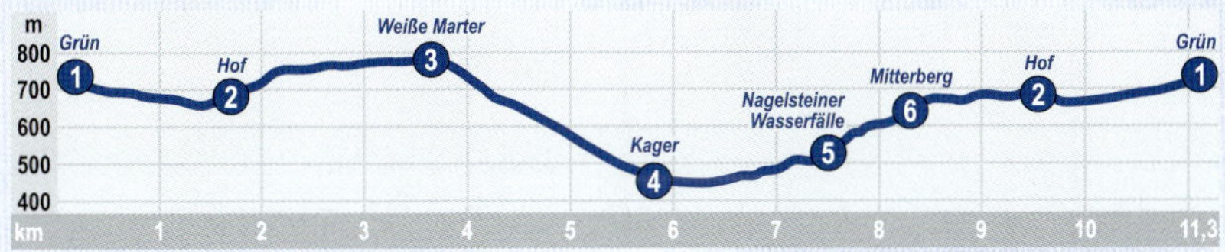

Wir starten unsere Tour im Ort Grün ❶ und queren in der scharfen Kurve die Straße und folgen der Markierung „Grün 7“, die uns anfangs über eine Straße und dann über einen Schotterweg hinab ins Tal zum kleinen Ort Grünmühl führt. Hier wechseln wir für kurze Zeit auf die Markierung „Grün 6“. Über eine kleine Straße erreichen wir Hof ❷ und folgen nun der Markierung „Rot 2“, wo wir nach dem nächsten Bauernhof nach links abbiegen und steil bergauf gehen. Von hier hat man schöne Blicke in das Tal, während wir der kleinen Straße bis in den Wald hinein folgen. Kurzzeitig geht es auf einem Schotterweg weiter und dann wieder auf der kleinen Straße durch den Wald an einem Hang entlang.

Wir kommen an zwei Häusern vorbei und erreichen nach guten zwei Kilometern die Kapelle Weiße Marter ❸. Hier soll ein Pater auf der Flucht vor den Schweden im Jahr 1634 zu Tode gekommen sein und zu seinen Ehren wurde die Kapelle errichtet. Lasst euch von der sehr ungewöhnlichen Figur des

Weiße Marter

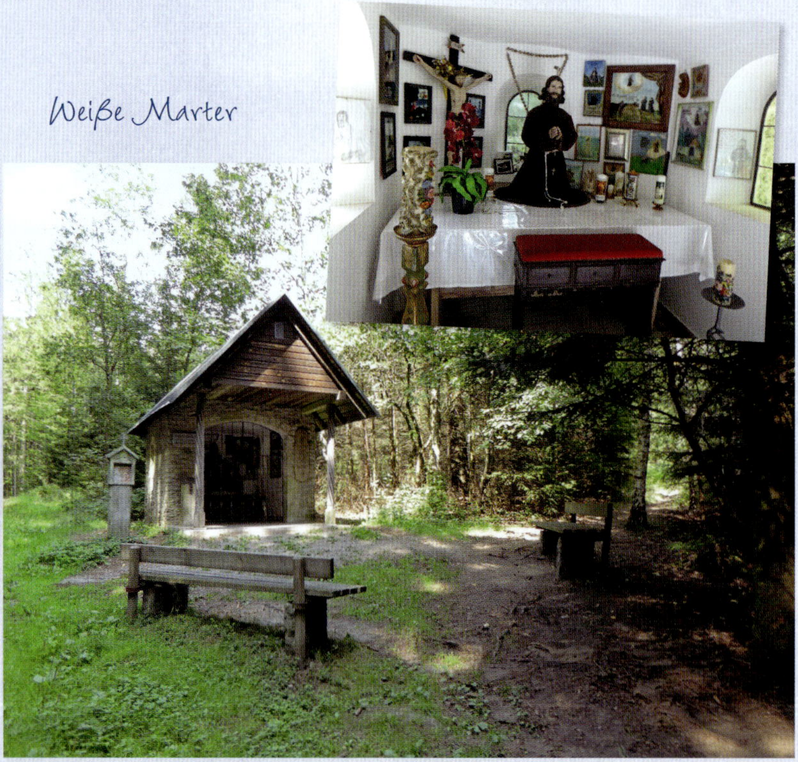

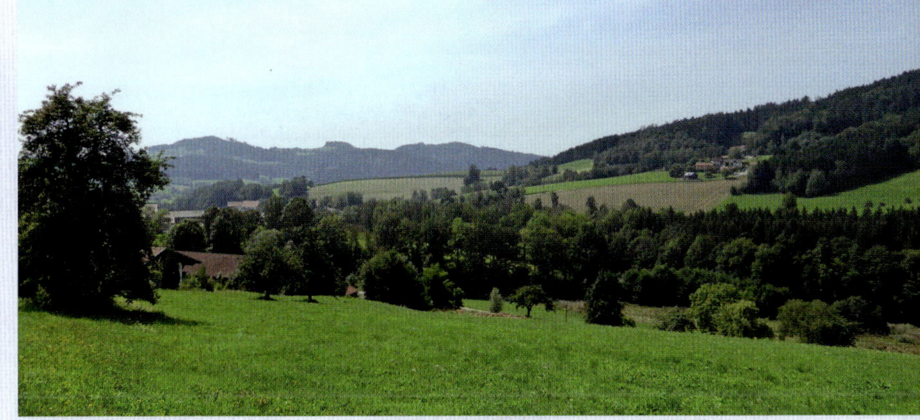

Ausblicke kurz vor Kager

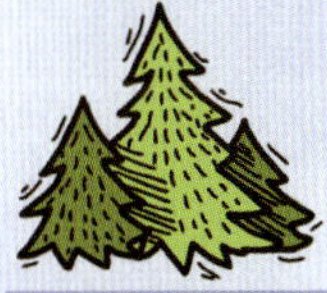

» Lasst euch von der Geschichte der Weißen Marter überraschen. «

Paters im Innenraum überraschen. Ab hier folgen wir der Markierung „Rot 19" und biegen nach rechts ab. Auf einem Pfad geht es steil nach unten, gute 300 Höhenmeter bergab liegen vor uns. Im Wald biegen wir zweimal links ab und über Waldwege erreichen wir wieder eine kleine Straße, von welcher wir einen imposanten Blick ins Tal haben. Es geht nach links weiter und kurze Zeit später erreichen wir Kager ❹. An der Kreuzung biegen wir nach rechts ab und folgen nun bis zum Ende der Tour der Markierung „Grün 7". Auf einem Pflasterweg wandern wir bis zur Schneidsäge. Ein paar Meter bergauf biegen wir nach links ab und folgen einem kleinen Pfad, der uns am Obermühlbach entlang führt. Jetzt geht es weiter bergauf und wir überqueren nach kurzer Zeit den Mitterbergbach, wo wir schon die ersten kleinen Wasserfälle bewundern können. Hier beginnt auch der spektakulärste Teil der Strecke. Einen guten Kilometer folgen wir einem steilen Pfad, der uns durch die Nagelsteiner Wasserfälle ❺ führt. Über unzählige Wasserfälle stürzt hier der Obermühlbach ins Tal hinab. Es gibt etliche schöne Plätze, an denen man direkt zum Bach gehen und das Rauschen des Wassers genießen kann. Kurze Zeit später erreichen wir eine Brücke und sehen auf der anderen Seite weit oben das „Goldene Himmelstor", ein mit hellgrünem Moos bewachsener Felsen, der im Sonnenlicht golden leuchtet. Wir wandern auf dem Pfad weiter bergauf und folgen

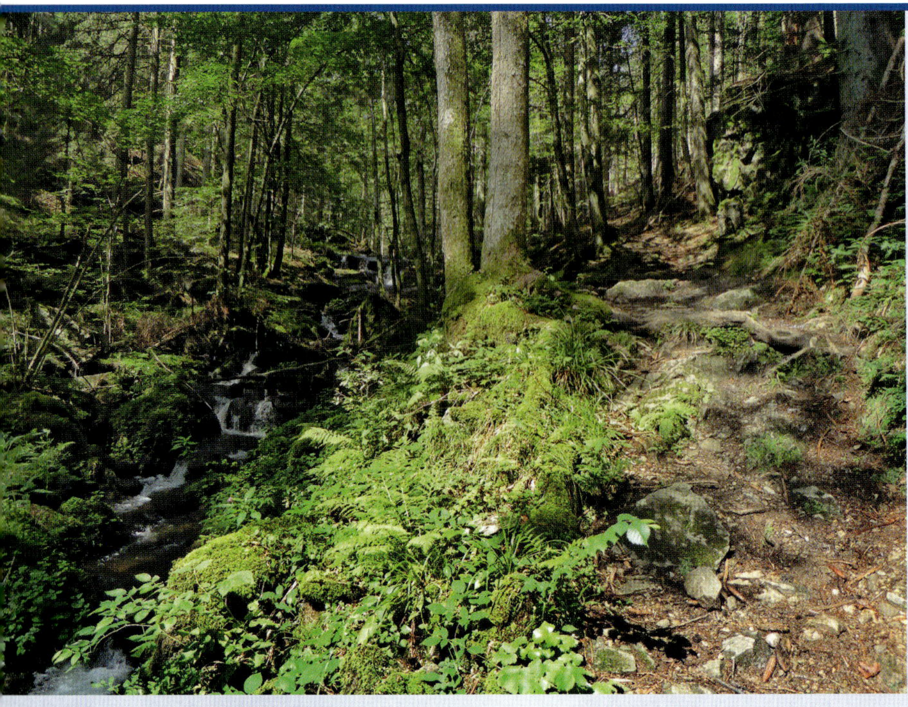

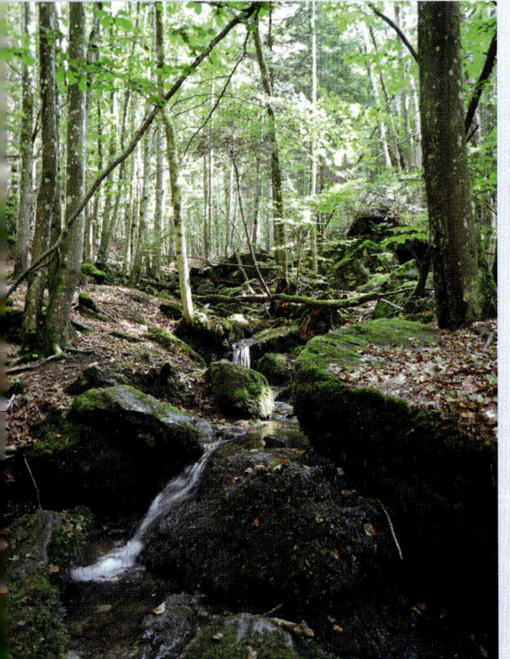

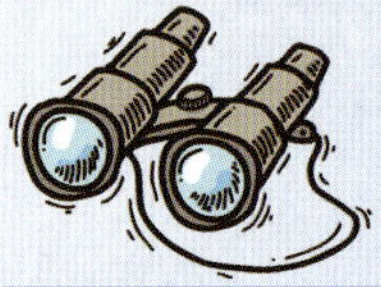

»In einem kleinen Naturschauspiel stürzt der Obermühlbach über unzählige Wasserfälle ins Tal.«

immer dem Obermühlbach. Wir treffen bei Mitterberg ❻ auf eine kleine Straße, die wir bei den beeindruckenden Totenbrettern überqueren. Über einen Waldweg geht es weiter bergauf und kurz bevor wir den Mitterberg (676 m NHN) erreichen, können wir auf einer Wiese noch einmal eine imposante Sicht hinab ins Tal genießen. Am Ende des Waldes erreichen wir eine Wiese und sehen von hier auch schon diejenigen Ortschaften, welche wir am Anfang unserer Tour durchwandert haben. Der Weg führt am Waldrand entlang und wir treffen auf eine Straße, wo wir uns links halten. Auf einem Pfad und über die Straße erreichen wir wieder den Ort Hof ❷ und biegen nach links ab. Nach einigen Metern erreichen wir Grünmühl und folgen nun wieder dem bereits bekannten Weg mit der Markierung „Grün 7" hinauf zu unserem Startpunkt in Grün ❶, wo unsere Tour begonnen hat.

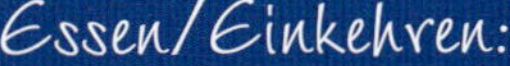

Zum Kramerwirt
Grün 1, 94379 Sankt Englmar,
Tel. 09965 591,
Öffnungszeiten: Mi, Do, Fr, Sa, So
jeweils 10 - 22 Uhr

Gasthof Reiner
Grün 8, 94379 Sankt Englmar,
Tel. 09965 596,
Öffnungszeiten: So - Di ab 11 Uhr,
Mi - Sa ab 17 Uhr

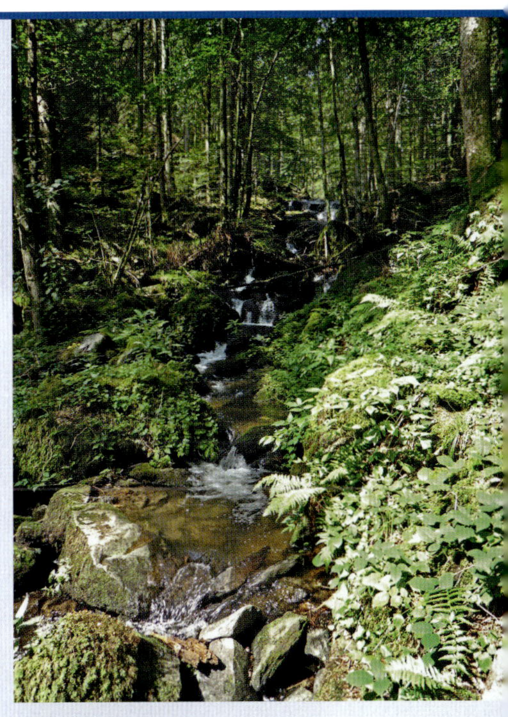

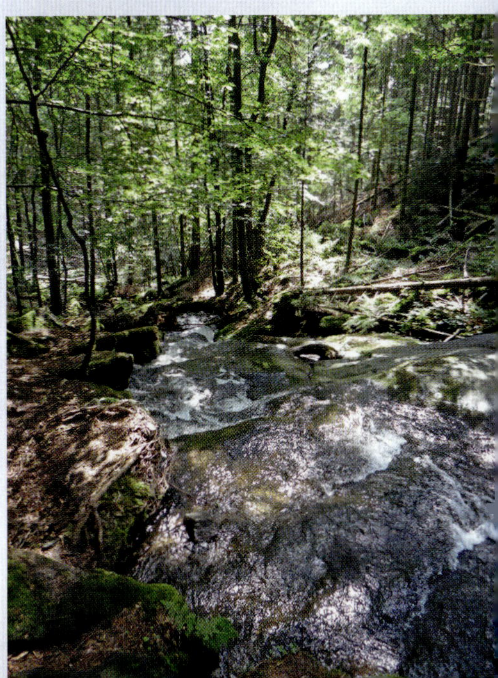

Drei-Gipfel-Tour

Knogl, Hochberg und Predigtstuhl

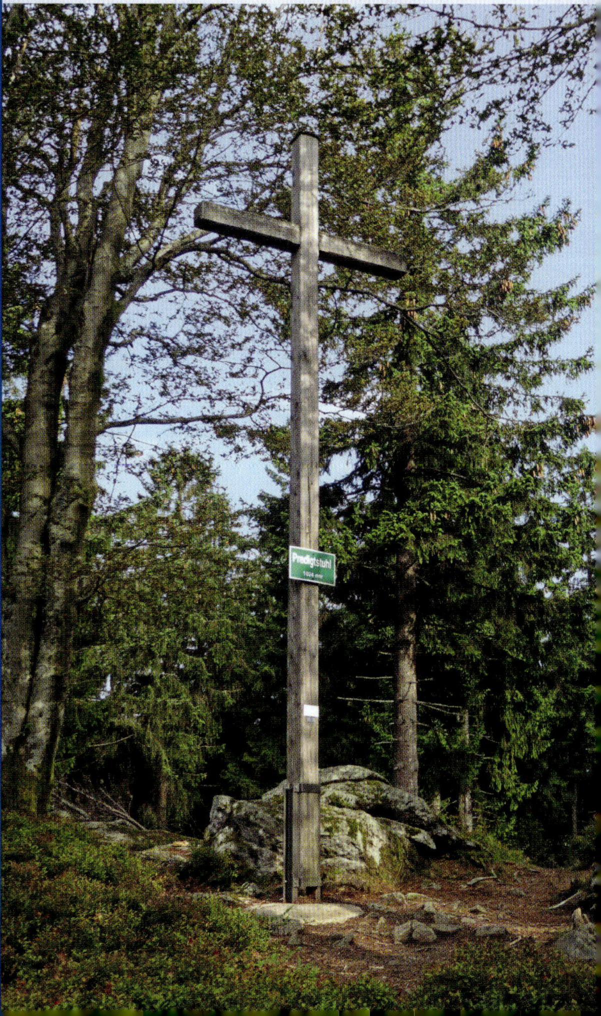

Leicht

5,2 km

↓↑ 151 m

2 Std.

Sankt Englmar – Knogl – Hochberg – Predigtstuhl – Sankt Englmar

Super Tour mit drei Gipfeln auf nur gut 5 Kilometern Länge sowie hinauf zum höchsten Punkt der Gemeinde Sankt Englmar: dem Knogl.

Markierung:
Vom Wanderparkplatz über „Rot 6", ein kurzes Stück zum Knoglsteig unmarkiert. Vom Knogl über den Goldsteig zurück zum Start (dazwischen ein kleiner unmarkierter Abstecher zum Hochberg).

Parken:
Wanderparkplatz an der Kreuzung der Viechtacher Straße / Am Predigtstuhl (Navi: Am Predigtstuhl, 93479 Sankt Englmar).

Tourist-Information:
Rathausstr. 6
94379 Sankt Englmar
Tel. 0 99 65 / 84 03 20

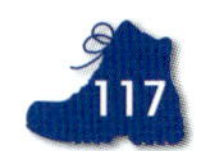

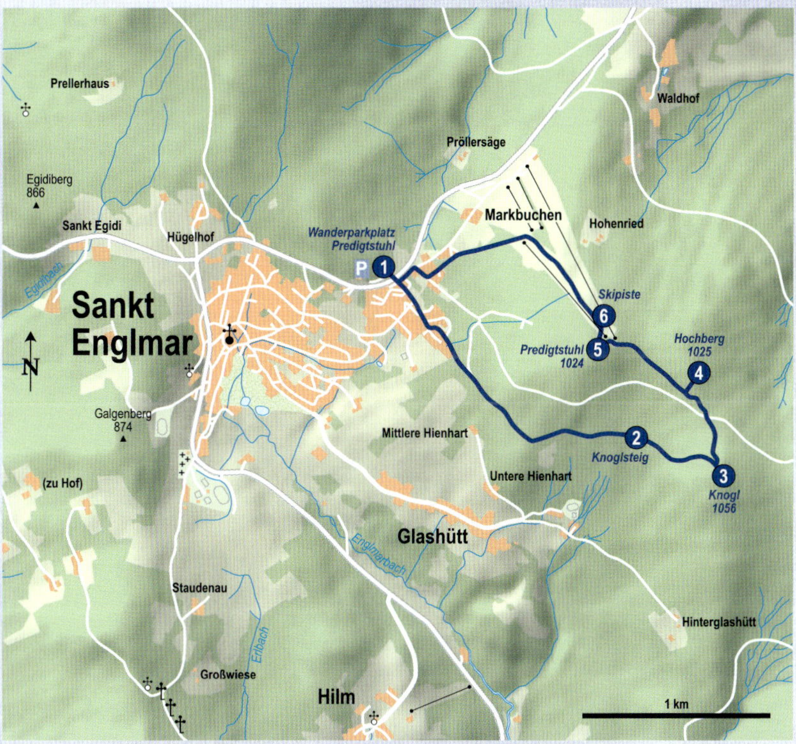

1. Wanderparkplatz Predigtstuhl Start/Ziel
2. Knoglsteig
3. Knogl
4. Hochberg
5. Predigtstuhl
6. Skipiste

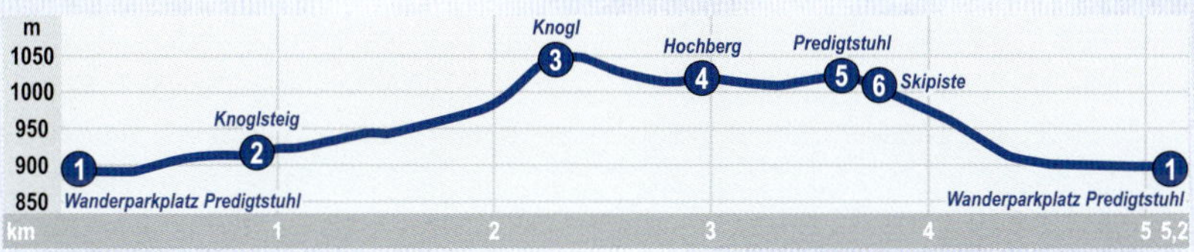

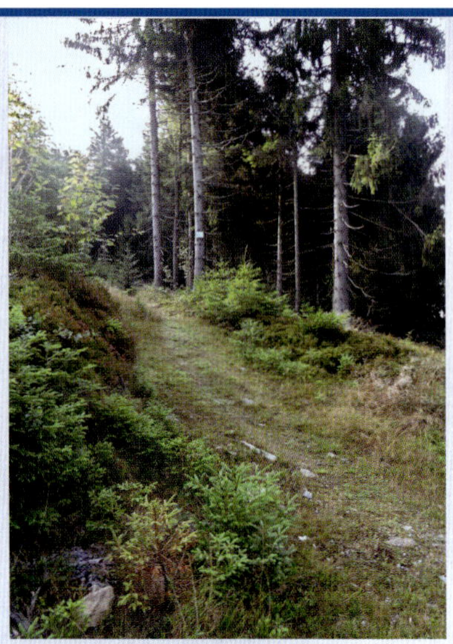

Beginn des Knoglsteigs

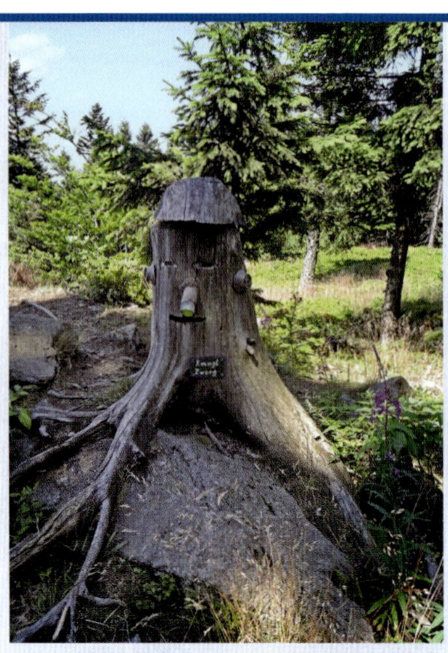

Der Knogl Zwerg

Unsere Tour führt uns heute auf den höchsten Punkt der Gemeinde Sankt Englmar, den Knogl (1056 m NHN). Wir starten am Wanderparkplatz Predigtstuhl ❶, überqueren die Staatsstraße und es geht hinein nach Sankt Englmar. Wir folgen der Markierung „Rot 6", die uns auf der Straße „Am Predigtstuhl" entlang führt. Vorbei an vielen Gaststätten und Hotels erreichen wir am Ortsrand einen Wald und folgen nun dem Waldweg. Nach knapp 200 Metern treffen wir auf eine größere Wanderwegkreuzung und gehen hier geradeaus auf einem Forstweg weiter. Dieser Abschnitt ist anfangs noch mit dem „Wolfgangsweg" markiert, der aber einige Meter später nach rechts abzweigt. Wir bleiben auf dem nun nicht mehr markierten Forstweg und gehen geradeaus weiter. Es beginnt nun ein sanfter Aufstieg und wir wandern durch ein schönes Waldstück bis zum höchsten Punkt des Forstweges. Hier befindet sich ein großer Wendeplatz

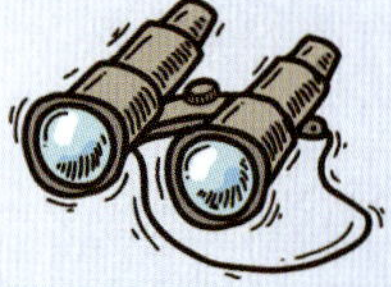

» Räuberhöhle, Knoglsteig und den höchsten Berg der Gemeinde Sankt Englmar gilt es auf dieser Tour zu entdecken! «

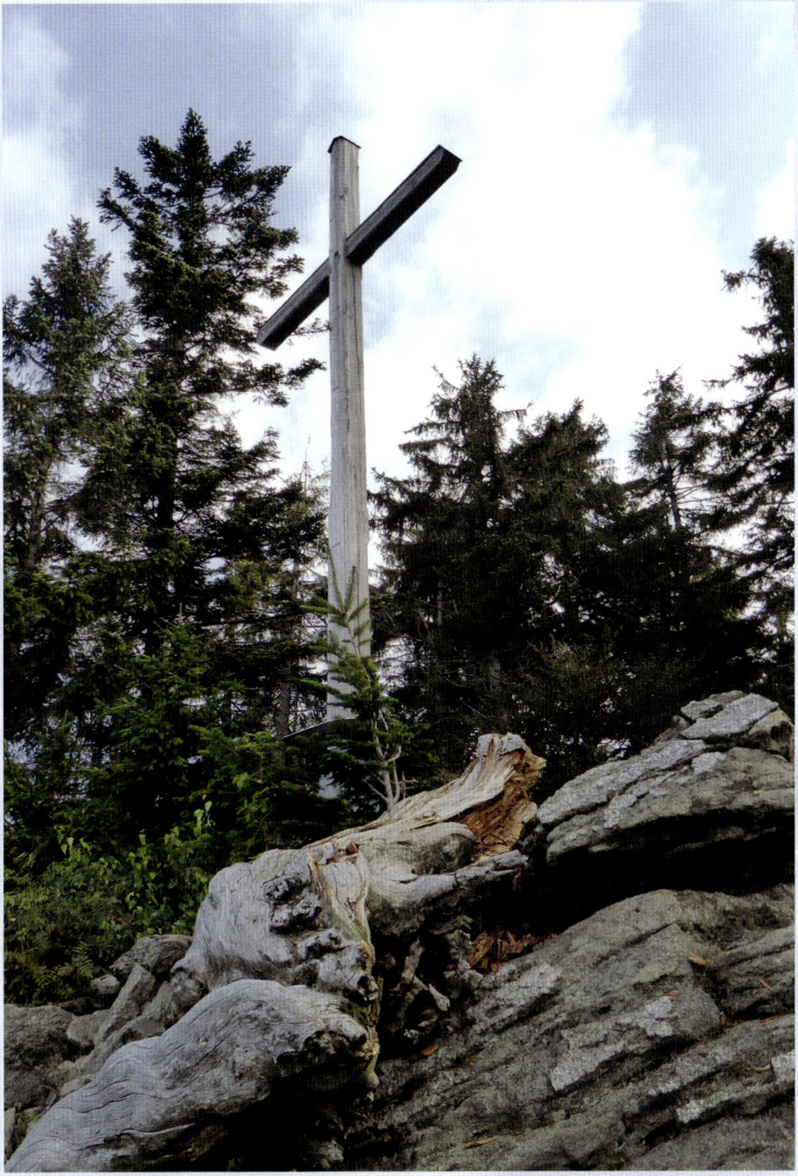

Knogl-Gipfelkreuz

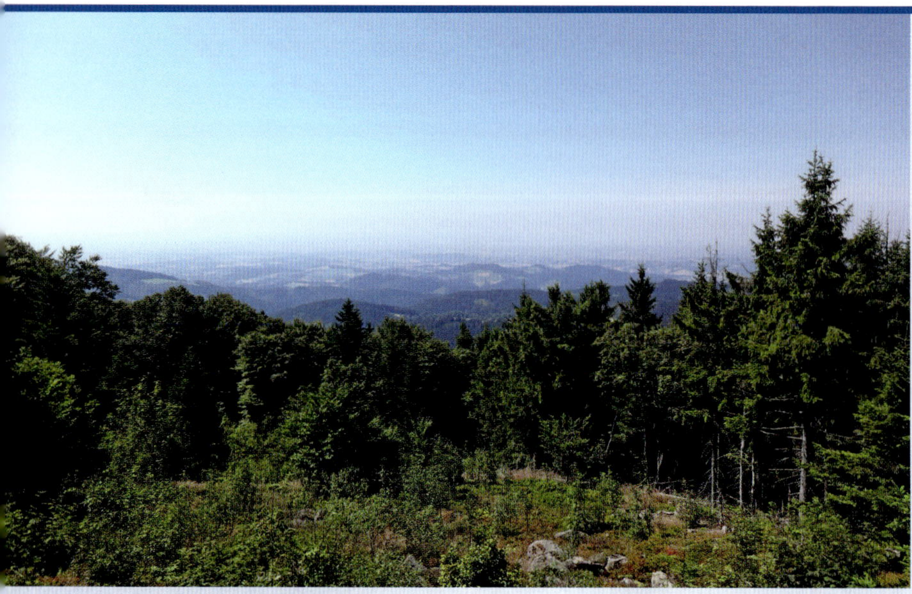

Blick vom Knogl ins Tal

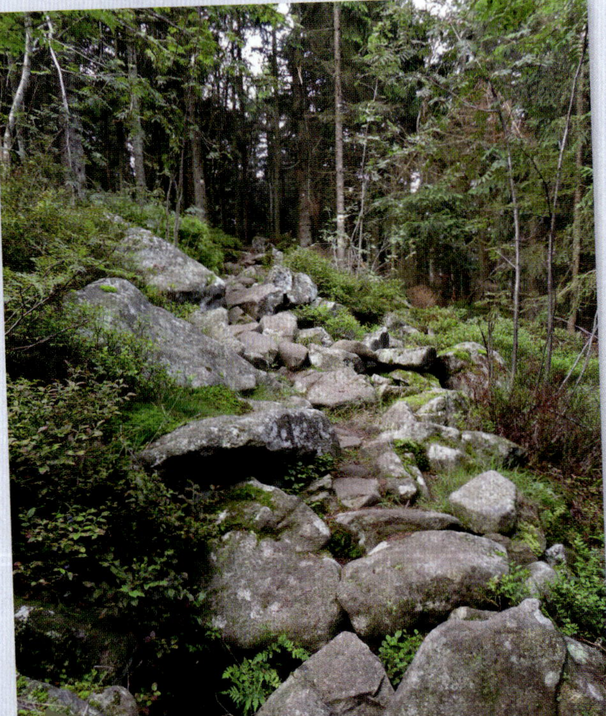

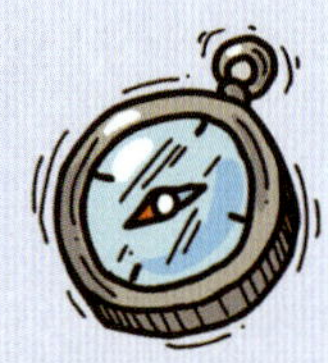

Steinige Pfade auf dem Goldsteig

und auf der linken Seite sieht man bereits ein Holzschild, welches uns auf den Knoglsteig ❷ hinweist. Diesem folgen wir nun auf einem steilen Pfad, der uns auch an der Höhle des Räuber Kneißl vorbeiführt. Oben angekommen treffen wir auf die Markierung der Goldsteigs, biegen hier nach rechts ab und nach einigen Metern erreichen wir auch schon den Knogl ❸ mit Gipfelkreuz, Hütte und einer imposanten Aussicht. Hier bietet es sich an, eine kleine Rast einzulegen und die Ruhe am Gipfel des Knogls zu genießen. Im Anschluss wandern wir auf dem gleichen Weg zurück, biegen aber jetzt nicht auf den Knoglsteig ❷ ab, sondern folgen bis zum Ende der Tour der Markierung des Goldsteigs. Über steinige und wurzelige Pfade erreichen wir eine große Waldkreuzung, wo uns einiges über den Knogl-Toni erklärt wird, der hier auf dem Berg als Einsiedler gelebt hat.

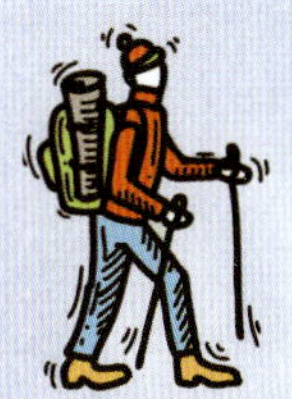

»Super Tour – auf nur fünf Kilometern erklimmt man drei Gipfel!«

Landschaft rund um den Hochberg

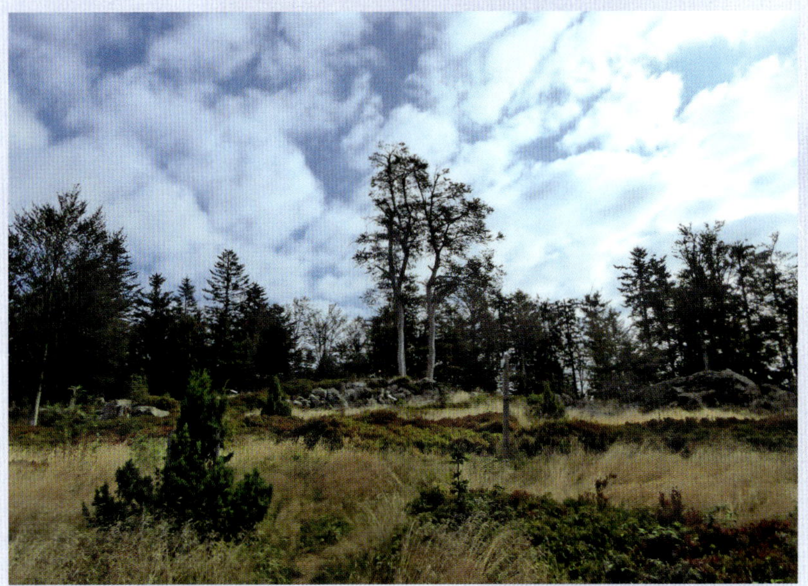

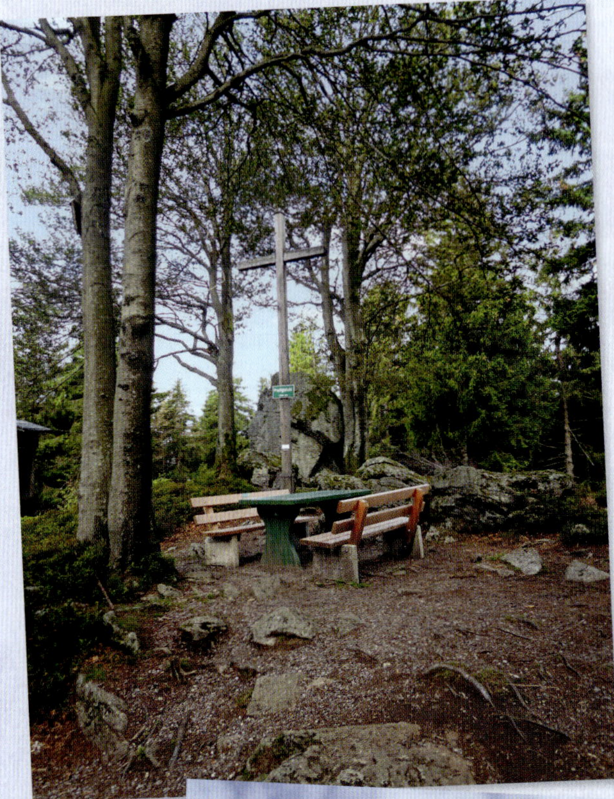

Predigtstuhl-Gipfelkreuz

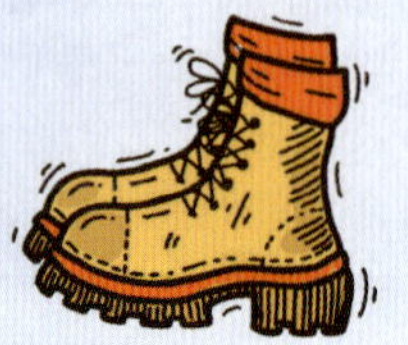

Rastbank an der Bergstation Predigtstuhl

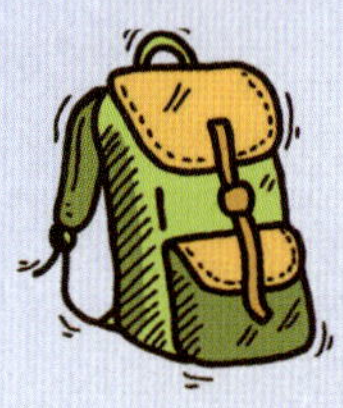

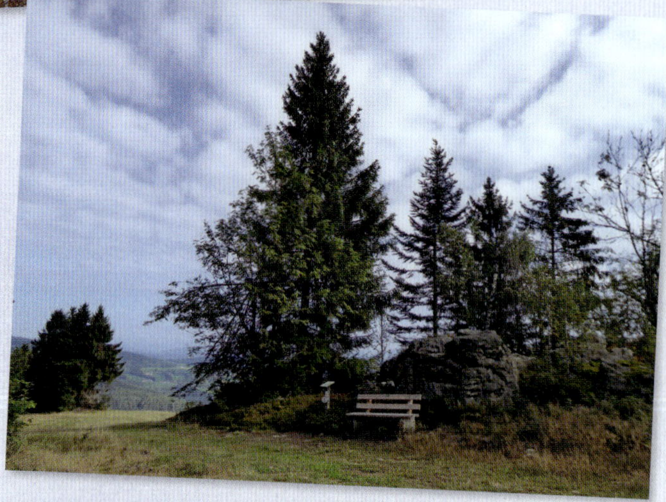

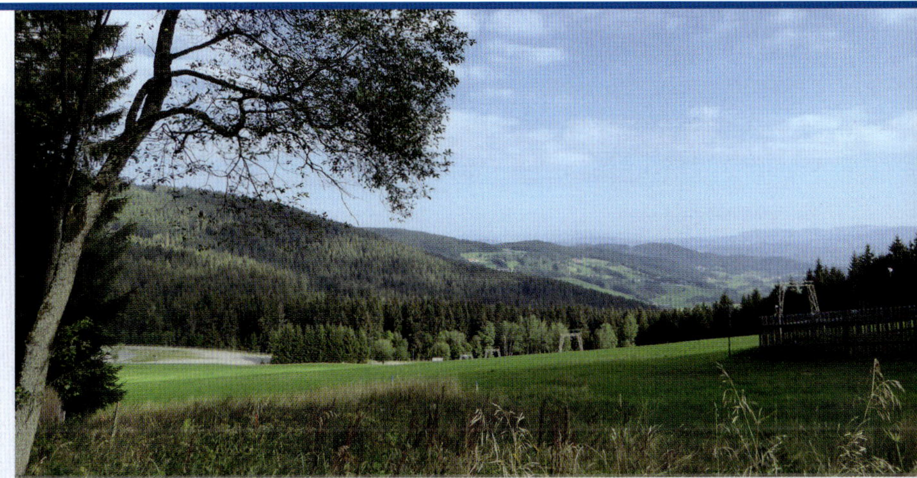

Blick ins Viechtacher Land

Vorbei an einer „Sprunganlage“ für die Tiere des Waldes geht es weiter. An der nächsten Wanderkreuzung (hier führt der Wanderweg „6“ bergab) führt ein nicht markierter Pfad nach rechts durch ein Blaubeerfeld. Der Abstecher ist nur knapp 100 Meter lang und lohnt sich, denn hier befindet sich der zweite Gipfel unserer Tour, der Hochberg ❹ (1025 m NHN). Er hat kein Gipfelkreuz, aber imposante Felsen verraten seinen Standort. Auf dem gleichen Weg geht es wieder zurück und wir folgen wieder der Markierung des Goldsteigs. Über einen Waldweg erreichen wir eine Schutzhütte und über viele Wurzeln führt uns der Weg hinauf zum dritten Gipfel der heutigen Tour, dem Predigtstuhl ❺ (1024 m NHN). Hier gibt es wieder ein Gipfelkreuz und viele Rastbänke, die zu einer kleinen Pause einladen. Im Anschluss halten wir uns rechts. Bei der Bergstation biegen wir wieder nach links ab und folgen nun der Skipiste ❻ hinab ins Tal. Beim Abstieg haben wir eine sehr schöne Sicht hinüber zum Hausberg von Sankt Englmar, dem Pröller. Am Ende der Skipiste biegen wir nach links ab und folgen einem Feldweg, der uns nach Sankt Englmar führt. Immer geradeaus erreichen wir einige Blockhütten und am Ende eine Straße, den Hirschensteinweg. Wir biegen hier rechts und einige Meter später nach links auf die Hohenriedstraße ab. Nun ist es nicht mehr weit und wir erreichen wieder die Kreuzung und den Wanderparkplatz ❶, von welchem wir unsere Tour gestartet haben.

Essen/Einkehren:

In Sankt Englmar gibt es eine Vielzahl von Cafés und Gaststätten, die zu einer Rast nach der Tour einladen.

Mittel

8,2 km

↓↑ 202 m

2½ Std.

Panoramatour auf den Pröller und den Saustein

Sankt Englmar – Saustein – Pröller – Hinterwies – Prellerhaus – Sankt Englmar

Anstrengende Tour mit drei Gipfelkreuzen, schönen Fernsichten und einer gemütlichen Einkehr.

Markierung:
Vom Wanderparkplatz über „Rot 7" hinauf zum Saustein und weiter zum Goldsteig. Dieser bringt uns hinauf zum Pröller und hinab nach Hinterwies. Von hier folgen wir der Markierungen „Rot 4" vorbei am Prellerhaus. Über Hüglhof geht es wieder zurück zum Startpunkt.

Parken:
Wanderparkplatz an der Kreuzung der Viechtacher Straße / Am Predigtstuhl (Navi: Am Predigtstuhl, 93479 Sankt Englmar).

Tourist-Information:
Rathausstr. 6
94379 Sankt Englmar
Tel. 0 99 65 / 84 03 20

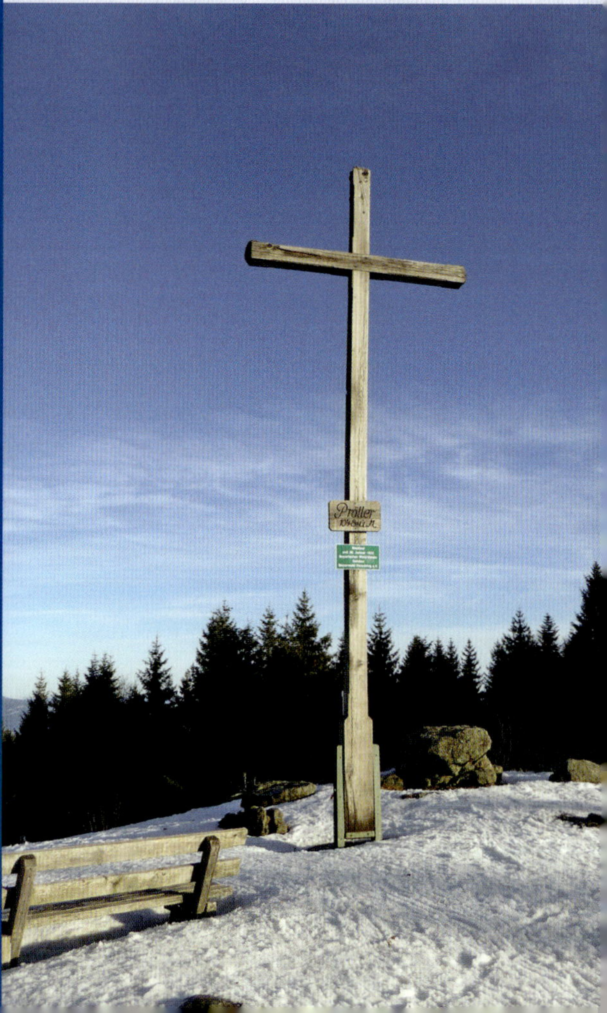

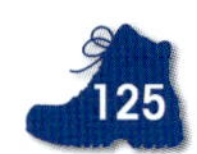

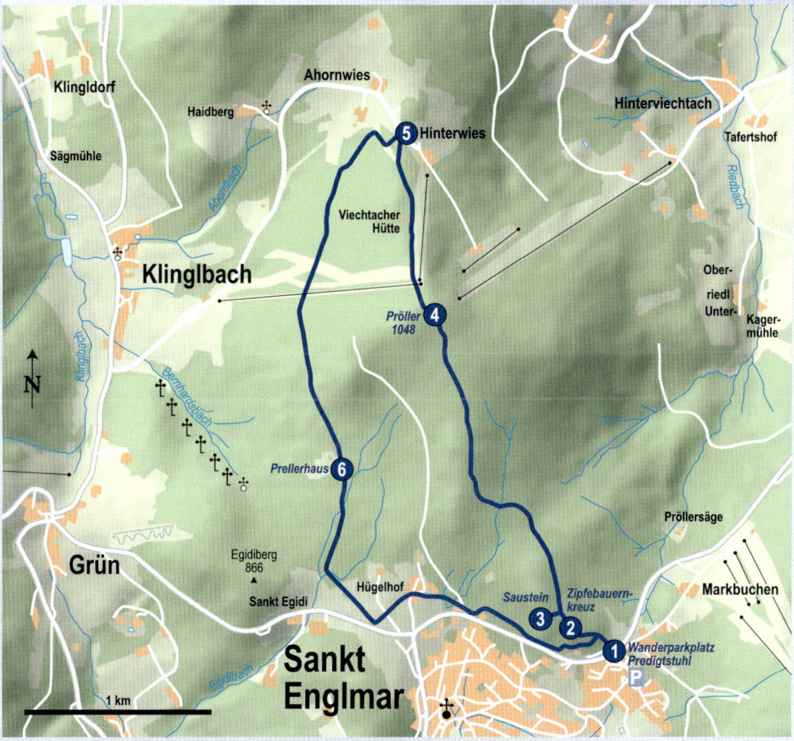

1. Wanderparkplatz Predigtstuhl Start/Ziel
2. Zipfebauernkreuz
3. Saustein
4. Pröller
5. Hinterwies
6. Prellerhaus

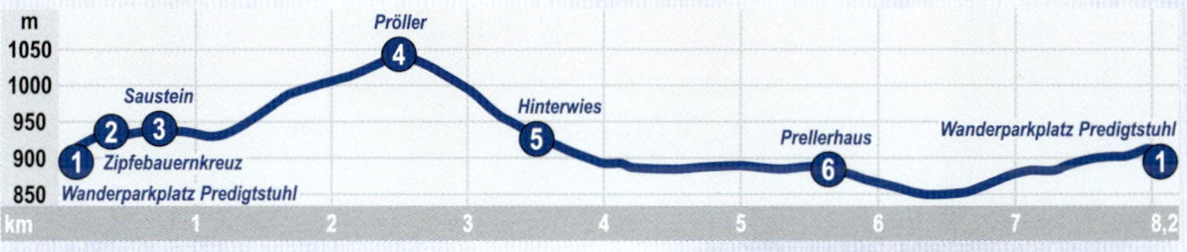

Unsere Tour beginnt am Wanderparkplatz ❶ gegenüber dem Ortsteil Predigtstuhl in Sankt Englmar. Wir folgen zuerst der Markierung „Rot 7“, welche hinter der Goldsteig-Infotafel beginnt. Nach ein paar Metern auf einem wurzeligen Pfad erreichen wir die „Brandung“, einen großen Felsen. Vor Millionen von Jahren soll das Urmeer hinauf bis zu diesem Punkt gereicht haben. Es geht weiter bergauf und nur einige Meter weiter befindet sich ein kleines Schild, das uns nach links zu einem Abstecher zum „Zipfebauern Kreuz“ ❷ weist. Aufpassen, das kleine Schild ist sehr versteckt. Dort befinden sich eine Sitzbank und auf einem Felsen das Gipfelkreuz. Ein wirklich sehr idyllischer Platz. Weiter geht es bergauf und wir erreichen eine Wegekreuzung. Hier halten wir uns links und folgen dem Schild „zum Saustein“ ❸. Nach ca. 200 Metern erreichen wir das größte und höchste Felsengebiet im Vorderen Bayerischen Wald. Hier erwartet uns neben einer imposanten Aussicht auf Sankt Englmar und unserem zweiten Gipfelkreuz auch das riesige Felsengebiet des Sausteins. Nach einer kleinen Pause geht es auf dem gleichen Weg wieder zurück zur Kreuzung und wir folgen weiter der Markierung „Rot 7“. Über einen schönen Waldweg geht es nun ein paar hundert Meter recht flach am Berg entlang. An der nächs-

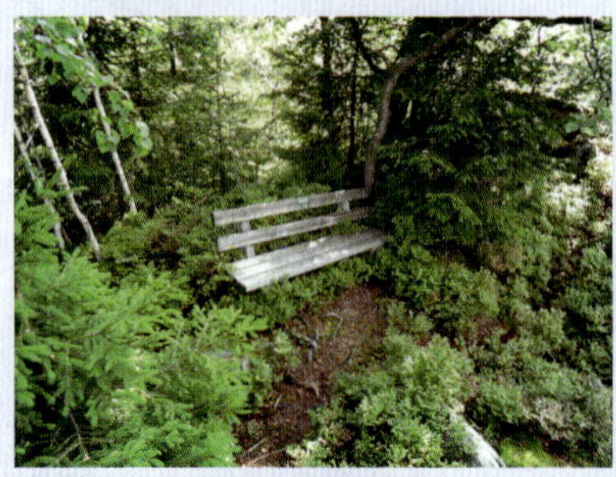

Sitzbank beim Zipfebauernkreuz

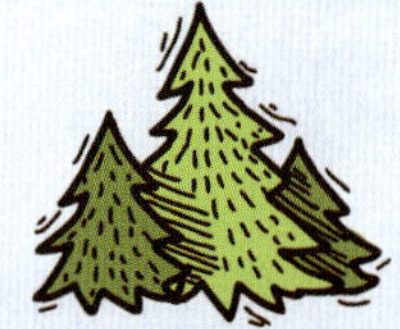

» Am Zipfebauernkreuz findet man Idylle pur. «

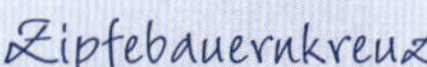

Zipfebauernkreuz

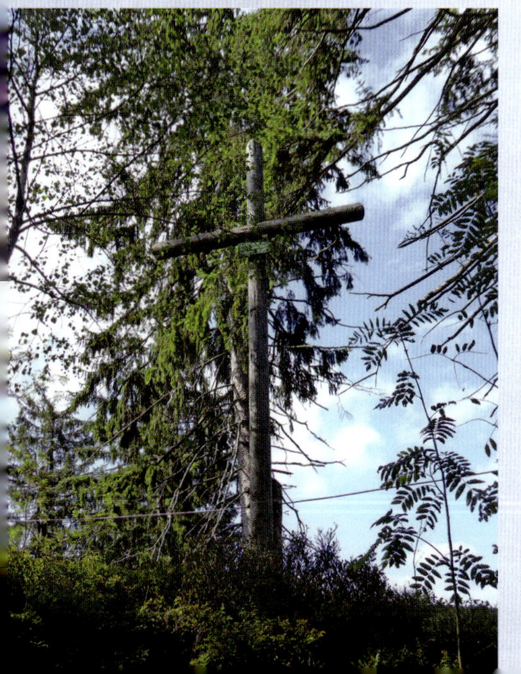

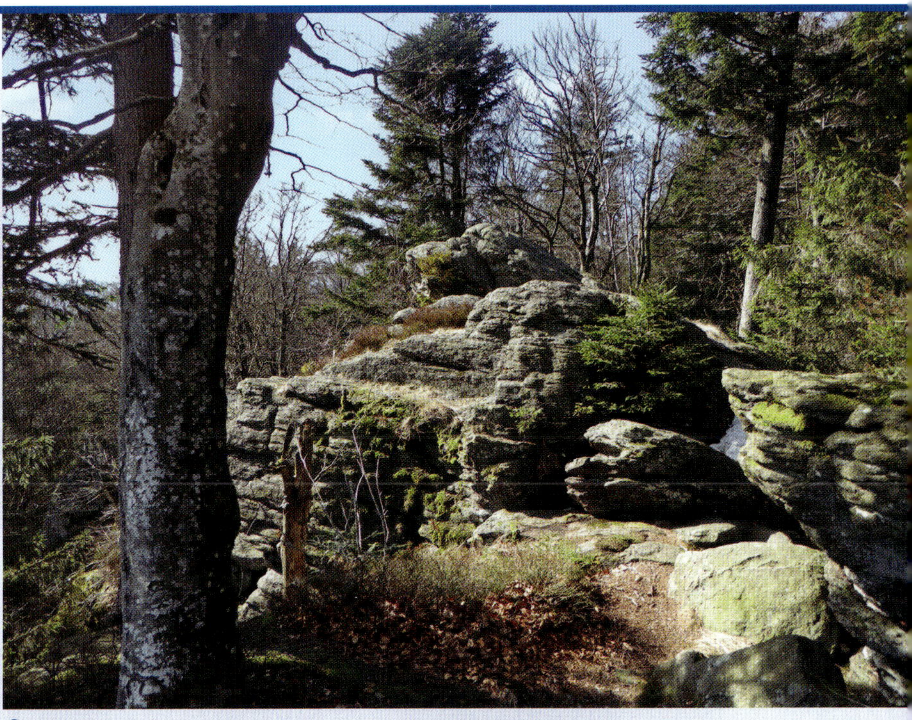

Saustein

Kreuz beim Saustein

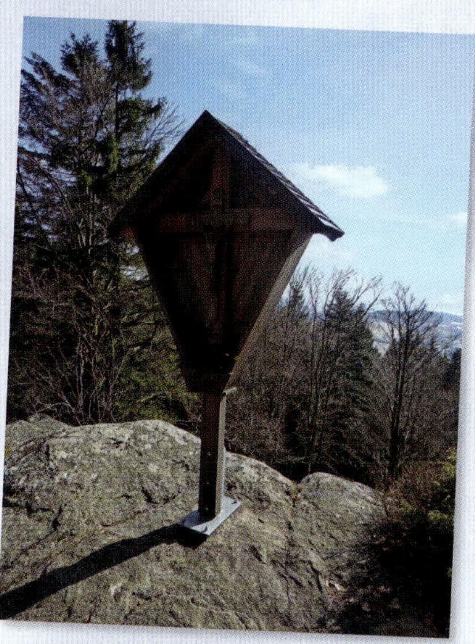

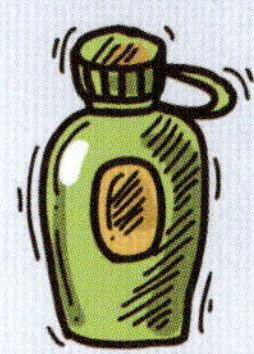

» Das Felsenmassiv Saustein lädt zu einer traumhaften Rast ein. «

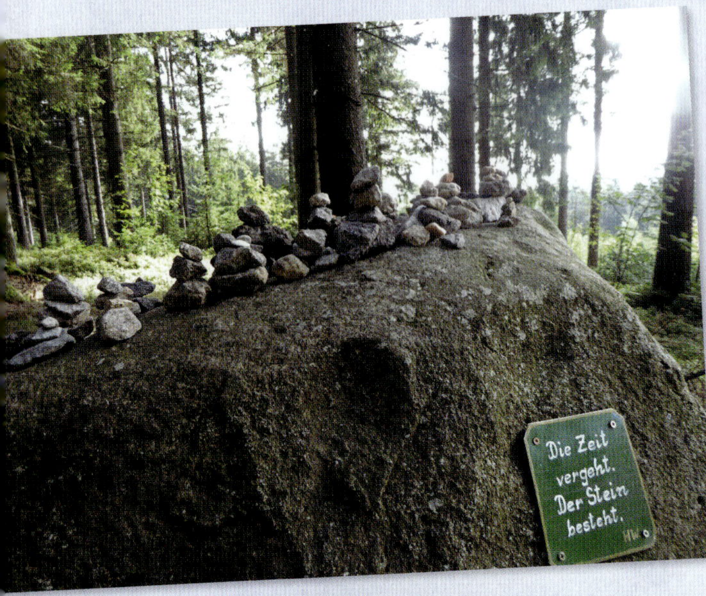

Lebensweisheiten auf dem Weg zum Pröller

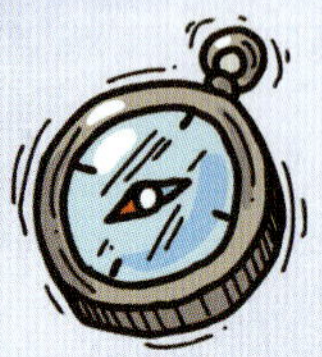

Forstweg hinauf zum Pröller

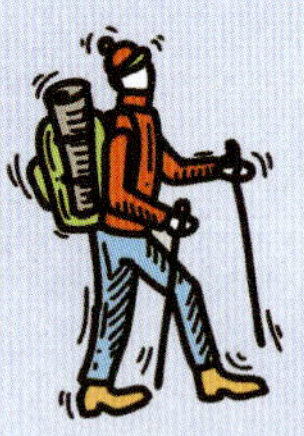

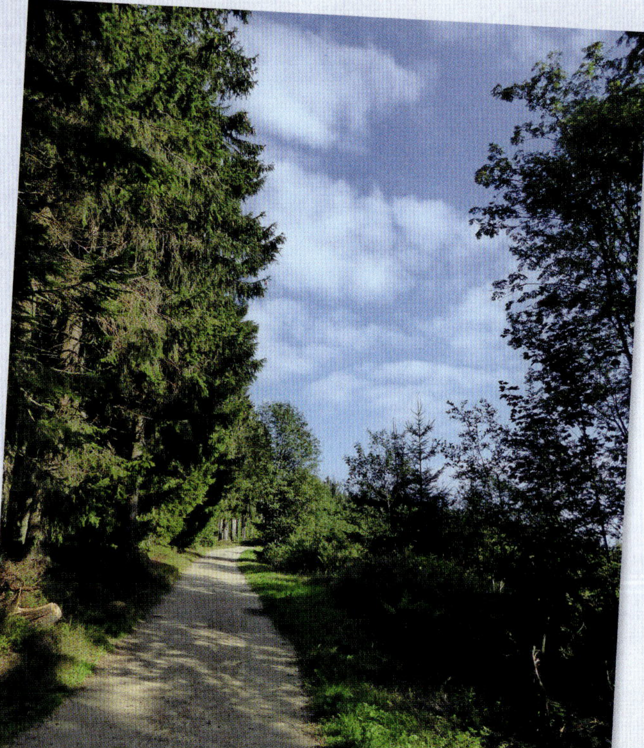

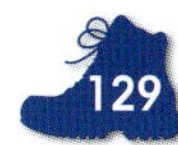

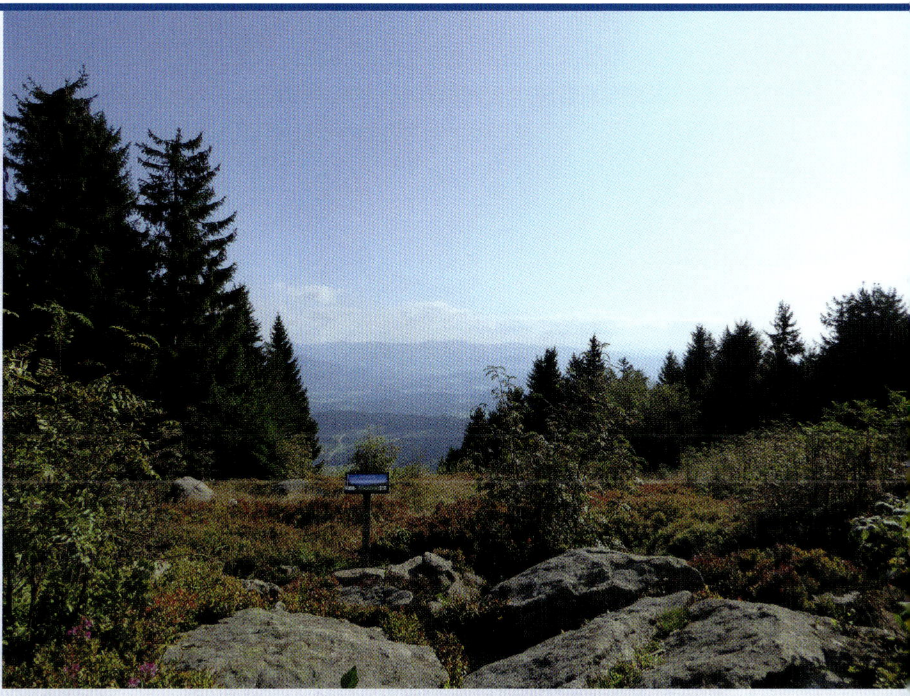

Aussicht vom Pröller

ten größeren Kreuzung erreichen wir den Wanderweg Goldsteig, dem wir halblinks folgen. Über einen Forstweg folgen wir diesem und treffen unterwegs auf vielerlei kleine und liebevoll gemachte Schilder, die uns beim Aufstieg begleiten. Auf dem Weg zum Gipfel kommen wir auch an der Räuber-Heigl-Höhle vorbei. Nun wird der Weg steiniger und es geht immer weiter bergauf. Wir folgen immer weiter dem Goldsteig, der uns nun zum Gipfel des Pröller ❹ bringt, wo wir auch unser Highlight der heutigen Tour erreichen. Es erwartet uns eine fantastische Sicht auf die Gipfel des Bayerischen Waldes. Ein Gipfelbuch am Gipfelkreuz wartet darauf, dass wir uns hier verewigen. Hier oben befinden sich einige Rastbänke und man sollte am Pröller eine Pause einlegen und das

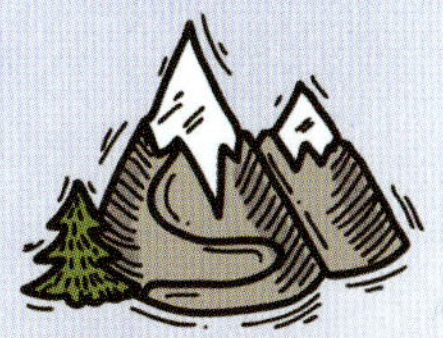

» Die Aussicht vom Pröller auf die Gipfel des Bayerischen Waldes ist grandios. «

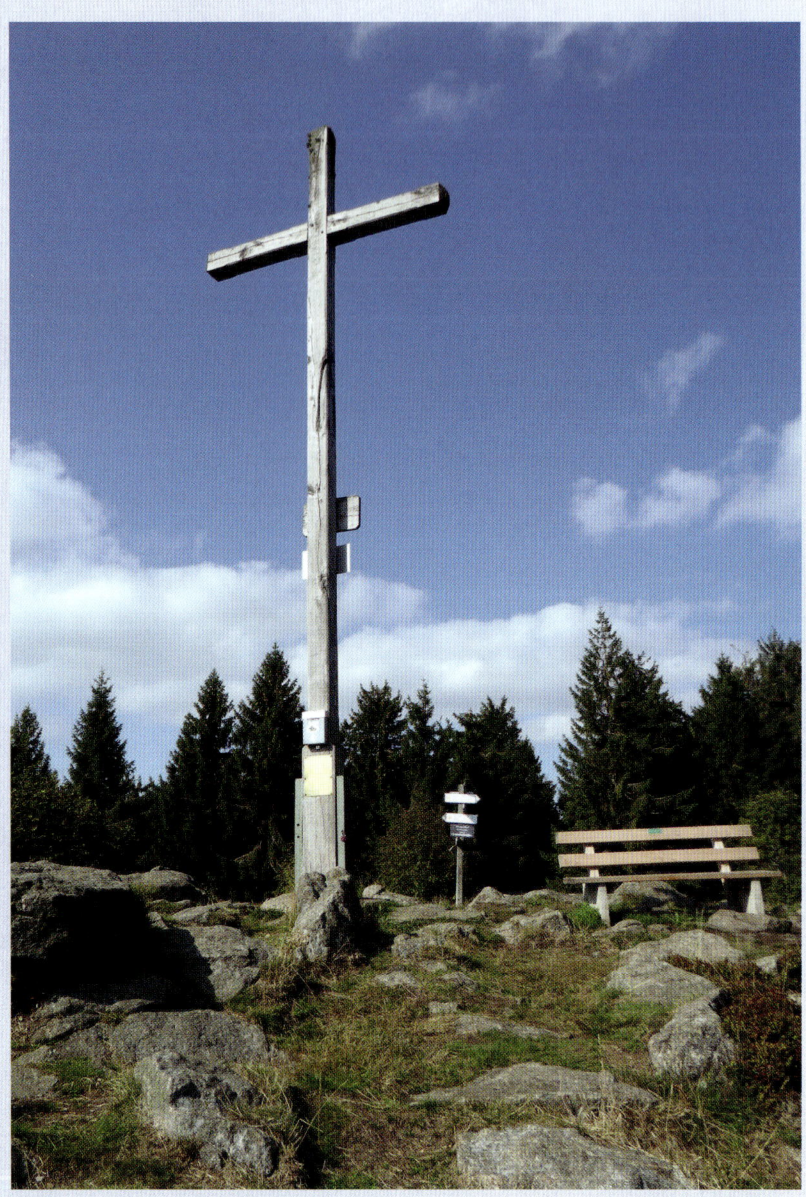

Pröller-Gipfelkreuz

Panorama genießen. Nun geht es wieder bergab. Zuerst auf einem Waldweg erreichen wir kurze Zeit später die Skipiste, der wir nun bergab folgen. Vorbei am Naturfreundehaus „Viechtacher Hütte" erreichen wir den Wanderparkplatz Hinterwies ❺, wo wir uns scharf links halten und ab hier der Markierung „Rot 4" folgen. Davor lohnt sich ein kleiner Abstecher auf die andere Straßenseite, denn auch von hier hat man wieder einen grandiosen Blick auf die Berge des Bayerischen Waldes. Wir folgen nun bis zum Ende der Tour der Markierung „Rot 4". Über schöne Waldwege und einen kleinen „Wasserfall" erreichen wir die Skipiste, die wir überqueren. Nun ist es nicht mehr weit und wir erreichen das Prellerhaus ❻, das an Wochenenden geöffnet hat. Wir folgen weiter der Markierung „Rot 4" und treffen wieder einige hundert Meter weiter auf einen größeren Forstweg, dem wir nach links folgen. Wir sehen vor uns auch schon wieder Sankt Englmar. Kurz bevor wir auf die Straße treffen, biegen wir nach links ab und über einen Wiesenweg, vorbei an ein paar Totenbrettern, geht es hinauf nach Hüglhof. Dort biegen wir rechts ab und folgen nun einem kleinen Pfad, der uns unweit der Straße zu unserem Startpunkt zurückbringt. Der Waldpfad macht wieder richtig Spaß, denn es gibt hier wieder vieles zu entdecken. Riesige Felsblöcke, ein Wasserrad und Sitzbänke begleiten uns auf dem letzten Wegstück. Am Ende des Pfades treffen wir wieder auf die Wanderkreuzung, die wir bereits vom Beginn der Tour kennen. Hier halten wir uns rechts und nach ein paar Metern auf einem Pfad erreichen wir wieder den Wanderparkplatz Sankt Englmar ❶.

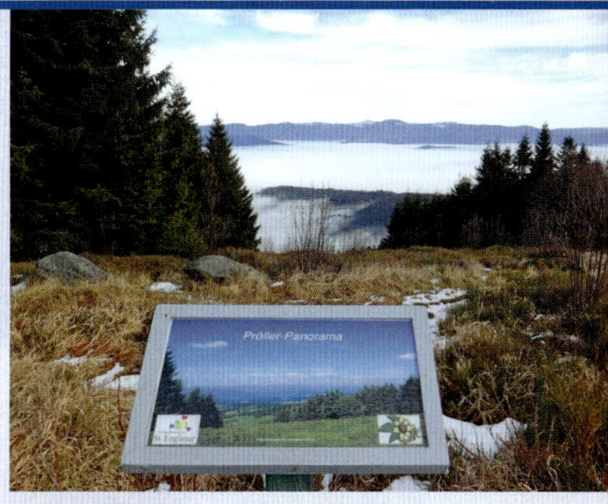

Pröller-Panorama bei Nebel

Essen/Einkehren:

Prellerhaus
Prellerhaus 1, 94379 Sankt Englmar
Tel. 09965 8010724
Öffnungszeiten: Samstag 13-18 Uhr, Sonntag 11-18 Uhr

Berggasthof Hinterwies
Hinterwies 3, 94379 Sankt Englmar
Tel. 09965 408
Öffnungszeiten: täglich 9-18 Uhr, Montag Ruhetag

Das Ahornstüberl
Ahornwies 3, 94379 Sankt Englmar
Tel. 09965 8010214
Öffnungszeiten: Fr-Mo. 11-19 Uhr

Teufelsmühlstein und Jägerkreuz

Mittel

9,3 km

↓↑ 257 m

3 Std.

Grandsberg – Dampfsäge – Höhenberg – Jägerkreuz – Teufelsmühlstein – Grandsberg

Traumhafter Rundweg über einen „Klettersteig" zur Scharte und zum Jägerkreuz.

Markierung:
Wir folgen der Markierung „grünes Dreieck", an der Diensthütte wechseln wir nach rechts auf „Rot 3" und später nach links auf „Rot 4". Beim Schild „700 m" kurz vor der Dampfsäge biegen wir rechts auf „Rot 2a" ab. Bei Höhenberg biegen wir wieder rechts auf „Rot 6" zurück nach Grandsberg ab.

Parken:
Wanderparkplatz in Grandsberg (Navi: Grandsberg, 94374 Schwarzach)

Tourist-Information:
Marktplatz 1
94374 Schwarzach
Tel. 0 99 62 / 94 02 33

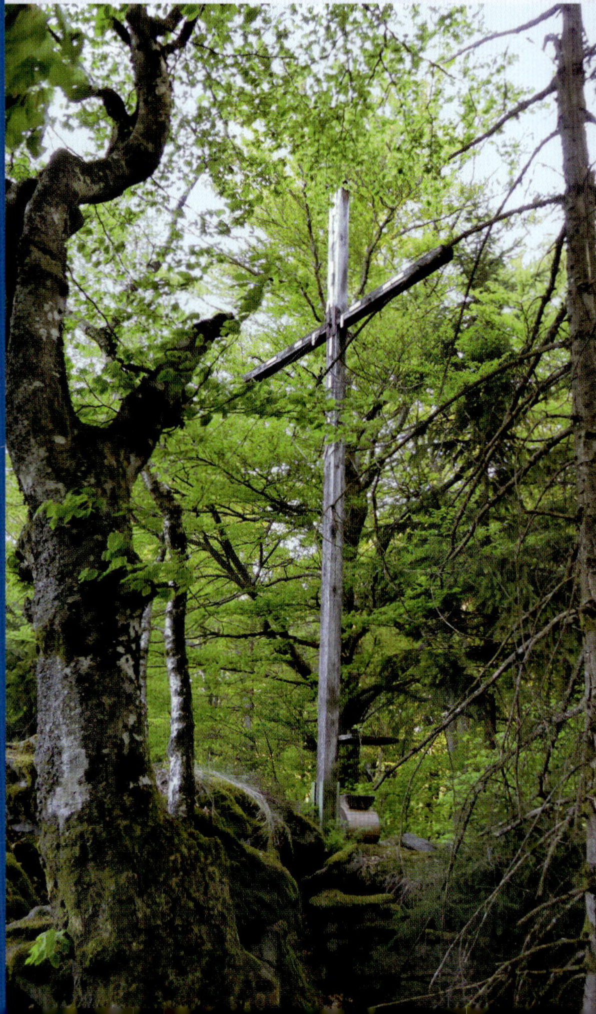

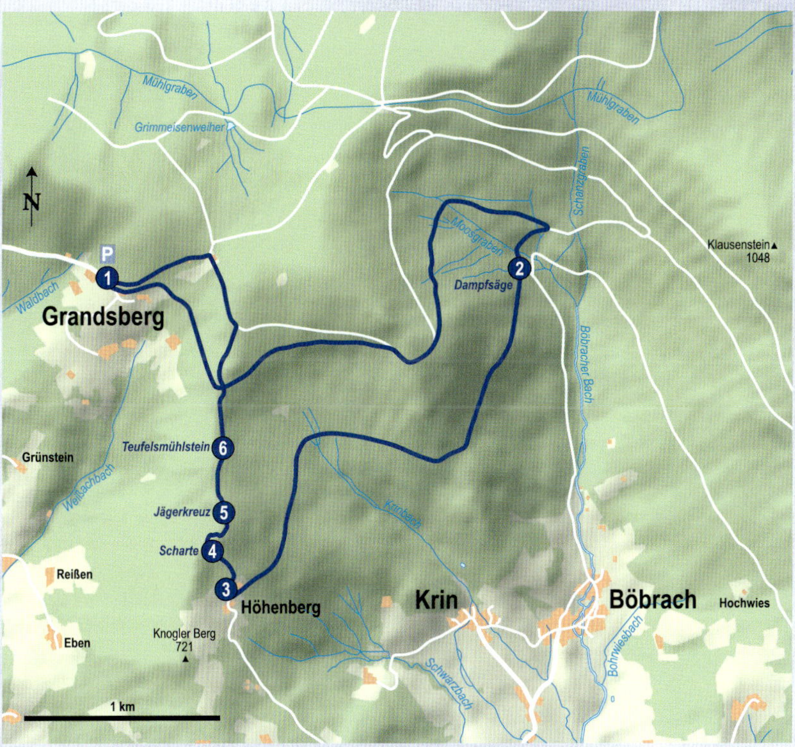

❶ Grandsberg – Start/Ziel

❷ Dampfsäge

❸ Höhenberg

❹ Scharte

❺ Jägerkreuz

❻ Teufelsmühlstein

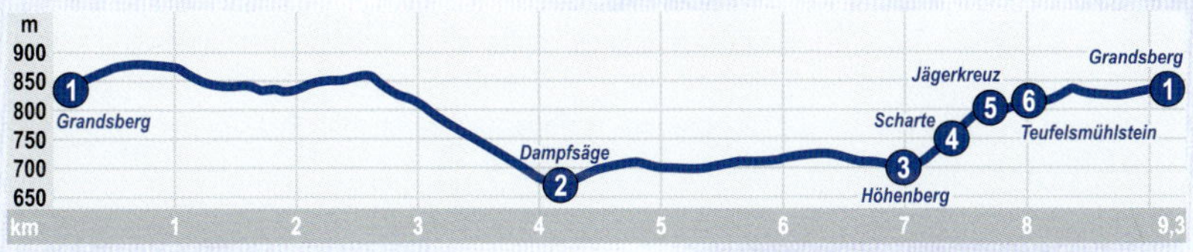

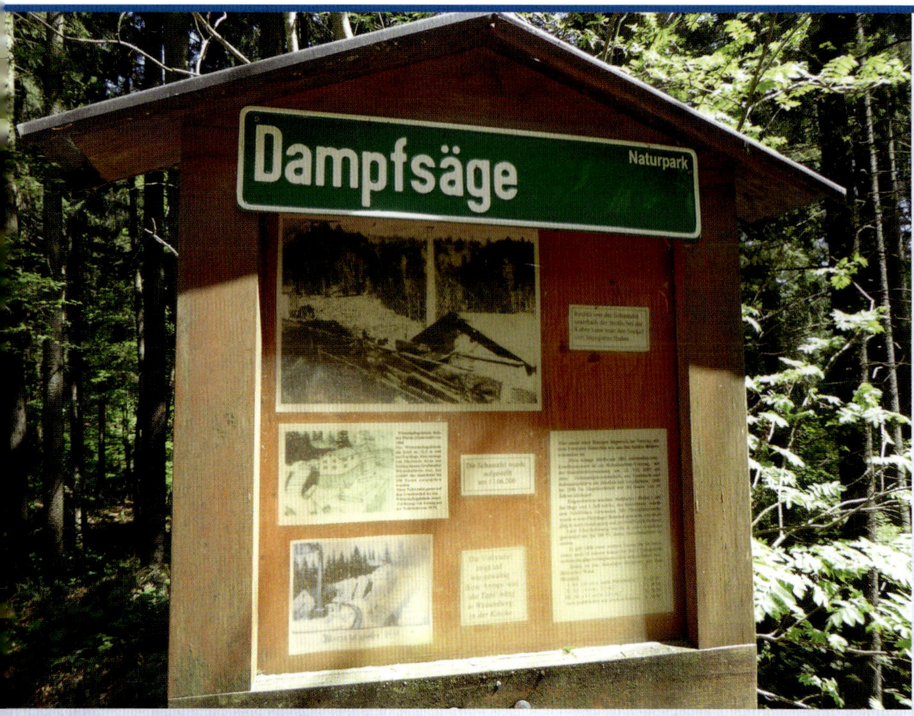

Infotafel zur Dampfsäge

Unsere Tour zum Teufelsmühlstein und zur Jägerscharte startet am Wanderparkplatz in Grandsberg ❶. Wir folgen der Beschilderung „Hirschenstein" und der Markierung „grünes Dreieck" und über einen breiten Forstweg geht es leicht bergauf, bis wir eine Diensthütte erreichen. Dort halten wir uns rechts und folgen nun der Markierung „Rot 3". Am Teufelsstein vorbei erreichen wir bald auch schon wieder die nächste Kreuzung, wo wir uns wieder links halten. Ab hier folgen wir der Markierung „Rot 4". Vorbei an der Bärenhöhle (kleiner Abstecher bergab) geht es auf einem breiten Forstweg unterhalb des Hirschenstein-Massivs vorbei. Nach einigen hundert Metern zweigen wir wieder nach rechts ab und es geht auf einem wurzeligen Weg steil bergab. Immer wieder findet man auf diesem Abschnitt schöne Ausblicke in das Tal. Nach einer langen Rechtskurve treffen wir auf die nächste Kreuzung und finden hier ein Schild mit der Aufschrift „700 m", wo wir nach rechts abbiegen. Nun ist es nicht mehr weit und wir kommen zu einer Infotafel, die uns die Historie der Dampfsäge ❷ erzählt. Hier stand einst eines der größten Sägewerke des Bayerischen Waldes.

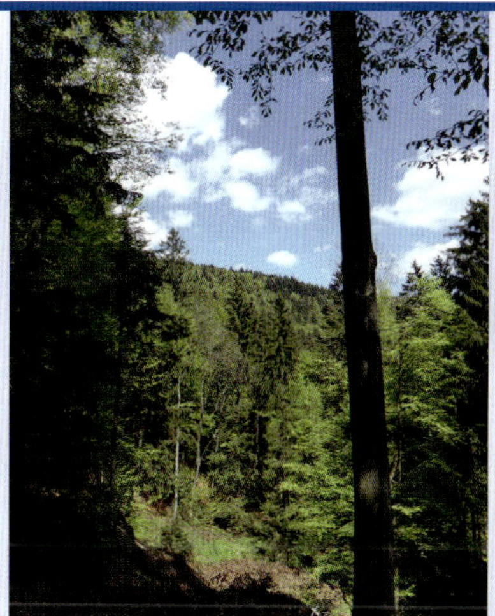

Waldwege zur Dampfsäge

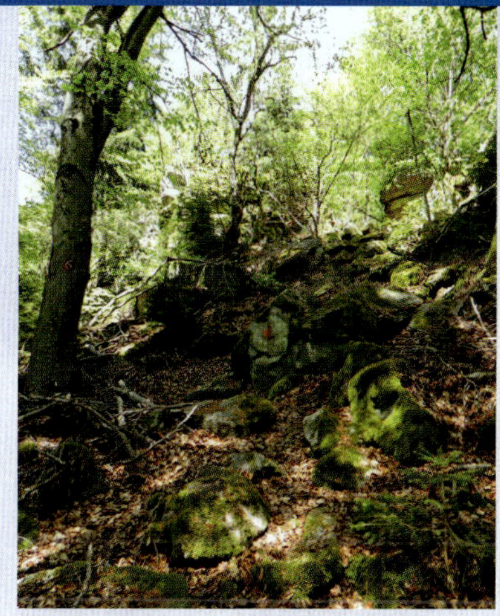

Steig auf der Scharte

Heute sieht man allerdings nur noch die Grundmauern und auf dem ehemaligen Baumlagerplatz ist wieder ein neuer Wald gewachsen. Nun geht es rechts in den Wanderweg „Rot 2a“, dem wir für gute 2,5 km folgen. Immer leicht auf und ab wandern wir Richtung Höhenburg ❸. Kurz vor dem Ort biegen wir wieder rechts ab und folgen der Markierung „Rot 6“, die uns steil über einen Pfad den Berg hinauf führt. Dieser Weg ist

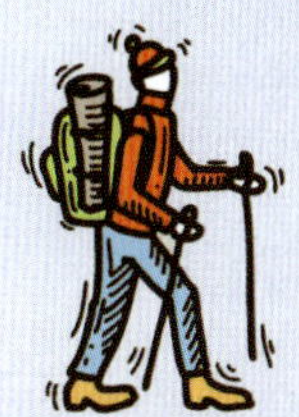

»Am Jägerkreuz führt ein steiniger Pfad über den Felsengrat – Kraxelspaß garantiert.«

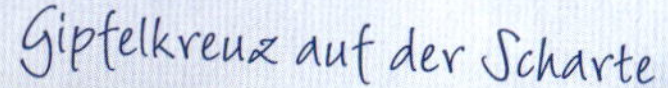

Gipfelkreuz auf der Scharte

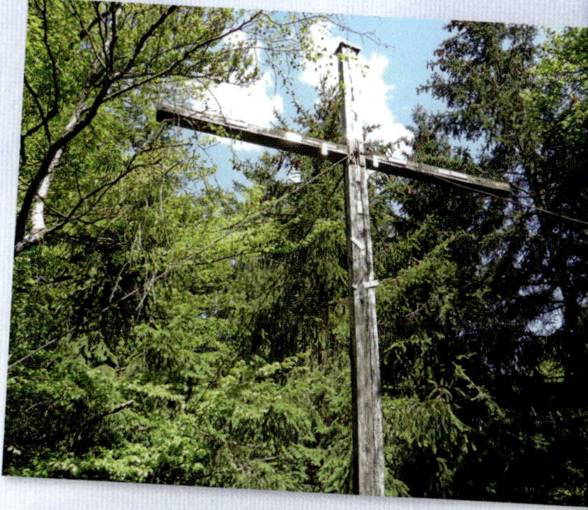

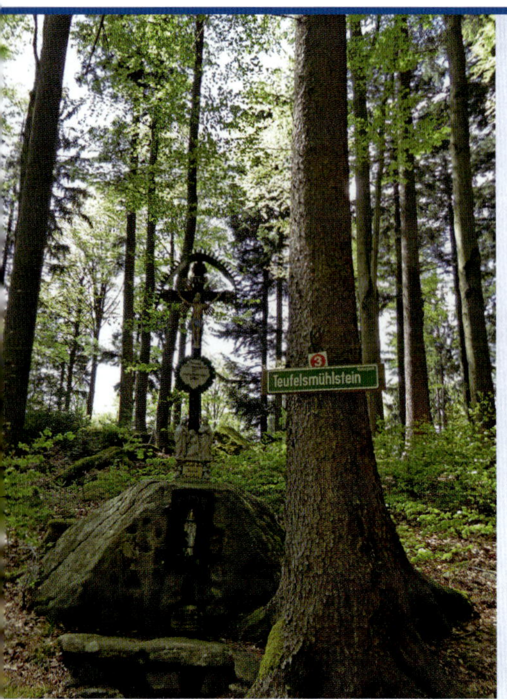

Teufelsmühlstein

Essen/Einkehren:

Berggasthof Menauer
Grandsberg 6, 94374 Schwarzach
Tel. 09962 632
Öffnungszeiten:
täglich 10.30 - 20 Uhr geöffnet,
Montag und Dienstag Ruhetag

als Klettersteig gekennzeichnet, aber keine Angst, der Abschnitt ist wirklich schön zu gehen. Wer nicht trittsicher ist, kann dem rechten (einfachen) Weg folgen. Beide treffen nach ein paar hundert Metern wieder aufeinander. Als erstes erreichen wir die Scharte ❹ mit einer kleinen Bank und kurz darauf auch schon das Gipfelkreuz „Jägerkreuz" ❺. Dieser fantastische Abschnitt macht richtig Spaß, der steinige und wurzelige Pfad führt über einen Steingrat und immer wieder muss man ein wenig kraxeln. Am Jägerkreuz steht wieder eine Rastbank, welche zu einer Brotzeit einlädt. Im Anschluss folgen wir wieder dem traumhaften Pfad, der uns nach einiger Zeit am Teufelsmühlstein ❻ vorbeiführt. An dieser Stelle hatte ein Jäger leider einen rothaarigen Buben mit einem Reh verwechselt. Kurz darauf erreichen wir wieder

Auf dem Weg zurück nach Grandsberg

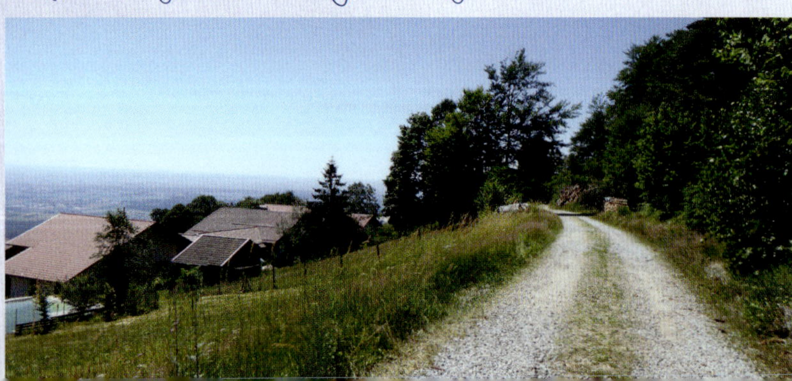

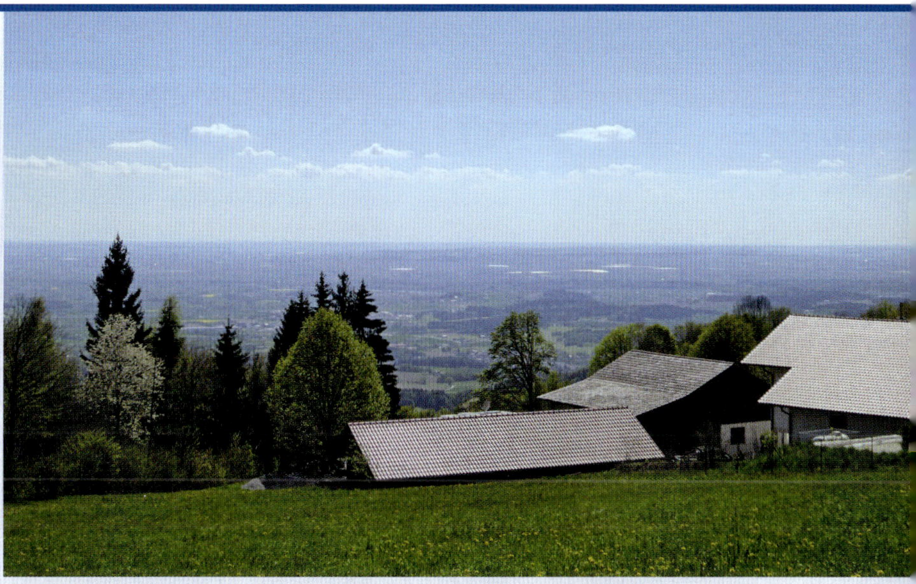

Ausblick bei Grandsberg

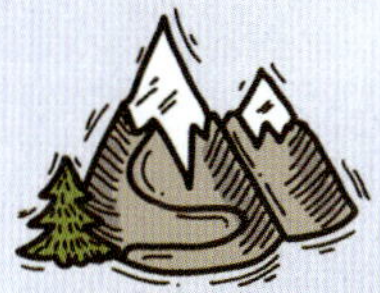

» Bei perfektem Wetter sieht man von Grandsberg bis in die Alpen. «

einen Forstweg, folgen weiter der Markierung „Rot 6“ nach links und sind schon auf dem Rückweg nach Grandsberg. Beim Verlassen des Waldes kann man eine schöne Sicht hinab in den Gäuboden genießen. Wenn man Glück hat und das Wetter mitspielt, sieht man von hier sogar die Alpen. Kurz bevor wir unseren Wanderparkplatz ❶ erreichen, lohnt ein kleiner Abstecher nach links. Hinter ein paar Bäumen unweit des Parkplatzes ist das Gipfelkreuz von Grandsberg versteckt.

Gipfelkreuz Grandsberg

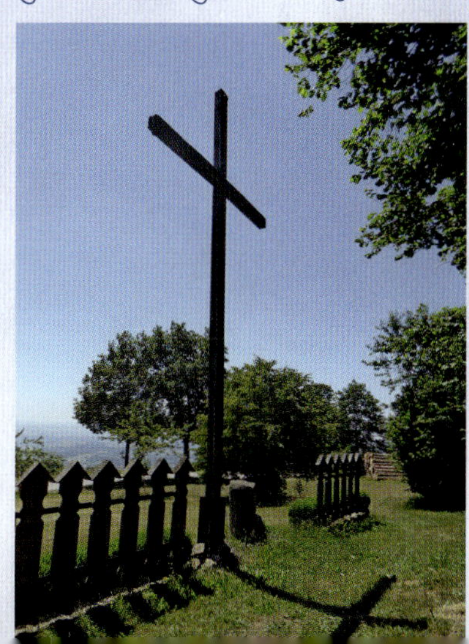

Schwer

9,9 km

↓↑ 328 m

3½ Std.

Grandsberg – Schopf – Schuhfleck – Hirschenstein – Schuhfleck – Grandsberg

Anstrengende, aber lohnenswerte Tour zum Schopf und hinauf zum Hirschenstein mit Aussichtsturm und imposanter Fernsicht.

Markierung:
Von Grandsberg über „Rot 9“ zum Schopf und dann weiter auf dem Mühlgrabenweg bis zum Schuhfleck, ab da über „Rot 8“ zum Hirschenstein. Abstieg über Goldsteig und über den Mühlgrabenweg wieder zum Schuhfleck, von dort über „Rot 3“ nach Grandsberg.

Parken:
Wanderparkplatz in Grandsberg (Navi: Grandsberg, 94374 Schwarzach)

Tourist-Information:
Marktplatz 1
94374 Schwarzach
Tel. 0 99 62 / 94 02 33

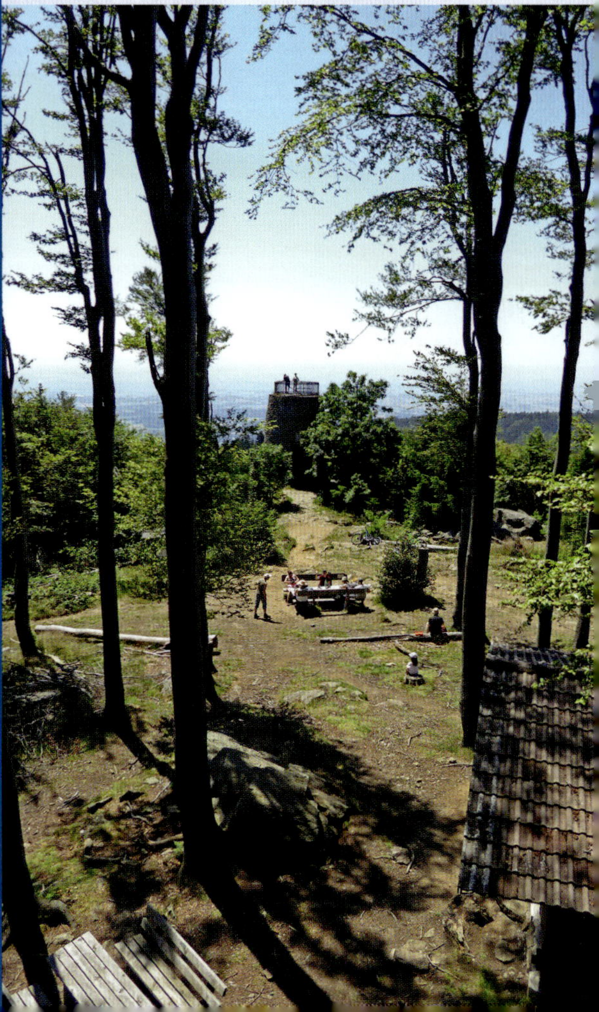

Gipfeltour

auf den Schopf und den Hirschenstein

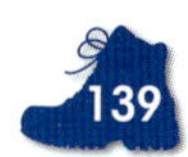

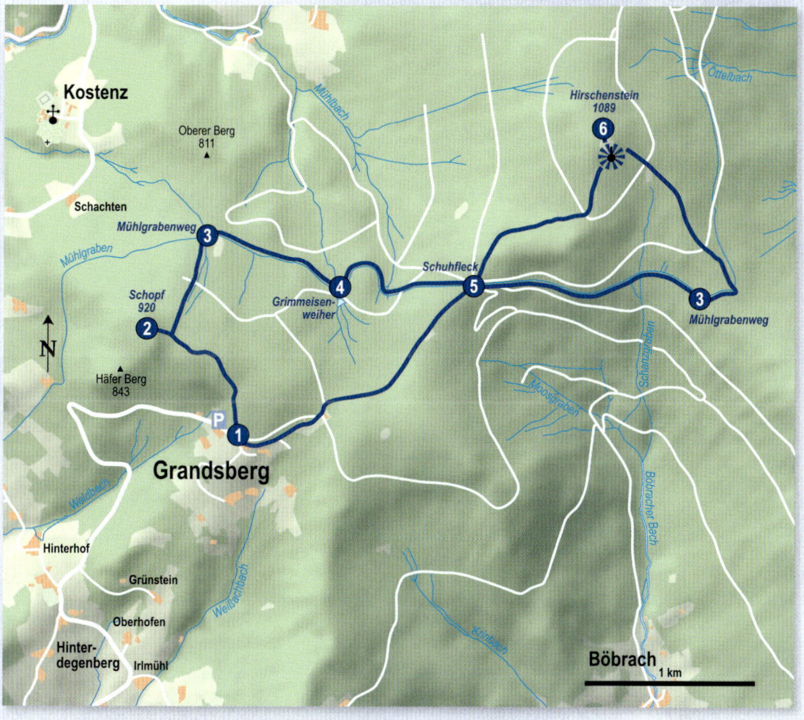

1 Grandsberg – Start/Ziel

2 Schopf

3 Mühlgrabenweg

4 Grimmeisenweiher

5 Schuhfleck

6 Hirschenstein

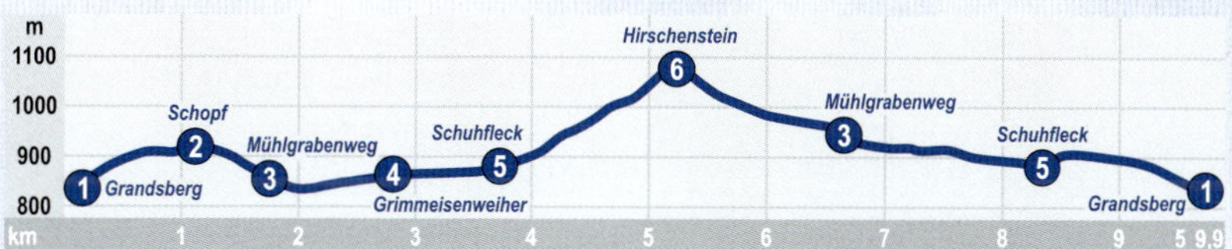

Die Tour startet am Wanderparkplatz in Grandsberg ❶ und wir folgen der Markierung „Rot 9“. Über einen Waldpfad geht es bergauf Richtung Schopf. Vorbei an einigen Trinkwasserreservoirs erreichen wir einen Waldweg, welchem wir nach links folgen. An der nächsten Kreuzung folgen wir geradeaus weiter der Markierung „Rot 9“ und erreichen nach gut 100 Metern das Gipfelkreuz des Schopfs ❷ (920 m NHN). Hier lohnt sich eine erste kleine Rast. Im Anschluss geht es wieder die 100 Meter

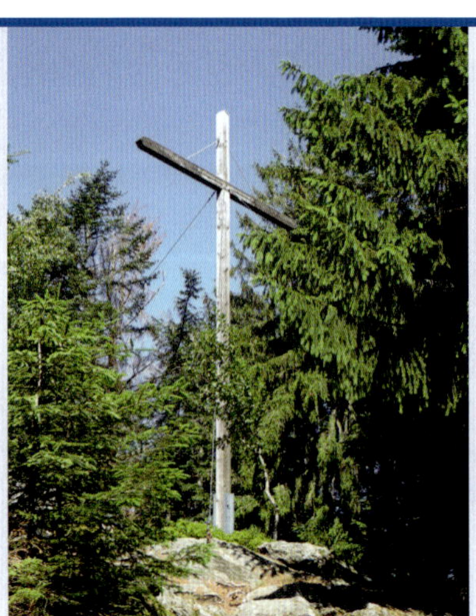

Gipfelkreuz am Schopf

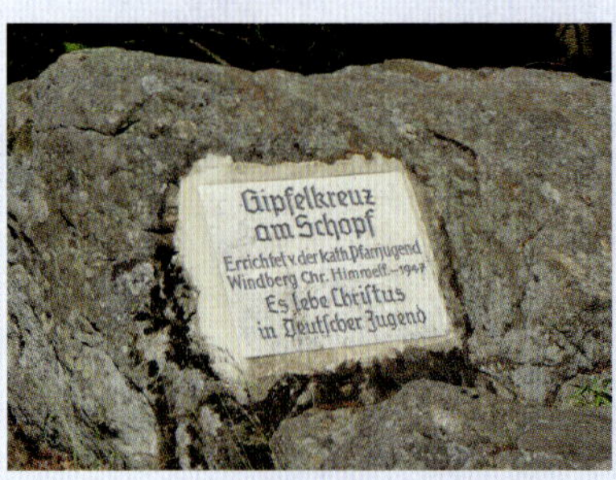

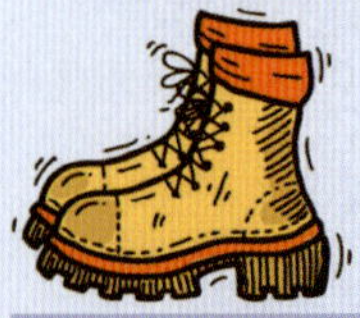

» Am Mühlgrabenweg folgen wir dem fröhlich plätschernden Wasser bis zum Schuhfleck. «

Mühlgrabenweg

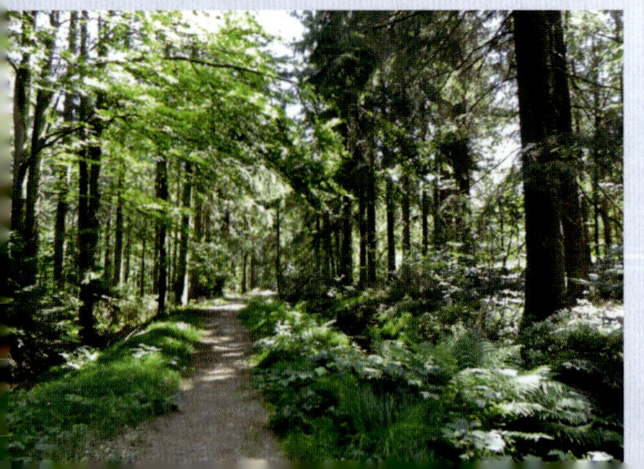

zurück zur Kreuzung. Wir biegen hier nach links ab und ein Waldweg führt uns vom Schopf hinab. Kurze Zeit später aufpassen, denn wir müssen nach rechts abbiegen, folgen aber immer noch der Markierung „Rot 9“. Wieder nur ein paar hundert Meter weiter treffen wir auf die Markierung „Mühlgrabenweg“ ❸, welche mit blauen Wellen gekennzeichnet ist. Diesem folgen wir nach rechts und sind nun immer am Bach des Mühlgrabens unterwegs. Ein richtig idyllischer Abschnitt. Das Wasser plätschert, Far-

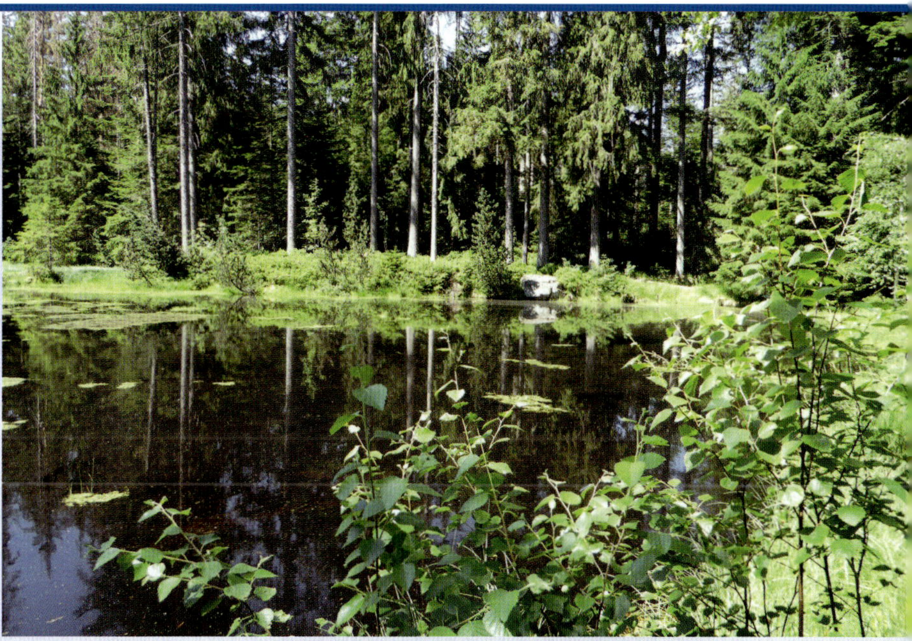

Grimmeisenweiher

ne und viele kleine Tiere kann man entdecken. Nach einem Kilometer heißt es wieder aufpassen, denn ein Holzschild weist uns nach rechts den Weg zum Grimmeisenweiher ❹. Ein sehr idyllischer kleiner Weiher mitten im Wald liegt vor uns und lädt zu einer weiteren kleinen Rast ein. Auf dem gleichen Weg geht es wieder zurück zum Mühlgrabenweg, welchem wir wieder folgen. Nun geht es immer weiter bergauf und wir erreichen eine riesige Wanderkreuzung mitten im Wald. Dieser Ort nennt sich Schuhfleck ❺ und einen Unterstand gibt es hier auch. Ab hier folgen wir der Markierung „Rot 8“, der Weg führt hinter dem Unterstand steil über einen steinigen Weg nach oben. Jetzt beginnt der anstrengende Teil der Tour. Knapp 200 Höhenmeter liegen zwischen uns und dem Gipfel des Hirschenstein. Nachdem wir einen Forstweg überquert haben, sind wir schon am Endspurt hinauf zum Gipfel. Gegen Ende wird es nochmals richtig steinig

Unterstand am Wanderknoten Schuhfleck

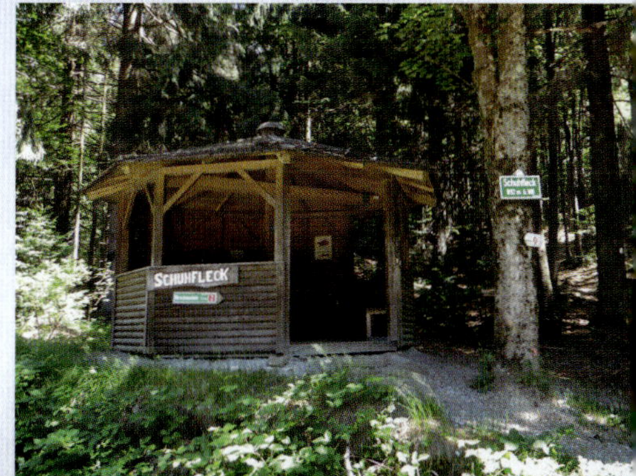

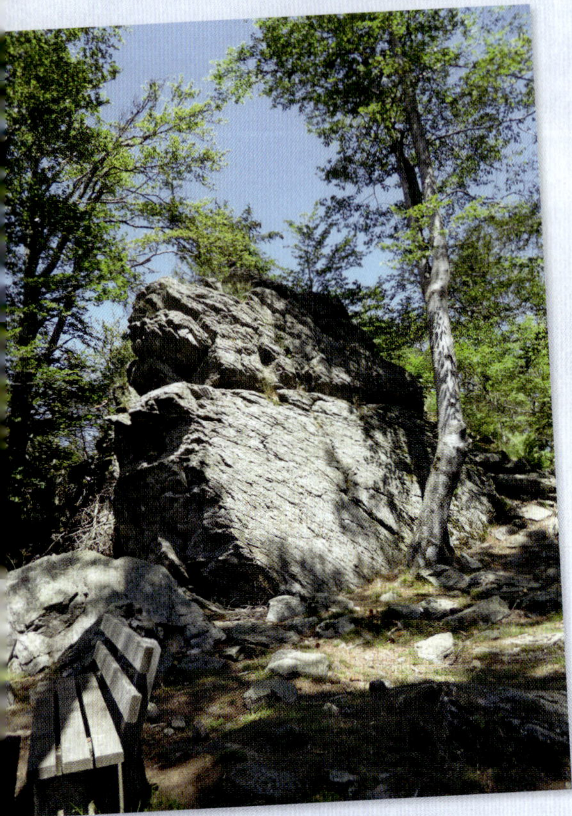

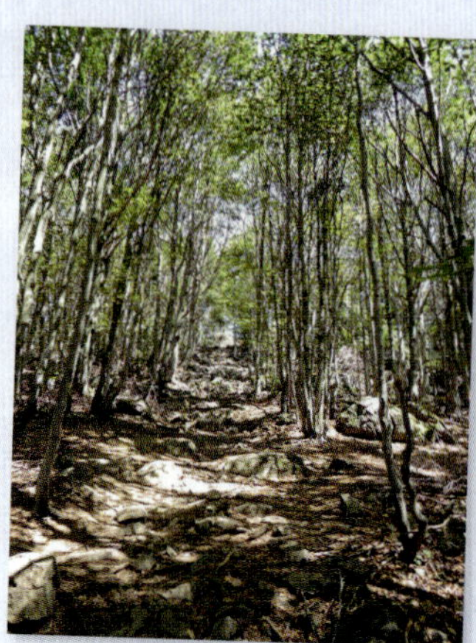

Steiler Anstieg zum Hirschenstein

Am Hirschenstein

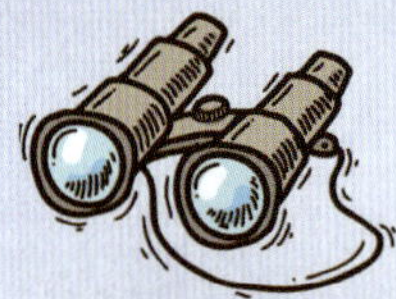

» Der imposante Blick vom Hirschenstein zum Rauhen Kulm ist ein Erlebnis. «

und wir wandern über eine Art Naturtreppe die letzten Meter hinauf. Oben angekommen sehen wir den Turm des Hirschenstein 6 (1089 m NHN), einen Unterstand, viele Rastbänke und dahinter einen großen Felsen, welcher der eigentliche Gipfel des Berges ist. Der Ausblick vom Hirschensteinturm ist richtig spektakulär, denn man sieht hier an guten Tagen bis in die Alpen. Im Anschluss folgen wir dem Goldsteig, der nach rechts über einen Pfad bergab führt. Steil geht es nach unten, wir überqueren zweimal

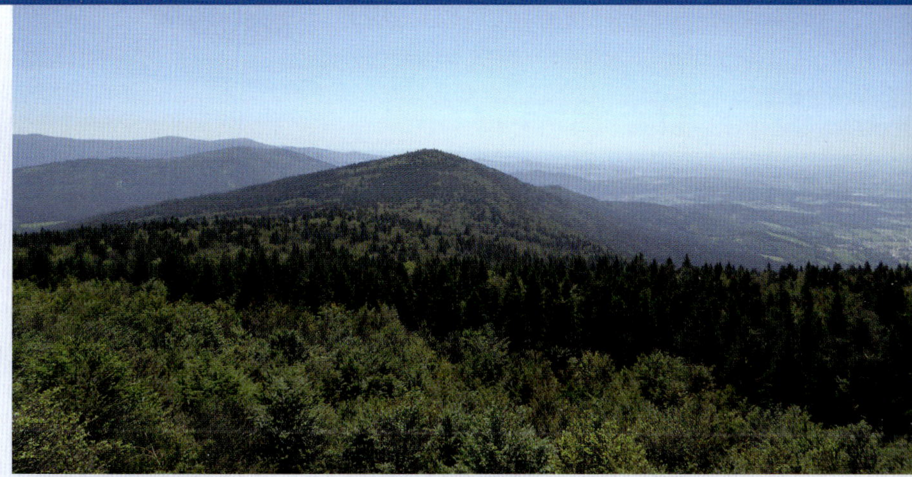

Blick vom Hirschenstein auf den Rauhen Kulm

einen Forstweg bis wir auf einen Goldsteigwegweiser treffen. Hier biegen wir nach rechts ab und folgen nun wieder der Markierung „Mühlgrabenweg“ ❸, gekennzeichnet mit blauen Wellen. Zuerst auf einem Waldweg und später auf einem Pfad folgen wir dem Bach des Mühlgrabens. Kleine Wasserfälle begleiten uns auf diesem beeindruckenden Abschnitt. Am Ende des Weges treffen wir wieder auf die Wanderwegekreuzung Schuhfleck ❺, welche wir schon vom Hinweg kennen. Nun halten wir uns hier aber links und folgen der Markierung „Rot 3“, die uns zu unserem Ziel führt. Auf einem Forstweg geht es leicht bergauf und dann wieder bergab, bis wir zu einer Diensthütte zu unserer Linken kommen. Wir gehen geradeaus über die Kreuzung und ein paar Meter weiter führt ein Pfad nach links über eine Wiese (der Einstieg ist ein wenig schwer erkennbar). Ebenfalls wieder ein richtig idyllischer Abschnitt, auf dem wir bergab Richtung Grandsberg wandern. Am Ende des Weges treffen wir auf einen Schotterweg, wo wir uns rechts halten. Dort sehen wir die ersten Häuser von Grandsberg. Versteckt hinter den Bäumen auf der linken Seite befindet sich das Gipfelkreuz von Grandsberg. Über den Schotterweg geht es geradeaus weiter und kurze Zeit später haben wir wieder den Wanderparkplatz ❶ erreicht.

Essen/Einkehren:

Berggasthof Menauer
Grandsberg 6, 94374 Schwarzach
Tel. 09962 632
Öffnungszeiten:
täglich 10.30 – 20 Uhr geöffnet,
Montag und Dienstag Ruhetag

Impressum

Kartographie:
Kartographie Muggenthaler, Heinz Muggenthaler, Stadtplatz 19, 94209 Regen

Texte:
Uwe Stanke

Abbildungen:
Alle Fotos von Uwe Stanke außer Cover links oben: nullplus, 123rf.com; Seite 11: Hans, pixabay.com
Illustrationen: margaritatkahcenko, 123rf.com; Hintergrund: Bastetamon, fotolia.com; Wanderschuh: VRD, fotolia.com

Ein besonders **herzlicher Dank** geht an meine Freundin Elke Steubl, die alle Touren gemeinsam mit mir erwandert hat und mich tatkräftig beim Entwerfen der Texte unterstützt hat.

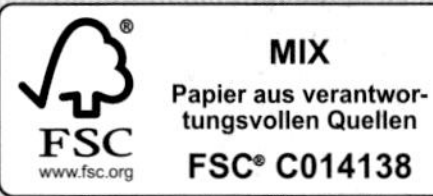

Für uns, die Battenberg Gietl Verlag GmbH mit all ihren Imprint-Verlagen, ist Nachhaltigkeit ein wichtiger Teil unserer Unternehmensphilosophie. Daher achten wir bei allen unseren Produkten auf den Einsatz umweltschonender Ressourcen und Materialien.
Dieses Buch wurde auf FSC®-zertifiziertem Papier gedruckt. FSC (Forest Stewardship Council®) ist eine nicht staatliche, gemeinnützige Organisation, die sich für die verantwortungsvolle und ökologische Nutzung der Wälder unserer Erde einsetzt.

Unsere Partnerdruckerei kann zudem für den gesamten Herstellungsprozess nachfolgende Zertifikate vorweisen:
- Zertifizierung für FOGRA PSO
- Zertifizierungssystem FSC®
- Leitlinien zur klimaneutralen Produktion (Carbon Footprint)
- Zertifizierung EcoVadis (die Methodik besteht aus 21 Kriterien in den Bereichen Umwelt, Einhaltung menschlicher Rechte und Ethik)
- Zertifikat zum Energieverbrauch aus 100 % erneuerbaren Quellen
- Teilnahme am Projekt „Grünes Unternehmen“ zum Schutz von Naturressourcen und der menschlichen Gesundheit

Bibliografische Information der Deutschen Nationalbibliothek

Die Deutsche Nationalbibliothek verzeichnet diese Publikation in der Deutschen Nationalbibliografie; detaillierte bibliografische Daten sind im Internet über http://dnb.dnb.de abrufbar.
ISBN 978-3-95587-810-8

3. Auflage 2022
ISBN 978-3-95587-810-8

www.battenberg-gietl.de